現代タイの社会的排除

教育、医療、社会参加の機会を求めて

櫻井義秀・道信良子 編著

梓出版社

現代タイの社会的排除　目次

――教育、医療、社会参加の機会を求めて――

目次

第Ⅲ部　地域社会と観光政策による包摂

現代タイの社会的排除

――教育、医療、社会参加の機会を求めて――

はじめに

櫻井義秀・道信良子

タイの経済成長と変わる農村

近年東南アジア社会に大きな変動をもたらした要因としては、開発主義の政策と経済のグローバリゼーションが挙げられる（末廣 二〇〇〇）。タイでは戦後首相になったピブーンソンクラームの時代から国営企業による輸入代替的工業化をめざしてきたが、官僚と企業の癒着や事業体運営の効率の悪さから経済は伸び悩み、世界銀行にも不評であった。一九五八年に軍事クーデターによりサリット・タナラットが政権につくと、彼は開発（パッタナー）を国是とし、第一次経済社会開発計画を策定して経済のインフラ整備や地域開発を積極的に推し進めた。サリットは民間主導の工業化を目指し、外資を含めた民間企業に市場を開放するが、その結果、タイは産業国への離陸に成功する。但し、発展途上国家から東南アジアの政治・経済の中枢国となるまでさらに二段階のステップを踏む必要があった。

その第一段階として、一九八五年のプラザ合意以降、日本の製造業が中小企業に至るまで東南アジアに生産拠点を移転し、アジアＮＩＥＳ（新興工業地域）も加えた直接投資が重なったことで、東南アジア諸国は本格的に新国際分業体制に組み込まれた。タイでも一九七〇年代より進出していた自動車や家電メーカーに加えて各種の工場が輸出加工特区で操業を始め、日系企業を初めとする外資系企業や地場企業が、後背地としての農村部にある過剰労働力を利用してタイを工業国に転換していった。農村であってもテレビ・冷蔵庫・洗濯機、バイクの所持があたりまえになったのが一九八〇年代末である。テレビは豊かな消費生活を映し出し、村の人々はそれらを購入するために現金収入を求めた。東北タイの若者がバンコクで雑業につき、壮年世代が業者にコミッションを払って中東、ASEAN（東南アジア諸国連合）先進国、韓国・日本に出稼ぎに出かけた。タイでは都市部から地方農村に至るまで商品経済が浸透することで内需は拡大したが、村は壮年層を欠き、子供と老人だけの活力のないコミュニティになってしまった。

第二段階は、金融市場の自由化による外国資本の流入とバブル景気およびその崩壊である。タイは一九九〇年にIMF（国際通貨基金）八条国へ移行し、一九九三年には公定銀行貸出金利を自由化した。日本のような低金利の国で資本を調達した外国資本がタイ金融市場に資本を投下し、タイの銀行、ノンバンクから豊富な資金が投機的な不動産・株式投資に流れた（田坂　一九九六）。櫻井義秀が一九九〇年代中頃に農村で調査していた時期、富農達は耕作を目的としない土地集積を始めており、市街地の地価は北海道近郊の町よりも高くなっていた。道路が整備されてモータリゼーションが都市から地方にまで浸透し、子供達の中等教育への進学率は飛躍的に増大した。年率一〇パーセント近くに達する高度経済成長が一〇年近く継続し、実体経済以上の資金流入はバブルとなった。一九九七年にアジア金融危機が発生し、IMF主導下の金融引き締め政策が実施されたため、多数のタイ企業が倒産し、出稼ぎ者は地方に戻り、学校中退者も続出する等、タイ国民は数年の辛い時期を過ごすことになった。しかし、携帯電話やパソコン関連のIT産業は内需を拡大し、通信産業で一財産築いたタックシン・チンナワットが二〇〇一年から政権を担う時期には、落ち込んだ経済も回復していったのである。

さて、一九八〇年代から現在に至る経済変動からタイ社会の動きを書き起こしたのは、現代の一般的なタイ人の生活に最も影響を与えているのが経済のグローバル化だからである。稲作の国タイという人類学的な村落研究が実施された一九八〇年代までのムラと、農民層分解が主要なテーマとなった一九九〇年代以降のムラを比べると、風景は似ていても人々のライフスタイルは根本的に変化した（赤木・北原・竹内編　二〇〇〇、櫻井　二〇〇五、Sato 2005）。

一九六〇―九〇年の三〇年で森林面積を半減させたタイ（東北タイは一九七五―九〇年で半減）は、一九八九年に天然林の商業伐採を禁止した（佐藤　二〇〇二）。増大する人口圧力が資源の野放図な利用を許さなくなり（山地民による焼畑耕作の過剰）、生態系破壊（森林の農地化、ダム等による河川管理、工場・都市の廃棄物による汚染）が加わった。農村部では耕せるだけの土地を切り開いたため、比較的平坦な東北タイのマハーサラカーム県では森林の被覆面積が土地全体の一パーセントを割っている。森はほとんどない。では、森ならぬ林はどこにあるかというと、仏教寺院の境内に鎮守の森という風情でわずかに残されているだけである。豊かな自然に恵まれたタイというイメージはおよそ実態とかけ離れている。

しかしながら、そこまで自然を利用し尽くして農地を開墾してきた農業も限界に近づいている。稲作を中心とした粗放的な自給自足型農業から、丘陵地帯ではサトウキビやキャッサバ等の換金作物栽培により農業収入を拡大しようとしたが、投下する農業資材や労力に見合った農業収入は得られなかった。一九九〇年代には出稼ぎや出面等の農外収入を得た方が、自前で農地を拡大し家族労働力を注ぎ込むよりははるかに効率的な農家経営になっていたのである。

中等・高等教育の普及により子供を学校にやることがあたりまえになった農村部では、衣食住を確保する以外に子供達の教育費を捻出するために現金収入が必要になり、およそ外へ働きに出られるものは全て出ている状態である（山本　一九九九）。国の人口の六割近くが農村部に現在も居住しているタイであるが、経済基盤は都市にあるといっても過言ではない。

以上述べてきた内容をまとめれば、開発主義の時代とは都市と農村、中央と地方の経済的な従属関係が政治・経済の両面において強まってきた時代であり、地方の農村における土地無し農民が貧困層として可視化され、開発政策の対象となる一方、農村部の過剰労働力を利用して工業化に成功した都市部が資本を蓄積しえた時代であったといえる。

世界都市化と地域・階層間の格差

二〇〇〇年以降のタイでは、タックシン・チンナワット政権が新自由主義的経済政策を推進し、先に述べた地域・階層間格差はいっそう増大した。タイ政治・行政が大きく変化した一九九〇年代から現代までの変化をおう研究が進められる一方で（玉田・船津編　二〇〇八）、現代タイ市民の社会生活の変化を家族生活から明らかにする研究も蓄積されている（落合・山根・宮坂　二〇〇七）。タイでは新中間層が量的に拡大してきており、子供達に教育を施して労働市場に送り出してやる勤め人や自営業者が増えている。その一つの指標が高等教育への進学率であり、世界銀行の統計によれば二〇〇三年における高等教育（短期大学含む）の就学率は四〇・一パーセントという高等教育のマス化の段階に達している。そして、教育費を捻出するために子供の生み控えという少子化が進行する。二〇〇〇年の全国平均出生率は一・八二、バンコク都は一・一二である。タイの教育発展は家族生活や人口構成までも変えようとしている（村田　二〇〇七、大泉　二〇〇七）。

第一次産業従事者の多いタイであるが、農村や漁村では出稼ぎ可能な壮年世代や教育年齢にある子世代を生業に動員できないために、周辺国から不法・合法的に調達した外国人労働者を雇用する事例も増えてきている。都市部においても労働条件の悪い工場や商店では以前のように東北タイ出身の労働者を最低賃金以下で使うわけにはいかなくなった。国境を接して同民族が比較的自由に行き来できる東北タイではラオス人が、東部タイではミャンマー人が出稼ぎに訪れ、首都バンコクにまでダイレクトに働きに来るものも増えている。経済のグローバル化は国際的な労働者の移動をまねき、タイは多国籍化しつつある。

人口七〇〇万人を数えるバンコクは世界都市に変貌し、社会上層には華人系タイ人と多国籍企業や国際機関の幹部と家族、社会中層には新中間層のタイ人、社会下層には地方出身の出稼ぎ者や周辺国から合法・不法に入国した外国人労働者が入り込み、多国籍的な階層社会を構成している。タイでは、自らの意志で、あるいは人身売買に近い形で移動してきた不法労働者には、登録して労働を許可する「半合法化」措置が採られているが、人身売買を含む不法な人の送り出しに絡むアンダーグラウンドな組織もある（田巻　二〇〇五）。

多層化・分節化した都市社会では、交通渋滞や廃棄物への対処、賭博・麻薬・売春等（および利権）の統制、スラム住民やストリート・チルドレンへのケア、都市環境の維持とコミュニティ作りが喫緊の課題として浮上しているのである（秦　二〇〇五）。また、一九九〇年代には風俗産業を媒介してバンコク、北タイにおいてＨＩＶ感染者が激増し、村落コミュニティの機能が失われる状況に陥った地域もあり、公衆衛生やエイズ患者の治療・ケアが焦眉の急となっている。この点については、編者の道信良子が第二章「タイにおける医療・教育・社会参加の機会の現状と課題」においてコミュニティ、企業、社会政策の協働を提案している。

ところで、タイ社会はタイ人だけが住む国民国家ではない。南部四州のマレー系ムスリム（特に分離主義を掲げる宗教的過激主義のグループ）とタイ政府の葛藤により、二〇〇四年から二〇〇九年までに三八六〇人（Baugkok post Dec. 23. 2009）死者を出している。実は、この地域もタイ社会から排除を受けてきた歴史があり、それが暴力的事件の淵源となっている（櫻井　二〇〇六）。タイは国民国家形成の時期から、地域・階層において相当に分化が進んだ社会であり、既に述べたようにサリットはタイ王室・上座仏教・国家への忠誠を誓わせるかたちで国民国家への文化統合を果たし、一九六〇年代からは開発主義・経済成長の理念によって国民国家をまとめてきた。しかしながら、現在のタイ経済の規模と水準からしても経済成長のために民主化や社会的公正の実現に待ったをかける時代ではないことは明らかであり、そのために強権的な首相や政府の政局運営に市民が街頭での示威行動を行い、二〇〇六年の軍事クーデターをはさんで三、四年にわたる政治的混乱を招いている。このような都市中間層が民主化・市民社会形成にどのような役割を果たすかについては様々な研究が出てきているが（浅見 一九九九、古屋野・北川・加納 二〇〇〇、Funatsu 2005）、クーデターへの評価と関わらせて、櫻井が第一章「タイ社会における排除の構造と社会的包摂」において現代タイの民主化の状況を詳しく論じる予定である。

二種類の貧困

現代のタイには経済のグローバル化によって生み出された二種類の貧困がある。第一に、経済成長の果実を全く味わうことがなく、自給自足的な農業すらかなわない農民や山地民（少数民族）、および不安定なままの都市雑業就労者達が味わっているその日暮らしの生活である。第二に、経済のグローバル化によって発生した都市雑業層から零落し分裂した家族から生まれたストリート・チルドレンという社会的弱者に強いられた新たな貧困がある。あるいは、周辺国からタイに流入し、市民権を得られないままに就労する外国人労働者も不安定な生活を余儀なくされている。おそらく、彼等は都市中間層のように学歴を取得した後に労働市場に参入するライフコースはとうてい歩めない。おそらく、彼等の子供達も相当のハンディを負うであろう。

第一と第二の貧困に苛まれる人達は社会的排除を受けている異なる社会層であるが、彼等をタイ社会に包摂していくためには、画一的な貧困解消アプローチを用いても効果的ではない。第一のグループには社会的再分配を通した経済生活の底上げが必要である。タイでは一九九〇年代を通してジニ係数が〇・四三前後で推移しているが（国際協力銀行 二〇〇三、三）、直接税を通じて再配分がなされた後のジニ係数の統計はない。資本蓄積や財産の継承についても再配分が必要という論議はなかなか政治課題にならないようであり、貧困層を対象にしたポピュリズムを為政者が行うことに対して、社会上層部には根強い不信感があり、都市の新中間層は収入の移転に敏感である。

第二のグループには行政による問題解消のための直接的な政策（義務教育制度の実質化や外国人労働者の受け入れ制度）が必要であり、当面問題を抱えている人達への公的支援が求められる。もちろん、社会的包摂の施策は行政だけでは不十分であり、タイでは市民社会形成の有力な担い手である民間財団やＮＧＯ・ＮＰＯ（非政府組織や非営利団体）による社会事業や地域開発が成果を上げているが、課題も少なくない。

社会的排除と社会的包摂の施策

これまでタイの社会変動と二種類の貧困について概観してきたが、ここでタイ社会における社会的公正（social equity）を考察するうえで鍵概念となる社会的排除（social exclusion）と社会的包摂（social inclusion）の議論を展望しておきたい。社会的排除とは、急速なグローバル化が進む経済に伴って社会が大きく変容し、労働市場において非正規労働が増大するために十分な所得が得られず、教育・医療を受ける機会、政治参加への機会等が若者や下層の人達に閉ざされてしまうことをいい、一九八〇年代後半に欧州委員会で問題にされた概念である。その後先進工業国のみならず発展途上国においても、グローバル化した資本主義経済がもたらす様々な社会的排除の態様についても研究が進められている（Bhalla and Lapeyre 2004 = 2005）。これについては一章において櫻井がさらに議論を展開する。

まず、ここでは日本における近年の社会的排除の研究から社会的排除の概念を次のようにまとめておきたい。

①　社会的排除は貧困という経済的困窮（消費生活の機会からの排除）に加えて、生産活動（労働機会）や政治参加、社会関係を構築する機会（世帯形成、近隣関係の形成）からも排除されている状態を指す（西村・卯月　二〇〇七、四二）。

②　社会的排除はプロセスを示す概念であり、学校中退、離職、離婚、移動、病気・ケガ等人生上の不運な出来事が重なって社会生活から徐々に排除され、孤立を深めていくライフコースの動態をも示す（阿部　二〇〇七、三八―九）。

③　社会的排除が社会問題であるというフランスの問題意識には、人々は社会的連帯（市民としての政治参加）の機会が基本的人権の枢要をなすという価値意識があるといわれる（都留　二〇〇七、三）。

④　社会的排除をもたらす政治・経済的な要因は、工業先進国（産業の空洞化と労働市場の分化）と途上国（急激な商品経済や開発主義政策のひずみ）では異なる以上、包摂としての社会政策も異なってくる。そして、政策は政治体制や福祉文化の伝統にも左右される。

現実的にどのような経済水準、政治体制であったとしても、社会的弱者（外国人・少数民族、低所得・無職者、若年者や高齢者、女性等）が排除される蓋然性が高いわけであるが、社会生活のどの局面（教育、雇用、住宅、医療、コミュニティ活動、政治活動）において排除がなされるかには、人種・民族、階層、政治意識等といった要因も複雑に絡んでくる。そのために社会的排除という概念が指し示す実質的な中身はその地域・時代に応じて様々である。欧州委員会において一九八〇―九〇年代に問題にされた若年労働者や外国人労働者が労働市場から排除されるという現象および問題の指摘は、日本では一九九〇―二〇〇〇年代において労働市場の自由化・多層化が進展した後に現実味を帯びてきた。

先進国において産業が空洞化した主な要因は、多国籍企業が製造と販売の拠点を新興工業経済地域に移動させた資本主義経済のグローバル化によるものであった。その恩恵を受けた新興工業経済地域では、外資を呼び込む輸出加工特別区を作って最低労働賃金を据え置くなど、社会資本の整備や福祉政策を後回しにした工業国家形成を急いだために、地域住民や労働者の人権抑圧、および環境汚染等の様々な社会的ひずみが生み出されてきた。これらの国々には政府が問題解決に力を注ぎ、新中間層が社会政策に十分な政治的発言権を確立するのが難しい状況にある。外資はより安上がりの労働力と資本側に有利な条件を提示する低開発国へ逃げていくために、政府は現状維持を図るからである。

要するに、資本・労働力の移動というグローバル化により、先進国・途上国共にそれぞれの国家において国民が労働者として生活を維持し、社会参加していく権利を十分に保てない現象、すなわち社会的排除が生み出されてきた。その形態は様々であるが、タイのような新興工業国家についていえば、開発主義の政策がもたらした貧困問題は途上国研究として蓄積されてきたが、近年のグローバル化による第二の貧困問題については未だ十分に検討されていない。本書が社会的排除と包摂の研究に対して貢献できるのは、新興工業国における新しい事例の提示とそこからくみ上げた社会的包摂の方法を示すことである。

喩えてみれば、タイに日本のような生活保護費給付の社会保障制度はないが、だからといって東北タイ農民の大多数が貧困者として社会的排除を受けているというのも生活の実態に即していない。現金は持たないにしても独立自尊の農民である。スラムに居住し、都市の雑業に従事している下層労働者にしても、生活の安定度は日本の非正規労働者かそれ以下とも言えるが、結婚して世帯を持ち子供に教育を与えるという家族戦略により階層移動を企図する夢やパワーがある。この世で生き抜いてやろうという姿勢は社会参加への意志となる。

タイにおいて社会的排除を受けている人々というのはこれより下の社会層におり、先進国にこの階層はないだろう。本書で取り上げるストリート・チルドレン、ゴミ収集人、タイに出稼ぎに来るラオスやミャンマーの労働者、山地民や農村女性の生活環境は、平均的なタイ市民より条件的に不利な面が多々ある。しかしながら、彼等に対して行政による直接的な包摂の施策は取られていない。個人として自助努力するか、家族で助け合うか、あるいは農村コミュニティによって村おこしを行うか、それぞれの自主性に任されているところが大きい。それでも、ストリート・チルドレン、ゴミ収集人のように蔑視され、不安定で危険な業務により生活の糧を得ている人達には、NGOや地域行政のサポートが必要である。公共的社会組織としての活躍が期待される企業や教育機関によって支援を受け、社会的に包摂されるのは、労働者や一般市民としての社会的地位が認められた人達である。

本書では、社会的排除は当該国の実態に即して、また社会的包摂の施策についても対象者と支援の内容が限定されていることを踏まえたうえで、制度や組織の社会的機能を見ていくことにする。

ところで、なぜ、社会的包摂がどのような社会にとっても必要であるのか。これは現代における社会的排除が個人にとっては偶然に生じたものに過ぎないからである。どの国家に生まれるか、どの民族に生まれるか、どの社会階層に生まれるか、女性か男性か、あるいは身体に障害があるか無いか、これらは偶然以外の何ものでもない。低開発・低成長の時代に生まれるか、高度経済成長期に生まれるか、あるいはグローバリズムが席巻する現代において不安定な就労に堪えなければいけないかどうかは、個人の能力・志向・選択を超えた問題である。だからこそ、社会的に有利な条件で生み育てられ、社会参加に先んじて成功したものが、条件不利な境遇にある人々を支援すべきである。このような社会的理念が共有され、その理念の実現が司法・行政・政治によって保障されていればこそ、近代的な民主主義国家といえるのではないか。

編者はタイ国民国家の政治家と国民がこのような意識で社会的包摂の必要性や権利を認識しているとまでは考えていない。むしろ、タイでは偶然性を道徳的な問題（前世の業、カルマによる善因善果悪因悪果としての境遇への納得）として捉える文化的性向が依然として強いし、温情主義的な国王や首相によって導かれることを国民も望んでいる。しかしながら、生活が脅かされるほどの社会的排除には怒り、抵抗するし、社会的公正を求めて首相官邸前で座り込みをしたり、街頭に出て一般市民にアピールしたりする国民が少なくない。社会的公正や社会保障の必要性を訴え、現実的な研究を進める知識人もいる（Surichai 2003）。社会的排除の概念と包摂の施策はタイ社会において必要とされている。

本書の構成

本書の基本的な視座は、社会的排除を受けた社会層をどのようにして社会に包摂するかという課題を現代タイ社会において考察するところにある。第一章「タイ社会における排除の構造と社会的包摂」では、これまで述べてきた社会的排除の概念をタイの現代政治に適用してみた。二〇〇六年のクーデターから現代までの政変の根底には、タイ上層・支配階層が制度としての議会制民主主義よりも国王を慈父としていただく権威主義的社会構造を温存しようという意志の根深さが見て取れた。このような分析に加えて、社会的排除の構造を社会発展段階（先進国・中進国・発展途上国・破綻国家）に即して類型論的にまとめる試論を付け加えてある。

第二章「タイにおける医療・教育・社会参加の機会の現状と課題」では、一般的な統計資料を用いながらタイ国民の社会生活の現状を概観したうえで、特に道信良子が専門とする保健医療政策の課題について詳しく論じている。この章において社会的包摂の施策を理論的におさえていくことになるが、排除と包摂の構造的分析を行う視座を後続の章との関連でまとめておきたい。

本書で具体的に取り上げるのは、教育、労働、医療、地域社会の諸領域における排除と包摂の問題である。まず、各章の執筆者がとりあげる問題領域ごとに、①誰が何から排除されているのか、②誰を何に包摂するのか、③包摂の現状をどのように評価するか、④包摂に関わる政治的アクター（当事者と行政・民間の関係者）を予め示しておき、本書の分析の枠組みを明確化しておこう。

なお、以下の表では社会的排除を克服する主体、社会参加を可能にするための支援者、および包摂の施策が社会のどのレベルでなされているのかの諸点から、次のように分けている。

① 自助努力・家族戦略による社会的排除（貧困）からの脱出　包摂の施策は居留国政府。
② コミュニティによる社会的排除（貧困・低開発）からの脱出　包摂の施策は政府の観光事業方針。
③ NGO・地域行政による社会的排除（不健康な生活、危険な労働環境）からの脱出　包摂の主体は支援機関。
④ 社会的公共機関による社会的排除（地域コミュニティや医療資源、および就学機会の欠如）からの脱出　包摂の主体は企業・大学。

そして、それぞれの社会的水準において、排除された主体がどのような行為により社会参加へ向けてそれぞれの生活、労働、地域、教育、医療に関わる環境を整えていくのかを、支援者＝政策的アクターにも着目しながら見ていくことにしたい。社会的包摂の現状評価に関しては予め達成の度合いを記してあるが、これは各章の事例研究を読み込んでいただく際の目安として用いていただければと思う。

以下では、包摂の段階に従って簡単に各章の内容を概観しておきたい。

まずは個人レベルで社会的排除の現状を克服しようという人々である。タイの都市部は言うまでもなく、農村部においても外国人労働者の力なしには生産活動が成り立たない。第三章「ラオスの移動労働者――世界労働市場と移動労働者の生活戦略」において、清川梢は東北タイにメコン川を渡ってくるラオス人労働者の就業形態と生活構造を彼等のライフヒストリーを聞き取る中で詳細に分析している。ラオス人はタイにおいて社会的排除を受けている身だが、彼等の主観的意識としてはグローバル化する経済社会で高収益をえるチャンスを掴んだものという自負心がある。非合法の労働であろうとあるまいと仕事のあるところにいって働き相応の報酬を得られれば、人生をかけるに値するという考えである。同じような試みを実はタイの女性達も日本等の先進国に出かけることで行っている。

第四章「タイの国際結婚定住者――上昇婚戦略としての国際結婚」では、ティラポン・クルプラントンが、日本人男性と出稼ぎ先の日本で出会ったタイ女性が、結婚を契機に階層移動を図ろうとする試みを報告する。タイと日本の物価の差はまだまだ大きいので、日本で金を貯めてタイに家を買い、将来はタイに戻るという選択をする女性達と、日本である程度事業に成功したために日本に残ることを苦にしない女性達の生き方が、夫婦関係、友人関係、生活水準等様々な状況の中で形作られていることが明らかにされる。外国人労働者といい、日本における国際結婚定住者といい、自力で自分の運命を切り開いていくたくましさがある。しかし、あくまでも個人的な営みであるために、成功例の陰に多数のままならない人生がある。

さて、辺境の地にあって工業化の恩恵を殆ど受けることのない農村部では、従来の農業やタックシン元首相が提唱した一村一品運動に加えて、村おこしに辺境の文化を利用しようという動きがある。村という生活の場を離れずに世帯収入を増やし、女性のエンパワーメントを達成しようという試みである。鈴木雅は第五章「北タイの山地民——エコツーリズム」において、タイの山地民が政府観光局の指導によりエコツーリズムを推進した経緯、および仕掛け人の民間業者と受け入れ側の村人との協働作業、その成功と失敗の要因を詳細に叙述する。第六章「東北タイの農村女性——文化ツーリズム」では、ラッチャノック・チャムナンマックが、プータイ族がエスニック・マイノリティの標識を観光資源として活用し、そこに女性を巻き込むことで農村女性のエンパワーメントが図られた事例を報告する。地方農村は食うには困らないだけの底力を持っているので、地域活性化は知恵を絞り、労を惜しまなければ活路が見

ゴミ収集人	・安全でコンスタントな就労機会からの排除→生計は立つが、スラム在住	・ゴミ処理・環境保全政策との連携	第一次　ゴミ収集人の調査、プラン作成 第二次　地域行政での実施 地域行政レベル	地域行政官
④社会的公共機関による社会的排除（地域コミュニティ・医療資源、就学機会欠如）からの脱出　包摂は企業・大学				
工場労働者	・都市での就労は農村の地域コミュニティ・医療資源からの排除	・移動先の地域コミュニティへの包摂 ・移動先における包括的な医療資源への包摂	社会政策領域レベル（医療） 自治・地域開発レベル（市民社会参加）	タイの地方自治体（保健センター含む） 企業 市民団体、NGO/NPO
生涯学習受講者	・学習機会を得られなかった人達→ノンフォーマル教育 ・高学歴を求める人達　排除よりも卓越化戦略	・包括的な意味での生涯学習社会、人的資本の開発による労働生産性を上げるという政府の方針、産業界の要請、個人の戦略	第一次　教育行政 第二次　大学政策 国家・教育行政のレベル	タイ教育省・大学

表　タイにおける社会的排除と包摂

問題と当事者	何からの排除か	何への包摂か	包摂の現状評価	政策アクター
①自助努力・家族戦略による社会的排除（貧困）からの脱出　包摂の施策は居留国政府				
ラオス人労働者	▪自国での安定した職業・就労と教育の機会 ▪タイにおける法的地位、人間らしく、尊厳のある、しかも働きがいのある仕事	▪ラオスにおける農村地域の開発と就労・教育制度への包摂 ▪タイにおける法的包摂、適切な労働体制への包摂	第一次：就労・経済的安定 国家・公的制度レベル	ラオス政府、タイ政府
タイ人国際結婚定住者	▪自国での安定した職業・就労と教育の機会 ▪日本における法的・経済的地位の長期的保障、自立の機会、地域社会からの排除	▪法的・経済的地位の保障、就労支援 ▪地域社会への包摂、子育てサポート、交流	第一次：就労・経済的安定 国家・公的制度レベル 社会政策領域レベル（教育・労働・子育て）	タイ政府、日本政府 日本の地方自治体
②コミュニティによる社会的排除（貧困・低開発）からの脱出　包摂の施策は政府の観光事業方針				
山地民とエコツーリズム	▪地域開発・発展からの排除、山地民への視線	▪タイ観光局推進のエコツーリズムと地域開発	第一次　モデル事業 第二次　農村各世帯の自発的参加　コミュニティレベル	タイ観光局と村人
農村女性と文化ツーリズム	▪地域開発・発展からの排除、女性の役割限定	▪タイ観光局推進の文化・ツーリズムと地域開発　女性のエンパワーメント	第一次　モデル事業 第二次　農村各世帯の女性の自発的参加 コミュニティレベル	タイ観光局と村人・女性
③NGO・地域行政による社会的排除（不健康な生活、危険な労働環境）からの脱出　包摂は支援機関				
	▪潜在能力を発揮する教育機会→ストリートで生きる	▪NGO は社会復帰を促す（学校、地域、労働）	第一次　学校　路上の学校 第二次　労働　就労斡旋	地域行政・学校
ストリート・チルドレン	：ストリートギャングの生き方と将来：社会構成員として政治に参加する機会からの排除就労機会からの排除		コミュニティレベル　社会政策論的には今後の課題	

いだせるかもしれない。

しかし、自力更生が極めて難しい社会層がある。本書では、ジュタティップ・スチャリクルが第七章「ストリート・チルドレン――行政・NGOのサポート」において、今日的な新たな貧困を象徴するストリート・チルドレンの実態を日本で初めて報告する。彼等が社会復帰を行う際にどのようなソーシャル・サポートを受けているのか、行政は今後どのような施策を行うべきか、NGO・NPOは子供達をどのように支援していくべきなのかをタイの研究者として政策提言する。第八章「ゴミ収集人――包括的ごみ管理体制の構築」では、タイ陸軍において地域開発にも携わるソムキッド・タップティムが地方都市のゴミ収集人の業務実態を報告し、併せて都市環境保全を民間業者（雑業層含む）と行政の協働プロジェクトとして行うことを提言する。ゴミ収集人は都市雑業層でも底辺に位置する仕事であり、収入も不安定でそこに留まり続けようというタイ人はいない。しかし、彼等なしには都市の環境・衛生は保全されないのである。

社会的排除を受けやすい人達を包摂する政策的な試みが必要であり、それは強い組織によって担われるべきである。第九章「グローバル企業による公衆衛生――企業の安全衛生管理責任という観点から」では、道信良子が北タイの工場団地内に立地する企業の実践を通して、生産性を上げるために従業員を管理するという企業の目標と、従業員の公衆衛生やリプロダクティブ・ヘルスのケアが両立することを論じている。政府の役割は、労働者の権利として健康に生活し働くことを可能にするような施策を労働法に盛り込み、企業には遵守するように監督することである。

第一〇章「タイにおける継続型高等教育の現状と評価」では、タイの高等教育がマス段階を迎え、生涯学習という形でリカレント教育や、コミュニティマネジメント（タンボン区運営機構職員等）を担う人材養成を果たす役割を積極的に引き受けている事例を櫻井義秀が紹介する。現時点の大学における生涯学習には、かなり豊かな俸給生活者や、地域に生活基盤がある公務員等が社会人学生になって、キャリア・アップを目的に学歴取得をめざす例が多い。社会的排除を受ける階層には、中等教育レベルのインフォーマル教育が適切であると思われるが、実際にこの種の教育機会を生かせる人々は少ない。

最後になるが、本書の独自性を述べておきたい。本書は東北タイ・北タイの現状分析をふまえた社会学・人類学的なアプローチにより、社会的排除と包摂に関わる議論の新境地を開くことをめざしている。執筆者の半数がタイの若手研究者であり、日本人の研究者含めて全員がタイ地域研究を専門としている（櫻井　二〇〇五、二〇〇八、Michinobu 2005）。地域のコンテキストに通じているという強みがあるからといって、社会的包摂を政策論として適切に議論できるというつもりはない。しかし、地域研究者として具体的な人々の生活や、地域社会および文化の細部へこだわって調査を続けてきたことで、一国単位の社会政策論にはない細やかな情報や知見を読者に伝えることができるのではないかと信じている。

第Ⅰ部　社会的排除と包摂の視点

社会的排除を受けた社会層をどのようにして社会に包摂するか。この課題を現代タイ社会のコンテキストにおいて考察する。

第一章「タイ社会における排除の構造と社会的包摂」では、タイの政治と統治のシステムを対比させながら、市民が政治の担い手となりきれずに統治の対象となっている事実を社会的排除の視点から考察する。タックシン・チンナワット元首相が行った政治・経済の構造転換に対してタイの保守政治家や支配層、中間層、地方の人々がどのようにして対応していったのかを、二〇〇六年のクーデター前後の政治過程を中心に概観する。次いで、社会的排除の構造を社会的発展段階（先進国・中進国・発展途上国・破綻国家）に即して類型論的にまとめる試論を付け加える。

第二章「タイにおける医療・教育・社会参加の機会の現状と課題」では、各種統計資料を用いながらタイ国民の社会的生活の現状を概観した後、保健医療政策の課題について詳しく論じる。

第一章　タイ社会における排除の構造と社会的包摂

櫻井義秀

一　タイの市民社会論

九・一九クーデターとその背景

二〇〇六年九月一九日に発生したタイのクーデターは、タイ研究者やアジア研究者を驚かせた。もちろん、ソンティ・リムトーングン等のジャーナリストや一部のＮＧＯ・宗教団体（チャムロン元バンコク都知事とサンティ・アソーク）が開催するタックシン首相批判の集会に数万人の都民が集まり、国王もタックシン首相を牽制するなど緊迫した情勢はあった。しかし、総選挙による政権与党の圧倒的勝利という事実を無視して軍部がクーデターによる政権奪取を一気に行い、一九九二年以来の軍政復帰になろうとは、タイの国政に詳しい政治学者を除いて、一般のタイ研究者には極めて考えにくいことであった。

クーデターがあっても市民の日常生活に特段の変わりはなく、これまで通りの経済活動が行われるというのがタイのお決まりのパターンではあるが、穏やかではあっても戒厳令が敷かれ、公共的なメディアも管制され、五人以上の集会が禁じられた。政府は首相個人のタイ国内資産の凍結・調査を行い、憲法裁判所は二〇〇七年五月三〇日に選挙違反を理由に、政権与党であったタイ愛国党に解党処分を言い渡した。しかし、タイ愛国党の政治家はもとより、タックシン元首相も国外からタイの軍政を批判し続けており、軍に反発を強める市民も呼応して反政府集会に参加した。

タックシン首相に代わって政権を掌握したソンティ陸軍司令官から、退役軍人のスラユット新首相に交代したところで軍は後衛に退いた。その代わりに憲法裁判所が政治の前面に登場し、議会内で多数派工作を行って生き延びようとしたタイ愛国党を解党し、愛国党の党員が大量に移行した国民の力党の党首をも相次いで解職させるなど特殊な政治力学が働いて、現在の民主党政権への道を敷いたのである。

クーデターからの政権交代は非常に複雑であり、タイの政情に通じていない一般読者の方にはちんぷんかんぷんであろうし、緊迫した政治状況の分析は筆者の手に余るが、タイの現在を知るために政治について話さないわけにはいかない。クーデターの背景を新聞報道やタイ研究者の知見に沿いながらまとめてみたい(1)。

タックシンのポピュリズム

タイでは一九九一―九二年の血を流した民主化闘争を経て一九九七年に新憲法が制定された。国会議員の被選挙権は大卒以上と規定される。現実的な理由はどうあれ、国民の八割方が被選挙権を失った。新憲法下で誕生した民主党のチュアン政権は、アジア経済危機後にＩＭＦ下の緊縮財政を強いられたこともあり、首相府官邸前の座り込みで農民負債や環境問題解決等の直接交渉を迫る貧民連合を冷遇するなど、国民に我慢を強いた。同政権は、タイ愛国党に二〇〇一年の総選挙で大敗する。

党首のタックシンは携帯電話・ＩＴ事業でタイ屈指の富豪になり、政治家に転身して数年で首相になった。タイ愛国党の政治資金はタックシンの個人的資産であり、彼は議員への働きかけや議会での多数派工作によりたちまち巨大政党をこしらえあげた。内閣は彼の意を受けて動く人物により構成されたので、議会・内閣を意のままに動かすことができた。議員は陣笠として、閣僚は彼に部下として仕え、まさにタックシンはタイ国のＣＥＯとして君臨した。彼は強力なリーダーシップにより、農民の負債の軽減、三〇バーツ（一〇〇円相当）医療、一〇〇万バーツの地区（タンボン）創生資金供与等のポピュリズム的政策を実現して、北・東北地方の農民から圧倒的支持を得ることになる。

タックシンのＣＥＯ型政治は好調なタイ経済に支えられたが、独裁（後述する南タイムスリムとの葛藤と二〇〇三年だけで二六三七人に及ぶ麻薬密売人の射殺）かつクローニー的政治手法（親族・同輩の登用と自企業へのえこひいき）、および不透明な資産管理（節税策や株式売却）が野党やメディア、知識人から批判された。タックシン首相は二〇〇六年二月に議会を解散し、民意を問うべく四月二日に総選挙を実施した。

しかし、野党は選挙をボイコットすることで抗議の意志を示し、タイ愛国党と少数党のみ立候補した。この選挙は実質的に与党への信任投票となる。タイ愛国党は、定数四〇〇の小選挙区で三五九議席（一議席は野党、四〇議席は再投票）、比例区一〇〇（獲得票五六・五パーセント）で全議席を獲得したが、二ヶ月に及ぶ反タックシンのデモと国王の助言により、首相は政権移譲の言明を余儀なくされた。タイの英字紙は民主主義の勝利といい（Editorial of *Nation*. April 5. 2006）、日本の新聞は「首都の中間層が主導」と報道した（『朝日新聞』二〇〇六年四月六日付）。小選挙区では有権者の二〇パーセント以上の得票が義務づけられているために得票数が規定に達していない四〇議席で再選挙が行われたが、該当地区が南部の選挙区であるためになかなか当選者が決定せず、議会開催が遅れタイの政治は混迷を続けた。

地域、階層間には政治意識の差異がある。地域ごとにタイ愛国党の得票率と白票率を見ると、小選挙区では、北部（五八パーセント、二六パーセント）、東北部（七〇パーセント、一六パーセント）、中部（四九パーセント、三六パーセント）、南部（一八パーセント、六三パーセント）、バンコク都（四五パーセント、五〇パーセント）であり、比例区では、北部（六二パーセント、二三パーセント）、東北部（七五パーセント、一三パーセント）、中部（五一パーセント、二九パーセント）、南部（一七パーセント、六七パーセント）、バンコク都（四八パーセント、四八パーセント）である（The Report of the Election Results in Thailand on April 2, 2006 by Ministry of Interior Thailand）。バンコク都は中間層が最も厚い地域であり、南部にはムスリムとタイ政府の葛藤がある。

首相交代をピープル・パワーにより実現したことや、都市市民を動員した政治運動の成功が民主化の脈絡で語られる一方で、地方の農民票という民主的手続きを経た選挙民の意志が、都市中間層を読者にし知識人に主導されるメディアでは軽視される。このように分断される市民社会は、タイに限らず、地域・階層間格差が著しい東南アジア社会の特徴ではないだろうか。新中間層が民主化を促進し、市民社会形成の主体になるという議論は、中間層が多数派を占める先進諸国において現実分析の効力を持つ。ところが、中間層が薄いにもかかわらず、議会制民主主義を採用する社会では、中間層と知識人の理想が多数派の意志と一致しないことがある。ポピュリズムの政治はこの分断を増幅したのではないか。

九・一九クーデター

タイの場合、またしても国王と権力の上層部、軍により愛国主義的に事態の収拾がなされた。二〇〇六年九月一九日、ソンティ陸軍司令官によるクーデターが発生し、渡米中のタックシン首相は非常事態宣言を出したが、バンコクの動きを止めることはできなかった。軍は深夜に首相府を占拠、戒厳令を敷いた。一九九二年以来一四年ぶり、一九三二年の立憲革命以来一七度目のクーデターであった。軍はタックシン首相系列のテレビ局を始め、タイ愛国党本部も制圧し、民主革命評議会によりタックシン政権下の汚職・不正を調査し始めた。新聞の報道によれば（『読売新聞』二〇〇六年九月二一日付、『朝日新聞』二〇〇六年九月二一日付）、下院議員選挙の混乱の責任を取って辞任すると言いながら先延ばしにしていたタックシン首相に軍が引導を渡した背景には、プレーム枢密院議長を戴く軍主流派とタックシン首相の親族や取り巻き勢力との抗争があるという。プレーム議長は一九日中に国王の謁見を賜ったと報じられており、軍は二〇日に国王の理解を得たとの声明を出した。同日、五人以上の政治集会を禁じたうえに、二一日には全ての政党の活動を禁止した。一〇月一日、ソンティ陸軍司令官は、陸軍をトップで三年前に退役した（民間人となった）スラユット枢密院議員を首相に指名した。暫定内閣の任務は、立法議会・国民議会を創設して、憲法起草委員を選出し、新憲法の公布と総選挙を来年の末頃までに実施することである。

クーデターへの評価

このクーデターに対する評価は、アメリカや周辺諸国では当初批判か懸念が表明されていたが、無血クーデターであったことと（むしろ、バンコク都民は戦車の軍人に花を差し出す歓迎ぶり）、国民の日常生活や経済活動に重大な支障が生じていないことから、容認の方向に転じた。もちろん、軍部がいつ民政移管をするのかは注視された。統制されたタイのメディア（大学教員等の知識人含む）からは、必要悪（タックシン派・反タックシン派の衝突を回避し、政治的混乱を収拾する）という声が圧倒的多数であった。タイの政治経済に精通する末廣昭は、タイの中庸の政治を望む上層がタックシンの極端な新自由主義経済志向の政策を嫌ったと見た（『読売新聞』二〇〇六年九月二一日付）。タイの政治文化に造詣が深い赤木攻も「経済発展と民主化の時間差」と題したコラムで、クーデターや国王の意向といったタイ固有の政治的安全弁やバランス感覚により、民主的手続きによって生まれた非民主的な政治が解消されたという（『朝日新聞』二〇〇六年九月三〇日付）。

しかし、このように解説されるタイの政治文化は、西欧的な市民社会、民主政治の理念になじんだ人々には容易に理解しえないものであろう。国民の崇敬が篤いプミポン国王や、国王に忠誠を誓う軍の指導者に最終的な政治の舵取りを委ねるのであれば、民主政治は必要ない。正法王による善政こそ望ましいということになる。そうなると、一九九一―二年の流血クーデターを経て一九九七年にようやく制定された新憲法や、新憲法の下で実施された下院議員選挙（タイ愛国党を支持した中部・北部・東北部の票）にどのような意味を認めたらよいのであろうか。民主政治において、誰にとってもよい政治などはありえない。対立する利害関係を調整するシステムこそが議会政治や選挙制度であるというのは、たてまえに過ぎるであろうか。

琉球大学の鈴木規之は、タイの新聞や雑誌に寄せられたタイの識者や大学人のコメントを集め、分析を加えている。歴史家ニティ・イアオシーウォンは「革命は人々に本当の意味での権利と自由をもたらさない」と語り、社会経済学者のパースック・ポンパイチットは「クーデターなしにタイ社会はやっていけた。クーデターという政治文化を容認することは、権威主義や武力による権力掌握の存在を再確認することになる」と述べた。これらの識者は国際的なアカデミーにおいても発言力があるのでここまで言えるが、大半の新聞は必要悪ということと、クーデター後に国民の支持を受けられる政権樹立までのロードマップ策定を重視するという現実論であった（鈴木、二〇〇六）。

王権と軍による統治によってタイの政治的安定が図られてきたことも事実であり、他方でタックシン元首相をはじめとする多くの華人系タイ人実業家・官僚・政治家により現在のタイ経済の発展があることも否定できない。民主化が進展するなかで地方の農民や都市の労働者も政治に参画する自覚を強めてきた。当然ながら自分達の利害に関わる問題を解決してくれる人物や党を選挙で選ぶことになる。それがポピュリズムであるとしてタックシン、タイ愛国党もろとも否定されたことの歴史的意味は、今後十分に検討されなければなるまい。白石隆は、タイのように格差の大きい国では、民主主義はエリート民主主義とポピュリズムの往復運動になりがちと指摘した（『読売新聞』二〇〇六年一〇月二二日付）。タイの民主政治や市民社会は一九九二年当時に引き戻されたのか、ＣＥＯ型政治や行き過ぎた議会制民主主義にストップをかけることでバランスを取ったのか、評価が難しい。

反政府運動と憲法裁判所

クーデター後の政治の動きを簡単に示しておこう。

二〇〇七年一二月二三日に、軍政およびスラユット首相により主導される政府が民政移管のために総選挙を実施した。定数四八〇議席中、二三二議席を国民の力党（サマック・スンタラウェート党首）、一六五議席を民主党が獲得した。どちらも過半数には至らなかったために、国民の力党は民主党を除く五党と連立を組み、二〇〇八年一月二九日にタイ下院で党首のサマックが首相の指名を受けた。タックシン首相が率いていたタイ愛国党（二〇〇五年では三七七議席を保持）は、二〇〇七年五月に憲法裁判所から選挙違反を理由に解党処分を受けたために、所属を失った親タックシン派議員が大挙して国民の力党に入っており、国民の力党は事実上タックシン党であった。

二〇〇八年二月七日、新内閣が発足して一年四ヶ月ぶりに民政に戻り、国家安全保障評議会は解散した。これに合わせて二月二八日にタックシンが帰国し、国有地不正取得の容疑で警察に身柄拘束され裁判所に連行されたが、八〇〇万バーツで保釈された。この結果はタックシン派の議員やタックシン支持の地方人には歓迎されたが、反タックシンの軍部や市民達との間で緊張関係は続いた。

国民の力党は五月に憲法改正動議を提出した（憲法では選挙違反による解党命令や公民権停止が命じられるために）際、民主主義市民連合（以下、People's Alliance for Democracy: PAD）は反政府集会を開始した。その後、最高裁は元国民の力党の副党首であったヨンユット前下院議長の選挙違反を認定し、公民権停止を命じた。また、バンコクの刑事裁判所はタックシン夫人にも脱税の罪で禁固三年の実刑判決を出し、タックシンも三件の公判で勝訴できる見込みがないとして、八月一一日に五輪滞在を理由に出国許可を得ていた北京からイギリスに亡命した。

八月二六日、ＰＡＤは国営放送局を占拠し、首相府をも一万人で包囲して反政府の示威活動を展開した。サマック首相はデモ隊の強硬排除は軍の介入を招くために避けたが、ＰＡＤとの間で膠着状態が続き、九月二日に非常事態宣言を出すものの、アヌポン陸軍司令官は中立を宣言して事態収拾には乗り出さなかった。サマック首相は政局混乱の解消を模索するも、首相就任後に料理番組に出演して報酬を受け取っていたとして、九月九日に憲法裁判所から憲法違反を問われ、あっけなく失職した。九月一七日に副首相のソムチャーイ・ウォンサワットが首相に指名されたが、タックシン首相の妹婿ということでＰＡＤは首相府占拠を継続した。ＰＡＤのリーダーの一人チャムロン・スリームアンは国家反逆罪容疑で逮捕されるものの、高等裁判所は容疑を取り下げ、わずか三日で保釈され、首相府占拠のテントに戻ったのである。

一〇月二二日、タイ最高裁は英国滞在で不在のタックシン元首相に、妻が国有地を不正取得したとして汚職防止法違反で禁固二年の実刑判決を下した。この判決で勢いづいたＰＡＤは、ソムチャーイ首相のＡＰＥＣ会議からの帰国を阻止すべくスワナプーム国際空港に集結し、一一月二五日から一二月三日まで同空港のターミナルを武装占拠した。ソムチャーイ首相が退去を呼びかけたもののＰＡＤは無視し、巨額の損失を空港に与えた。観光産業へのダメージも大きかった。しかし、この混乱は再び、憲法裁判所による政権党解体命令により収束される。一二月二日、与党である人民の力党他三党の解散が命令され、内閣閣僚が揃って失職したのである。勝利宣言を行ったＰＡＤは占拠を解いた。

一二月一七日、民主党党首であるアピシット・ウェーチャチーワが首班指名を受け首相となり、現在に至っている。その間、二〇〇九年三月末から「反独裁民主同盟（以下、Democratic Alliance Against Dictatorship: DAAD）」を称するタックシン支持派が、首相府を包囲して政権の退陣を求める抗議行動を開始し、四月一一日にはパタヤーで開催されていたＡＳＥＡＮと日中韓の国際会議にも示威行動を行い会場に乱入した。会議は中断され、各国代表は避難後、帰国の途についた。タイは外交上の失態をさらしたまま、バンコク市内でＤＡＡＤの鎮圧に追われた。結果的に、ＤＡＡＤは自主的に解散し、二五日には非常事態宣言が解除された。

民主主義のかたち

ＰＡＤは黄色のシャツがトレードマークであったが、DAADは赤シャツである。黄色い人や赤い人が時の政権に実力行使を仕掛け、社会に多大な混乱を招いた。黄色いシャツを着た人達が都市中間層でもなければ、赤いシャツの人達が全て農村出身者でもないことは確かである。ＰＡＤの指導者は、タックシン政権時に利権を奪われた企業家や政治力を脅かされた特権階層の後ろ盾により、暇のある市民や農民をおそらくは日当付きで数ヶ月にも及ぶ占拠活動に動員したのであろうし、空港占拠を先導したり、反対派に向けて装甲車両から威嚇射撃を繰り返したりしたPADのメンバーは素人とは思えない。ＤＡＡＤのメンバーにしても、アピシット首相の公用車を鉄パイプでめった打ちにするなど、憤怒に駆られた市民としてもやりすぎだろう。

タイでは総選挙を経た議会制民主主義が、市民民主主義を掲げる勢力の示威行為で再び窮地を迎えている。民主主義とは何か、市民参加の政治とは何かを考えさせられる混迷した政治情勢が続く。末廣昭は、タイの政治変動の背景に三つの問題群を見る。第一に、タイの政治権力には内閣・国会・司法の三権に加えて国王を輔弼する枢密顧問官の存在があり、現在はプレーム議長であり、タックシンはクーデターの黒幕と呼んだ。第二に、タイ国民は政治を有徳者による「統治」と汚職・票買いも辞さない政治家による「政治」とに分けており、前者は国王の役割として神聖化されているという。タックシンに対する非難は国王に代わってタイを統治しようとしたからだというものである。あたかも貧しい東北の農民に私財を投じて慈悲を垂れる国王のように、タックシンが税金でまかなった公共事業で東北タイの農民の歓心を買い、農民に有り難がられる姿は不敬の極みというわけである。代表制民主主義は政治の領域に属するものであるから、そこで選ばれた政治家＝首相に統治者＝国王のふるまいは許されない。第三に、タイは開発主義の時代、中進国の時代を経て、さらなる社会の現代化を図るか、伝統的な統治による温情主義的な公正さを回復するか、選択の時代を迎えているのではないかという（末廣　二〇〇九、一一―二九）。

グローバリズムが進展する現代社会においてローカリズムによるバランス調整を図る社会はタイに限ったことではなく、先進国から中進国まで広く見られる。もちろん、先進国において宗教的価値観に基づく統治を政治的正当性にかかげる国家はアメリカくらいなもので、建国神話と共和制への信仰にも似たアメリカニズムや保守的プロテスタンティズムは公共宗教的な役割を果たしている。西欧や日本では、反グローバリズムを掲げるソフトな社会運動や左翼政治運動、あるいはスピリチュアリズムが見られるものの、右派に属する保守主義同様に現実の政治的影響力はほとんどない。タイでは王権、仏教、民族性（タイらしさ）が政治の急激な舵とりにバランサーの役割を果たすようである。

ともあれ、本書では政治的正当性のバリエーションをめぐる議論よりも、市民権の実質的な問題である社会的排除を受けた人々をどのようにして社会に包摂するかという施策の問題を考えていこうと思う。

タイにおける社会的排除と包摂

これまでタイのクーデターと市民社会論に関連づけて、現代タイ社会の動向を概観してみた。筆者なりの国家の発展段階と社会的排除との関連については次の節で展開することにして、本節ではタイ社会で誰が社会的に排除されているのかを論じてみたい。

従来であれば、貧困問題や少数民族・外国人労働者の市民権の問題がそのまま社会的排除の実例となったであろう。それらは経済・社会的な社会的排除の事例であり、本書でも扱う社会問題である。しかし、タイのクーデターが示したものは、タイ社会にとって根本的な社会的排除の存在である。筆者は社会的排除を受けているものが少数者ではなく、タイ国民の多数派であるという実情を読者に示しておくことが、タイ社会の社会的排除を論ずるにあたって不可欠なことのように思われる。これは政治的な次元における社会的排除というよりも、より社会構造や文化そのものに根ざしているために、ある意味でタイの国民にとっても研究者にとっても自明すぎることとして問題にされにくい。

タイにはおよそ四種類の人々がいる。権力を争える人々と権威を認めてそれを利用する人々、権力に利用される人々、統治の対象ではあるが権力構造の枠外にある人々がいる。そんなことは民主主義を掲げる国民国家であっても大なり小なり認められることであろう。もちろん、権威・権力に関わる利害・利益の配分構造は不均等であるがゆえに露骨には社会的正当化をえないものであり、隠蔽されるのが普通であろう。ところが、タイのクーデターに関わる政治の推移や論評を見る限り、権力と利害の配分構造は不均等であったとしてもそれが道徳的なものである限り正当化されるという議論が少なくない。タイのクーデターが否定したものは汚職と不正に満ち、非道徳的と評されるタックシン政治であったが、タックシン元首相が自らの勢力基盤とした有権者の支持、新憲法に則った民主的な選挙制度など取るに足らぬものとみなされたのである。地方の有権者はタックシンもろとも政治の舞台から排除された。

タイの市民社会論では、権力を行使する人と行使される人々との不均等な構造を問題とし、市民権、すなわち実質的な市民としての生活を確保するための様々な社会運動に焦点が絞られてきたのであるが（船津 二〇〇〇、Pasuk 2000）、クーデターはタイ社会の構造に潜む問題を顕在化させてしまった。このことはタックシン政治に対するポピュリズムという評価によく表れている。タイ政治の専門家である玉田芳史によれば、タックシンは確かにポピュリストであった。それは彼が権力の政治的正当性を民主政治の選挙制度とそれに基づく国民の支持に求めたからであり、政治による富の再配分の仕組みを作り、タイ経済の伸張による経済的恩恵を国民に配分するやり方は政治家として正当なものであった。選挙のやり口にタイ固有の問題はあるにせよ（玉田 二〇〇五）、タックシンには政策があった。誰か悪者を仕立てあげてそれを叩くことで人気取りに奔走するような政治手法ではなかった（玉田 二〇〇七、六五）。

タイの政治経済・社会運動に詳しい浅見靖仁によれば、タックシン元首相が地方の地域住民から支持を集めることに対して脅威を覚えて反タックシン派についた主要なアクターは、次の三派であるという。

第一に、枢密院に関わるような保守的な社会上層の人々の考えによれば、タックシンは国王の権威を必要としなかった。国王の地方巡幸や地域開発プロジェクトによる慈悲の統治から民心を離反させるような不穏当な政治志向は、タイのよき伝統を破壊するものと映った。プミポン国王在位六〇周年の二〇〇六年に、タイの国民はみな国王への崇敬と長寿祈願を示す黄色のシャツや腕輪を身につけた。反タックシンのデモや国軍も国王の肖像を掲げて、国王に忠誠を誓うものは自分達であることを示そうとした。言うまでもなく王制や伝統を重んじるのは都市民よりも地方の人々であるが、このイエロー・フィーバーは社会的に下層の人々よりも都市中間層に顕著であったという。その理由は、都市中間層がアジア金融危機以降に階層の相対的な上昇を実感することなく、国税に貢献した自分達の金がタックシンにより地方にばらまかれ、それが彼の政権基盤を安定させることにいらだちを感じたのかもしれないと推測する(1)(浅見　二〇〇七)。

第二に、タックシンのトップダウン式の強権政治に反発したジャーナリスト、学者達はタックシンにより民主主義が実質的に破壊されることを懸念した(Pasuk and Baker 2005)。タックシンは首相になってからも誰からも借金することなく(したがって誰の忠告をも受け付ける必要がなく)、潤沢な資金によって議会において圧倒的多数派になる様々な動きを行った。そのうえ、ばらまきの政治で地方の票田を固められては野党に出る幕はなく、メディアを利用した知識人達の発言も国民の審判を得たタックシンに力を持たない。タックシン批判も手詰まり状態であったが、二〇〇六年一月二三日にタックシンが創業した通信会社Shin社がシンガポールの会社に株式を売却したことで世論に批判の火を付けることができた。タイの代表的な企業を競争相手国に売却するのは非愛国的行為であると。次いで、七三三億バーツで売ってなお首相一族に課税されなかったことから、国民の義務を果たしていないという批判である。これで首相辞任を求める運動が一気に盛り上がり、二〇〇六年二月二四日、首相は下院を解散し、総選挙で民意を問うことにしたのである。野党は解散自体を不当として総選挙をボイコットし、正当性なき選挙にしようとした。最終的に、国王が憲法裁判所に選挙の有効性を判断するよう示唆を示し、五月八日、憲法裁判所は無効判決を下した経緯はすでに述べている。

第三に、NGOの指導者達である。玉田によれば、ソンティの呼びかけに応じてPADに加わった「多くのNGOは『従者』ともいうべき住民を、ポピュリズム政策を通じて『草の根』へと取り込んできたタックシン政権によって奪われて、構造不況状態に陥っていた。」(玉田　二〇〇七、九二)

少し解説を加えよう。新憲法の下、地方自治の領域が拡大した。タンボン（区）評議会が作られ、そこに予算がつき、地域住民は自治を村の域を超えて行うことが可能になった。また、一村一品運動にも似た一区一産品（One Tambol One Product：OTOP）のかけ声の下で、地方では特産品を生産・販売することに熱を入れる。三〇バーツ医療は、村の人々にとって有り難いものだった。地方はタックシン政治によって元気づけられた側面が確かにあったのだが、NGO活動家にとっておいしいところどりは許し難いものだったのではないか。一九八〇年代初頭より政治・行政以上に地域開発に力を注ぎ、地域住民の自助組織作りをしてきたNGOであるが、タイ経済が発展途上国の域を超えると海外からの支援が打ち切られ活動資金に困った。そのうえ、活動対象である地域、住民が独り立ちしはじめ、一九九〇年代からNGOの活動は市民権の実質化をめざす政治的な運動や民主化という大きな旗頭に転換し始めていた。

反タックシン勢力はメディアを通じてタックシンを取るか、国王を元首とする民主主義を取るかという二者択一の選択肢をタイ国民に訴えた。首相主導による軍の人事が進むのを見越して、軍はころあいを見計らったかのように権力を国王にお返しするためのクーデターを決行した。一時的であれ西欧式の選挙に基づく代議制民主主義を中断しても、正義とタイの伝統を守るためにはやむを得ない愛国的行動だと述べたのである。

タイでは正しいか、正しくないか、一か〇の議論が社会科学においても好まれるような気がする。筆者は上座仏教が公共宗教たる位置を占めるタイの文化的土壌を考えてしまうのであるが、学問的に注目すべき点は、国家の性格や、個人の文化的パーソナリティよりも、社会的な中間集団や社会関係の特徴であり、この部分に現在どのような動きが生じているかを正確にフォローしておく必要がある。

従来、パトロン−クライアント関係、閥社会と言われてきた社会関係に市民社会の文化が入っていたのかどうかである。東南アジアで言えば、村落から政治・経済コミュニティに至るクローニズムであり、露見して問題化すればコラプションとなる。良くも悪くも東南アジア社会のソーシャル・キャピタルであり、信頼・協調の範囲が我が集団の域を超えない。政治・経済の取引・交渉や日常生活を下支えするこの生活世界の論理が、討議とルールに基づいた問題解決・利益配分を原則とする西欧的市民社会のシステムと葛藤する。従来東南アジアの容易に変えがたい文化と認識されてきたこの局面こそ、市民社会形成の社会関係論として社会学的に分析され、克服されるべき課題なのではないだろうか。

タイのクーデターと関連させて述べれば、クーデターの首謀者や支援する反タックシン派と都市民、タックシンと彼を支持する地方農民も、それぞれに愛国者であり、政治的理念を愛国主義的文言で飾る。しかし、同時にそれぞれに我が集団の利益も図ろうとしており、そのためには市民社会の理念を犠牲にすることもやむをえないと考える。市民社会論とは、西欧の政治社会論をなぞるだけのものであってはならないだろう。我々集団と全体社会との相克を調停する論理とシステムの構築を具体的に模索することでしか、市民社会の実現はない。その点において、従前の経済発展が生み出した新中間層による市民社会形成という議論には、東南アジア地域における社会関係への微視的分析と、政治体制の歴史的考察が不足していた感は否めない。

ともかく、タイにおいて社会的排除を論じるのであれば、非常時には政治から阻害される大多数の国民がいること、そして平時には貧困他、グローバル化する資本主義経済発展により新たに生み出される様々な社会的排除が二重に存在するということを確認することが先決である。そして、タイ国民が、学歴があろうとなかろうと（知的水準を問わず）、貧乏であろうとなかろうと（利益誘導に脆弱であるかどうかを問わず）、都市住民であろうとなかろうと（民族や地域を問わず）、差別されることなく政治過程に参画することが、社会的包摂の第一歩である。政治的エリートにとって最良の政治が国王＝正法王による善政であるならば、それを理念とする政党を作って国民に支持を訴えればよい。ジャーナリストや知識人は地方人の政治的未成熟を嘆くのであれば、市民性を涵養する生涯学習を行い（平田二〇〇七）、そもそも生活のためにはわらにでもすがらざるを得ない人達の経済生活を安定させるべく社会政策を提言することが先になされてしかるべきである。社会福祉政策においても官僚達の地道な活動が一方でありながら（河森二〇〇六）、他方でいきなり政治的大なたをふるうのがタイの政治である。漸次的変革でなければ成果を上げにくい問題は少なくない。ＮＧＯも国民から支持と活動資金を得られるような社会集団に変わっていく必要がある。社会的排除に対する包摂の施策とは、真の意味で民主主義の政治制度を確立し、それを守るということではないか。

貧困や市民権が実質的に認められないために不利益を被っている人達を社会参加させることが社会的包摂の第一義であるが、これを実現するためには、分に応じた政治参加ではなく、市民である限りにおいて政治に参加できる制度を堅固なものにすることが重要である。この点で現代タイ社会は大きな課題を抱えている。

これでタイ社会の喫緊の政治的課題を社会的排除の視点から説明し終えたので、以下の論述では、現代タイ社会がグローバル化時代の資本主義経済システムに組み込まれたことで生じる様々な社会的排除の問題点を指摘しようと思う。しかし、その前に、タイ社会が世界のなかでどのような位置にあり、どのような社会発展の課題を抱えているのかを大きく見ておいた方がよい。以下の二、三節はいささか教科書的記述になるので、とばし読みにしてもらって構わない。

二　社会的排除と包摂

産業社会の発展段階と社会的排除

グローバリゼーションの進展に伴い、世界の諸地域が一つの資本主義経済システムに包含され、国境を越えて資本・労働力・工業製品・文化が移動していることは周知のことである。その結果、次のような資本主義の発達段階における地域的問題が発生している。以下の類型論は、アジット・S・バラとフレデリック・ラペールの著作をヒントに考案したものであるが（Bhalla and Lapeyre 2004＝2005）、必ずしも彼等の現状認識に沿っているわけではないし、社会的排除克服するアプローチについては触れていない。

工業先進国

工業先進国には外国人労働者・難民、および双方の家族定住者が市民権を得て定住するようになり、多文化主義政策（たとえば英米系）・同化政策（たとえば仏・日本）の違いはあれ、社会階層や地域社会に外国人が組み入れられるのは自明となってきた。結果的に、社会最下層に流入した外国人労働者達は中間層に階層移動するか、低層に滞留する。後者の場合、下層社会にいる人々とマニュアルワークを奪い合うことになり、彼等への社会保障が財政を圧迫するといった状況から、ナショナリズム的政治運動が発生する。あるいは、外国人労働者や移民の受け入れ制限、管理を強化する政策が導入される。ただし、この政策は、企業の利害と対立するので、完全なシャットアウトはどこの国でも起こらない。

多国籍企業は人件費の圧縮と市場を求めて世界的な生産・販売戦略を企図し、工業国から新興工業国に生産拠点を移動するか、国内で低廉な労働力を外国人労働者に求めるか、あるいは、一般労働者にも外国人労働者並の待遇を標準化するようになる。その結果、先に述べたような若年労働者の非正規雇用が増大し、社会問題化する。

社会的排除を受けるのは、下層に滞留する人達であり、市民権はあっても社会権としての教育・労働に関わる十分な保障が受けられなくなる。彼等に対する社会保障政策を充実させるためには公共的な支出が必要であるが、彼等は自分達の意見を代弁する議員を議会に送り込むことができない（あるいは、できない程度に社会的連帯を欠いている）ために、政治的なステークホルダーとなりえない。しかし、中長期的には、国にとって、彼等が社会保障の対象者から支え手に変わってくれることが最も望ましいわけであるから、彼等の就業能力向上と彼等を雇用するよう企業に働きかけることが政策的な目標となる。日本の安倍政権が掲げた再チャレンジ政策は一応理にかなっていたが、成果を見る前に首相自ら辞め、二年後の政権交代により非正規化の流れを阻止しようとする民主党政権と経済界の利害が対立している。社会的排除を受けた若年労働者をもう一度労働市場や社会に包摂する仕組みを作ることは喫緊の政治的課題である。

しかしながら、職業を通しての自己実現が、給与を稼ぎ、生活するだけではなく、やるに値する仕事と思われることのみやりたいという若年労働者の職業志向（社会には必要であるがきつい仕事、コミットメントを要求される組織業務があり、それが給与の対価となるような職業を敬遠）にこたえうるような職種が生み出されるとは限らない。日本のいわゆるフリーター問題とはここから始まり、今では職種を選ばなくとも安定した職に就けないという問題に転じている。西欧の大半の国はこの段階にある。

社会的排除を受けたもののうちで制度化されていないやり方で生活の糧を稼ぎ出し、自らのアイデンティティを確保しようというものも出てくる。違法ではないが公序良俗に反するすきま型産業や振り込め詐欺等のアンダーグラウンドな仕事に従事するものが増える。ある意味で主流社会への挑戦である。あるいは、反グローバリズムを掲げる宗教的過激主義に関わるものも出てこよう。階層格差や社会的排除者が増大するにつれて、治安は悪化し、様々な事件に巻き込まれるリスクは高まる。多文化主義により異質性を尊重するのは重要であるが、社会の存立基盤を揺るがすような行為は許容できない。まさに現代社会では富の生産・配分よりも、リスク管理やリスク低減の政策が重要となる。

発展途上国、崩壊国家

発展途上国とは新興工業国の周辺に位置し、木材・鉱産物等の天然資源やモノカルチャー化された一次産品を世界市場に輸出し、新興工業国へ労働者を出すことで外貨を獲得する国家群である。東南アジアでいえば、社会主義体制を維持するインドシナ大陸部の諸国、南インドではパキスタン、中東ではイラン、近東のアラブ諸国、ロシア周辺のイスラーム諸国、中米、南米の諸国が該当しよう。

これらの諸国では、内需用の工業生産と一次産業が主であり、まだまだ家族・親族単位の生業やコミュニティが成立している。したがって、個人が外国人労働者となって他国で働いても母国との絆は維持され、海外送金が経済を下支えしている。社会階層的には少数の上層階層以外は、伝統的な生活形態を守る限りにおいて社会的リスクをシェアする共同体の中で生活している人達が大半である。孤立した労働者は少ないし、下層階層という社会層も固定化されていない。

崩壊国家というのは、アフリカの戦争・紛争地域にある諸国家や、イラク・アフガニスタンのように、植民地旧宗主国やソ連・アメリカのような覇権国家の介入により民族・宗教のバランスが破壊され、武装勢力が乱立し、国家が暴力を統制しきれない社会である。

これらの諸国では、元々は生業や交易、イラクでは産業国家として十分な生産力があったのであるが、現在は生存そのものが危機にさらされ、国連軍・多国籍軍の干渉により治安がはかられ、女性や子供等の社会的弱者が、社会的正当性を有する公的権力不在のリスクを負っている。評価は難しいが彼等は国際社会により社会的排除を受けているともいえる。国際的な難民支援組織により、辛うじて生命をつないでいる人達は相当数いる。

新興工業国

東南アジアやインド・中国、中米や南米の新興工業国には、工業先進国と発展途上国の問題が重層的に発生する。新興工業国には発展途上国から外国人労働者・難民等が流入するが、国境における出入国者の管理はルーズであり、かつては自由に行き来し、現在でもブローカーを介して相当数の出入りがある。近年、非合法の滞在者を管理をするべく、条件付きで労働・滞在許可を与える柔軟な政策をとる国が増えている。外国人労働者が社会の最下層に組み込まれることは先進工業国に等しいが、彼等に対して多文化主義政策・同化政策のいずれも自覚的に取られることは少ない。というのも、新興工業国の大半は、中国・インドを除き、国民国家としての歴史の浅さと複合民族・宗教的に多元的な国家であることから、特定のエスニック集団を排除するほどの社会的凝集性を持たないともいえるからである。東南アジアにおいては、労働者として一九世紀末から大量に流入した華人が現在では上層階層をなしている。現時点において、下層にいる発展途上国出身のもの達も世代を経て上昇移動するだろうし、それは先進工業国よりも容易であると考えられる。

もう一つの労働者移動の特徴は、新興工業国の中間層から下層にかけての労働者が、海外に出稼ぎ労働者として大量に出国するという事実である。フィリピンに典型的であるが、彼等の送金なしに経済成長は考えられず、国家が政策的に海外への出稼ぎを奨励している。したがって、新興工業国では、従来下層労働者に割り当てられた職域が外国人労働者に奪われても、多国籍企業による工業特区への進出による雇用と、海外への出稼ぎの雇用という二つの外在的要因による雇用の創出が行われているために、先進工業国のような職場をめぐる階層や集団間の争いは顕在化していない。中国やインドのような人口大国では、国家内部で先進工業地域と発展途上地域を有するために、労働調整を極めて有効に行い、なお、上層・中間層がそれぞれのやり方で海外に社会的チャンスを求めて出て行く。多国籍企業では人件費の圧縮と市場を求めて世界的な生産・販売戦略を企図し、工業国から新興工業国に生産拠点を移動するか、国内で低廉な労働力を外国人労働者に求めるか、あるいは、一般労働者にも外国人労働者並の待遇を標準化するようになる。その結果、先に述べたような若年労働者の非正規雇用が増大し、社会問題化する。

このような新興工業国群では、社会保障政策が十分ではないために、下層労働者も外国人労働者達も社会的コストにならない安価な労働者であり続ける。それは、先進工業国の投資を呼び込む政策の結果でもあるが、階層間の格差に対する許容度が高いことも、労働者の地位向上に結びつかない背景にある。

いずれにしても、経済成長の恩恵により社会全体が底上げされていくために社会的フラストレーションが溜まりにくい。階層・階級という社会構造上の対立が顕著になる前に、社会問題の原因を国外にだし、グローバリズムや仮想敵とされる近隣諸国に対する警戒や国民的まとまりを強調することによって社会的不満を散らす政治手腕に長けている国家が多い。

しかしながら、経済成長の恩恵に与れない地域や社会層は依然として存在するために、開発主義イデオロギーや大衆消費社会の幻想が弱まると、潜在的な階層間・地域間・民族間対立が顕在化する。東南アジアにおいて、一九九七年の経済危機以後、イスラーム過激派の口火を切る動きによって各地の分離主義運動が先鋭化し、国家の懸命の監視・抑圧政策にもかかわらず、運動が支持されているようにも見える。グローバリズムという覇権国家や特定階層のイデオロギー性を暴露し、自身以外に何の社会的地位も威信も持たないものがアイデンティティを希求するべく、ファンダメンタルな宗教運動に巻き込まれていく。このような人々をどのように主流社会の政治・文化の制度に包摂していくのかが、新興工業国に問われている。

タイ社会における社会的排除

樋口昭彦がモデル化した社会的包摂の複層的メカニズムを参考に、以下において社会的排除と包摂の視点を生かしたタイ社会を見る視点を説明しておこう（樋口　二〇〇四）。既に、現代タイ社会の全体像については、市民社会論を含めてタイ社会の変動を拙著で明らかにしているのでここでは省略する（櫻井　二〇〇五）。

タイ社会は新興工業国としてモデル化されるべきであり、そうすると先に述べた新興工業国における社会的排除の典型的な特徴から、以下の社会的排除を受けている人々が導出される。もちろん、先進工業国と比べれば、格差はあっても上昇移動への期待がある分、格差それ自体や階層・エスニックな文化、あるいはスティグマを気にしない面はある。しかしながら、上昇移動が極めて困難な人々も多いことを認識されるべきである。具体的には、以下の人々である。

①地方の土地なし農民や漁業権を持たない漁民。彼等の社会権が保障されているといえないことは、国立公園内における耕作農民（慣習的土地占有が森林局による国立公園登記に先んじているにもかかわらず、法的に土地所有・理由の権利がないために立ち退きを命じられる）やダム建設のために漁場を失う農民（村落も水没するために代替地を

与えられるが、漁場に遠いか、そもそもダムのために魚群の遡行が妨げられ、生業がなりたたなくなる）の存在からも明らかである。しかし、平地で水稲耕作を行う自作農は子世代において階層上昇の期待を持てる分、タイ社会から排除されているという意識はない。貧しいがチャンスがないわけではないと考えている。そのため、子供を学校にやるのである。それでも、子供達が皆都市に出て行って勤め人になれるわけではない。農村や漁村で自然相手の生業で生きなければいけないもの達は依然多い。彼等が農産物の販売から現金収入をうるのは至難の業であり、近場に都市や工場でもない限り日雇い労働の現金は手に入りにくい。壮年世代が夫婦そろって出稼ぎするような村は老人と子供達ばかりになる。地域にどのような形で仕事を生み出し、収入とやりがいを得るのかが、地方の課題である。

②タイ国籍を持たないか、あるいは最近取得した国境地域の山地民や外国人労働者、および一部のタイの女性達。特に、タイ女性の社会権が十分保障されていないことは、男性労働者からは見えにくいが、女性の都市労働者の少なからぬものが風俗産業に吸収されていることから明らかである。もちろん、東北タイ農村の娘が身売りしたという話は一昔前のことであり、現在はミャンマー、ラオス、中国雲南省、カンボジア等から女性がブローカーによってバンコク、チェンマイ等の観光都市に連れてこられている。しかし、現在においても北タイにおけるＨＩＶ感染者の増大は深刻であり、それは山地民の女性達や北タイ農村の女性達が、風俗産業に従事する中で、あるいはそこで遊んだ夫達に感染させられた結果である。

③都市の出稼ぎ労働者。社会に有用な様々な雑業（物売り、くず拾い、小間使い、日雇い等々）に従事するものの恒産をなしえないものも多い。スラムに住み、階層上昇のチャンスをうかがうが、脱出できるものは少ない。彼等は子世代に期待するが、都市の教育には金がかかる。自分たちの生活すら家族の日雇い賃金や物売りの小遣い銭を集めたもので余裕がない。子供達に中等教育以上は望むべくもない。もちろん、親や親族に生活の面倒を見てもらえる子

供は幸せな部類で、彼等は貧しさの中にも、ちょっとした息抜きや楽しみを見つける術を知っている。その点で先進工業国の子供達が感じる人生への不安や不満は少ない。

④児童労働者やストリート・チルドレン。親から十分な保護を受けない子供達であり、彼等が最も社会的排除の対象となっているといえる。児童労働に従事していても、保護者がいる場合は、上記の貧しい家庭の子供達同様、大人になることを夢見てそれなりの希望を持ちながら毎日を過ごしている。ただし、未成年のうちから風俗産業に従事させられると、男女ともに異性はおろか、人間に対する基本的な信頼感を持ち得ないために、将来に希望を持つことが極めて困難になる。ストリート・チルドレンは都市犯罪（性犯罪や風俗産業、ギャンブル、麻薬、暴力事件）の被害者や加害者になりやすく、彼等なりの仲間意識を持っているために、この環境から離脱するのは容易ではない。

⑤社会階層で低位にいる南部のムスリム。タイにおける分離主義運動や過激派による暴力事件を支持する人々が確実にいる。やけになることはけしてほめられることではないが、現状に希望を見いだせない人達にとって、宗教や民族的アイデンティティは魅惑的である。この問題に関しては、拙稿で詳しく論じている（櫻井　二〇〇六）。

社会的包摂の施策

では、上記のような社会的排除を受けている人々をどのように社会に包摂することができるのだろうか。三つの次元で考えてみたい。

①国家・公的制度レベル。タイは強い国家（政治的支配と経済政策）であるが、福祉社会を志向する政策を強力に打ち出すことはなかった。一九九〇年以降、福祉社会モデルが先進工業国において危機に瀕し、市場主義が席巻した時期に、タイは高度経済成長を迎えた。ようやく社会保障政策の財源ができたのであるが、タックシンのポピュリズ

ム的政策のために都市中間層と地方の下層の人達との間に分断が生じてしまった。その結果、福祉政策も人気取りと軽く扱われ、社会政策に国税を用いることの社会的正当性が国民の間に十分浸透しなかった。また、政治的参画をなすためには市民権が必要であるが、市民権を実質化する社会権が守られるべきである。しかし、社会的排除を受ける人々を政治に巻き込む方策は、従来は票買いの慣習以外にあまり見あたらなく、これがタックシン政治批判に使われたことも事実である。

②社会政策的領域として、教育・医療・労働市場における包摂の政策がある。教育では、公的教育とインフォーマル教育である。医療では、低廉な医療と公衆衛生、予防医学等の問題があろう。労働市場においては、最低賃金の遵守、労働法の遵守等により、労働者の生活と労働上の安全を確保する施策がとられる必要がある。これらの諸政策がどれだけ社会的包摂に資しているかは、本書の各論で明らかにされるであろう。

③地域の自治組織やNGO／NPO組織による自治・地域開発の領域がある。市民社会の形成は結局のところ、地域の住民組織や開発のための自助グループ等において学ばれ、実践されるしかないのであり、上から教えられるものではない。コミュニティ、ネットワークをどのように形成し、維持し、マネジメントを行うのかが、地域に生活する様々な人達を社会的に包摂する施策となるのである。

以上、本書で展開される各論を読むために、トピックや事例として追ってもらうだけではなく、社会的排除を受けている人々をどのように社会的に包摂しうるのか、また、実質的にどの程度なしえているのかを評価する視点を提供した。これをもって本研究プロジェクトの構想と各章の位置づけの説明にかえたい。

註

（1）クーデター前後のタイの政治情勢については、政治学者玉田芳史の著作（玉田　二〇〇三、二〇〇五、二〇〇七）、および、第九回日本タイ学会（二〇〇七年七月七―八日、北海道大学において開催）の企画セッション「二〇〇六年九月クーデターの意味」における下記の発表を参考にさせてもらった。

1. 浅見靖仁（一橋大学大学院社会学研究科）「黄色い群衆と三つの偶像　二〇〇六年九月のクーデターと中間層論再考」
2. 玉田芳史（京都大学大学院アジア・アフリカ地域研究研究科）「2つの民主主義とポピュリズム　九月一九日クーデタの意味をめぐって」
3. 東茂樹（西南学院大学）「タイの政治経済は二〇〇六年九月クーデターにより変わるか」

第二章　タイにおける医療・教育・社会参加の機会の現状と課題

道信良子

はじめに

本章は、第I部第一章の論考をふまえて、第二部にまとめられた事例をよりよく理解するために、タイにおける医療・教育・社会参加の機会に関する予備的知識を提供することを目的としている。以下では、まず、タイの医療・教育・社会参加に関する基礎統計資料を概観し、それぞれの領域における政策上の課題を明らかにする。次に、それらの課題をふまえて、医療・教育・社会参加の各領域における機会均等、すなわち社会公正を実現するためには、一九六〇年代以降のタイの政治経済の歴史をふりかえる必要があることを論じる。最後に、医療・教育・社会参加の機会を十分に得られない社会層を包摂するための仕組みをどのようにつくるのか、その方向性について筆者の専門である医療の領域を中心に検討する。

一　医療・教育・社会参加の現状

タイにおける医療・教育・社会参加の機会の現状を理解するために、人口、経済、教育、保健とその他の基礎統計（二〇〇五年現在）を表二―一にまとめた。この表によると、高所得世帯の所得の割合が全世帯所得の五七・六パーセントに及ぶなど貧富の格差があるが、途上国としては、乳幼児死亡率は低く、就学率は高く、環境の整備もなされている。

次に、基礎統計の主な指標について、一九六〇年の数値と二〇〇〇年の数値とを比較した（表二―二）。これによると、総人口は約二・三倍となり、都市人口の割合も伸びている。出生率は低下して、平均寿命は伸びていることから、少子高齢化社会へと移行していることが推測される。乳幼児死亡率、五歳以下死亡率、妊産婦死亡率はそれぞれ大きく下がり、健康と衛生対策の成果が見られる。経済状況では、一人当たり国内総生産は大きく伸びて、貧困線以下の人口割合も半減している。ラジオ保有率や成人識字率も伸び、教育や情報を得る環境が改善されていることを示している。その一方で、高所得世帯の所得の割合は増え、低所得世帯のそれは減るというように、所得格差が広がっている。

表2-1 基礎統計（2003年現在）

分類	指標	数値*
人口	総人口（千人）	63.145 (12)
	面積（km²）	514,000 (2)
	人口密度（1km²当たり）	122.7 (1) (2)
	15歳未満人口（%）	15.7% (12)
	15歳から65歳の人口（人口千対）	43,497 (12)
	人口（都市・農村の割合）	都市31% (11) 農村69%
	人口増加率（1995-2000）	1.04% (12)
	乳幼児死亡率（出生千対）	18 (13)
	5歳以下死亡率（出生千対）	21 (13)
	平均寿命（年）	69.7 (11)
経済	一人当たり国内総生産（ドル）	2263 (11)
	1日1ドル以下で生活する人口の割合（1989-2004）	2% (7)
	1日2ドル以下で生活する人口の割合（1989-2004）	25.2% (7)
	高所得世帯（上位20%）の所得シェア	57.6% (1) (3)
	低所得世帯（下位20%）の所得シェア	3.9% (1) (3)
	Gini指標（0＝平等、100＝不平等）	41 (7)
	ラジオ保有人口（人口千対）	232 (8)
	インターネットのホスト数	360,255 (8)
教育	国内総生産に占める保健医療予算の割合	2% (7)
	就学率	初等教育86% (4) 中等教育55%
	中等教育に進学するコーホートの割合	92.5% (5)
	成人非識字率（15歳以上の非識字率の割合）	6.9% (6)
環境	安全な水へのアクセス	99% (9)
	適切な衛生へのアクセス	99% (9)
	1人当たりエネルギー消費量（kw hours）	1751 (10)
母子保健	粗出生率（1995-2000）	17 (11)
	合計特殊出生率（2000-2005）	1.93 (11)
	妊産婦死亡率（出生10万対）	13.7 (17)
	避妊普及率（15歳以上49歳以下の既婚女性）（1986-2004）	72.2% (16)
	妊婦HIV感染率	1.26
小児保健	死因第一位	不慮の事故
	死因第二位	AIDSを含む感染症

	死因第三位	肺炎
	5歳以下栄養失調率 身長／年齢(%<2SD)(1996-2004)	12.1 (13)
	5歳以下栄養失調率 身長／年齢(%<2SD)(1996-2004)	6 (13)
	5歳以下栄養失調率 身長／年齢(%<2SD)(1996-2004)	19 (13)
成人保健	死因第一位	悪性新生物
	死因第二位	不慮の事故
	死因第三位	AIDSを含む感染症
その他	民族	タイ族75%
		中国系14%
		その他11%
	宗教	仏教94.2% (1)
		イスラム教4.6%
		キリスト教0.8%
		その他0.4%
	亡命者・避難民	641 (14)

*2003年度数値

表2-2　基礎統計の比較——1960年度と2000年度

指標	1960	2000	資料
総人口（千人）	26,603	61,438	(12)
全人口に占める都市人口の割合	19.7%	31.1%	(11)
粗出生率	43**	17***	(11)
合計特殊出生率	6.4**	1.95***	(11)
平均寿命	57.1**	69.0***	(11)
乳幼児死亡率（出生1000対）	103	25	(13)
5歳以下死亡率（出生1000対）	148	29	(13)
妊産婦死亡率（出生10万対）	374.3	13.7	(17)
一人当たり国内総生産（バーツ）	2238.7	79702.8	(3)
一人当たり国内総生産（ドル）	141	1,998	(11)
貧困線以下の人口割合	57%	21%	(1)
高所得世帯（上位20%）の所得シェア	49.8%	57.6%	(1) (3)
低所得世帯（下位20%）の所得シェア	7.9%	3.9%	(1) (3)
ラジオ保有人口（人口1000対）	80.7*	232	(8)
成人非識字率	21.4*	6.9	(6)

注）資料の番号については表2-1の資料番号を参照のこと。
*1970年の数値　**1960-1965年の数値　***1995-2000年の数値

資料

(1) Population and Housing Census 2000, National Statistical Office, Thailand, 2002.
(2) Thailand Health Profile 2001-2004, 2005.
(3) Office of the National Economic and Social Development Board (NESDB), Thailand, 2005.
(4) UNDP Human Development Reports 2002-2004.
(5) Office of the Education Council, Ministry of Education, 2003.
(6) Ministry of Labour, Thailand, 2000.
(7) Development Data Group, The World Bank, 2006, 2006 World Development Indicators. Washington, DC: The World Bank.
(8) International Telecommunication Union (ITU), 2006, World Telecommunication Indictors. Geneva: ITU.
(9) WHO/UNICEF, 2006, Meeting the MDG Drinking Water and Sanitation Target: The Urban and Rural Challenge of the Decade. Geneva: WHO, New York: UNICEF.
(10) International Energy Agency (IEA) Statistics Division, 2006, Energy Balances of OECD Countries (2006 edition). Paris: IEA.
(11) Population Division of the Department of Economic and Social Affairs of the United Nations Secretariat. 2004. World Urbanization Prospects: The 2003 Revision. Urban and Rural Areas Dataset (POP/DB/WUP/Rev.2003/Table A.7), dataset in digital form.
(12) Population Division of the Department of Economic and Social Affairs of the United Nations Secretariat, 2005. World Population Prospects: The 2004 Revision. Dataset on CD-ROM. New York: United Nations.
(13) United Nations Children's Fund (UNICEF). 2005. The State of the World's Children 2006: Excluded and Invisible. Table 1. New York: UNICEF.
(14) Field Information and Coordination Support Section, Division of Operational Services, United Nations High Commissioner for Refugees (UNHCR). 2006. 2005 Global Refugee Trends: Statistical overview of populations of refugees, asylum-seekers, internally displaced persons, stateless persons, and other persons of concern to UNHCR.
(15) United Nations Children's Fund (UNICEF). 2006. Monitoring the Situation of Children and Women. New York: UNICEF.
(16) Department of Economic and Social Affairs, United Nations Population Division (UNPD). 2005. World Contraceptive Use. New York: UNPD.
(17) Bureau of Policy and Strategy, Ministry of Public Health, 2004.

国民の健康状況について、疾病の発生率をまとめたタイ保健省の資料では、マラリアなどの感染症、寄生虫病、就学前・小学児童の栄養失調、下痢症、ヨード欠乏症、妊婦の貧血症などが下がっている一方で、悪性新生物や事故、エイズによる死亡率は上がっている（MOPH 2001）（図二―一）。また、麻薬使用や職業病、精神障害も増えている（MOPH 2005）。麻薬使用による被害報告の件数は、一九八四年には二三四件であったが、二〇〇三年には二万二八七件に達した。精神障害による入院患者の割合（人口一〇万対比）は、一九八四年には六八・二二であったが、一九九七年には一一八・二五、二〇〇三年には一六〇・七に達した。職業病では、綿肺症、鉛中毒、聴覚障害などが報告されている。

このような疾病構造の変化は、一九六〇年代以降のタイの経済・社会開発のあり方と深い関係がある。たとえば、悪性新生物の増加にはさまざまな要因が考えられるが、生活様式の欧米化や平均寿命が伸びて人口が高齢化していることも大きな要因である。また、タイ保健省の資料に報告されている事故の多くは交通事故であり、そのほとんどが男性の自動車・バイク運転中の事故であるが、経済成長が加速すると増加し、低迷すると減少している。精神障害は自給自足の農村社会から会社工業社会へと社会構造や生活体系が変化したことによるストレスと関わっている（MOPH 2005）。職場における怪我や病気は、製造セクターに導入された新しい技術が十分な訓練なしに不適切に使用されていることや、告訴を可能とする法令が未整備なために雇用者が必要な安全衛生対策を怠っていることにも起因する（MOPH 2001）。エイズや麻薬使用の増加は貧困と強い関連があり、予防とケア、社会支援の対策が貧困層に行き届いていないことを示している。

二　タイの政治経済と社会公正

このように、基礎統計の資料を見るだけでも、タイには医療・教育・社会参加における社会公正を実現するためのさまざまな課題があることがわかる。そしてそれらの課題のなかには、タイの経済・社会開発によって新たに生まれた課題も含まれている。ここでは、現在の課題が生まれた背景を明らかにするために、一九六〇年代以降のタイの経済・社会開発の歴史をふりかえってみよう。

一九六一年、タイ政府は第一次国家経済社会開発計画（一九六一―六六）を策定し、近代化パラダイムにもとづく高度経済成長モデルをその開発計画において正式に採用した。高度経済成長とは、社会が産業化・都市化され、高度に秩序化されることである。その最初のステップとして、第一次計画では輸入代替工業化戦略（輸入規制や為替管理という国内産業保護のための政策により国内産業を育成することによって工業化を進める戦略）を実施し、経済開発のために必要な産業インフラの整備も進められた。

タイにおいて本格的な高度経済成長期を迎えたのは一九八〇年代に入ってからである。その頃に策定された国家経済社会開発計画の第五次計画（一九八二―八六）、第六次計画（一九八七―九一）、第七次計画（一九九二―九六）では、輸出指向型の経済開発戦略が実施され、多国籍企業の受け入れと産業構造の近代工業化が進められた。多国籍企業もタイの産業インフラの整備を高く評価し、直接投資を大幅に増加させた。この高度経済成長期は、一九九七年の金融破綻に端を発する経済危機（アジア通貨危機）まで続き、この間の経済成長率は年平均五―一〇パーセントを推移していた。

一九九七年一一月に発足したチュアン政権は、アジア通貨危機に見舞われた経済の立て直しを進め、これまでの経済中心主義の開発がもたらした環境汚染や都市問題を重く受け止め、よりよい開発を進めるために、経済社会開発モ

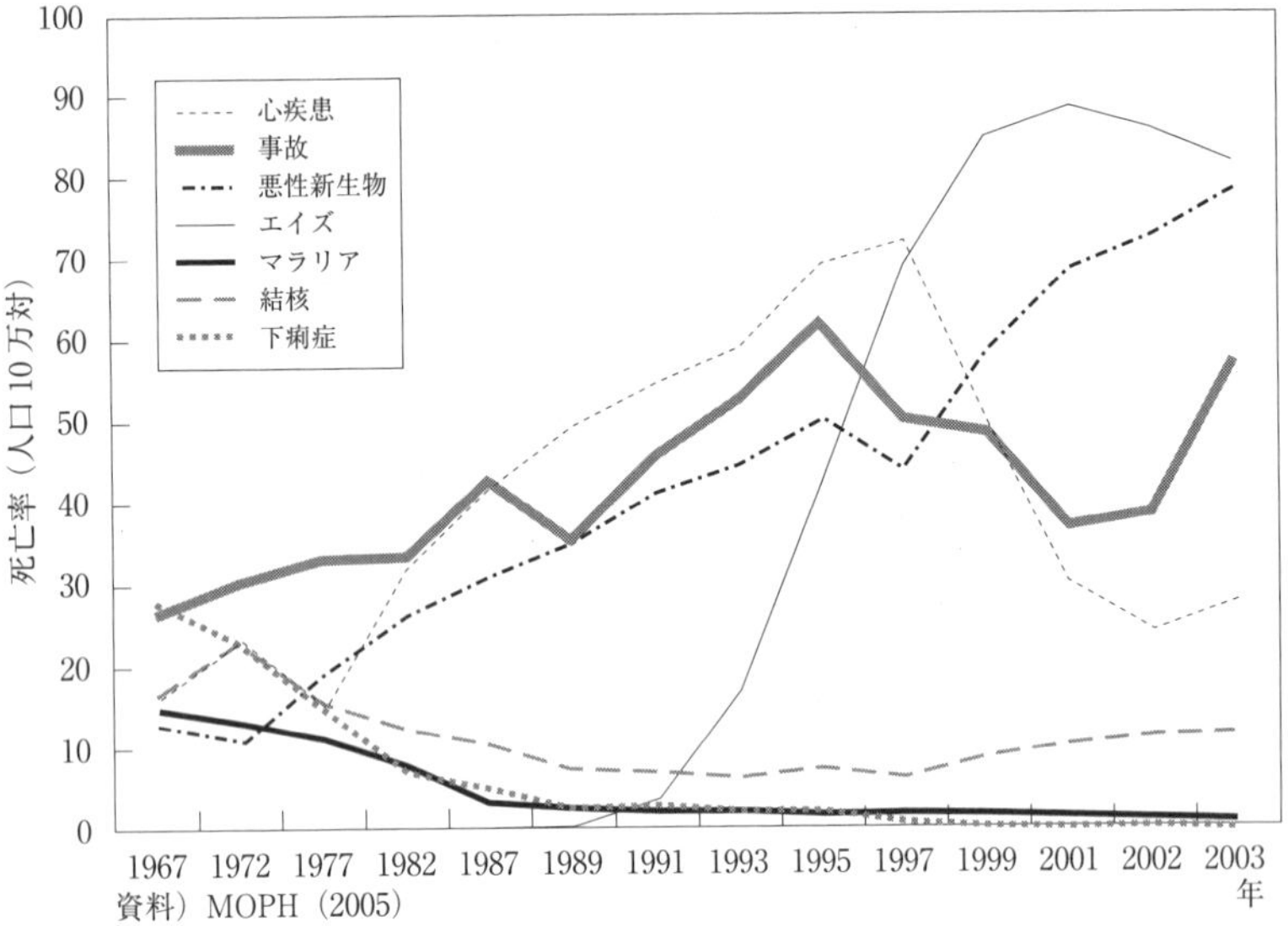

資料）MOPH（2005）

図 2-1　主要死因別死亡率（人口 10 万対）の年次推移——1967～2003 年

デルの大きな転換を図った。それは、経済を中心とする開発から人間を中心とする開発への転換であり、第八次国家経済社会開発計画（一九九七―二〇〇一）において、「人は生産活動を行う資源ではなく開発のゴールである」ことが明確に示された。

二〇〇一年二月に発足したタックシン政権も経済の回復に引き続き取り組み、村落開発基金の設立や一村一品運動、マイクロ・クレジットの機能をもつ国民銀行の創設など地方農村の経済開発にも着手した。これらの政策の結果を数値で評価すると、一九九八年にマイナス一〇・八パーセントにまで落ち込んだ経済成長率は二〇〇四年に六・三パーセントまで回復し、二〇〇六年は約五パーセントで推移している。また、この間の外国投資は安定しており、消費の増加や好調な輸出が経済の回復を支えた。

しかし、このような経済の回復によって、医療・教育・社会参加の機会が均等になり、社会公正が実現するかというと、そうではない。実際に、タイの経済・社会開発の歴史において、経済発展の数値的な評価の陰に隠れて、これまで包括的かつ具体的に論じられてこなかったのは、この「社会公正」という課題である。タイの政治学者ジル・ウンパコーン（Giles Ungpakorn）は、これまでの政治改革や経済開発のあり方を根本的に見直さなければ、真に民主的で公正な社会は実現しないと主張する（Ungpakorn 2002）。タイは社会階層や宗教・民族的背景の異なる人びとからなる多文化社会であり、そこでの人びとの政治や社会に対する期待は一様ではない。それにもかかわらず、これまでの政治改革や経済開発は社会において優位な立場にある富裕層の声のみが反映される仕組みとなっており、貧困層や社会的に恵まれない人びとは政治改革に参加する力も権利もないとウンパコーンはいう。

それは具体的には次のようなことをいう。改革を進める富裕層とは、企業家・政治家・知識人からなる一つの集団であり、基本的には新自由主義の思想にもとづいて国家の権力を最小限に留めた社会・経済制度を構築しようとする人びとである。一方、タイには不安定な雇用形態で働く労働者や宗教的マイノリティなど貧困層や社会的に恵まれない人びとがおり、これらの人びとは、「真の市民社会を構築するために、官僚主義的な国家の力は抑制されなければならない」という立場で政治改革を要求している（Ungpakorn 2002）。両者とも国家権力に代わる統治の機構を求めているが、理想とする社会のイメージも、改革の目的も異なっている。タックシン政権はこの違いを十分に理解していなかったために、貧困層の多い地方農村の経済開発に着手し、その一方で新自由主義の経済改革を推進するという矛盾を犯した。そして二〇〇六年四月のタックシン首相の失脚は、首相は地方の貧困層に配慮した政策を進めていたが、実は民主的で公正な政策にはなっておらず、民主主義の基盤は依然として脆弱であることを露呈した出来事となった。

一部のジャーナリストや経済学者によると、タイの社会構造そのものにある不公正を改革しないままに経済開発が推し進められた結果、都市の富裕層と農村の貧困層との間の経済格差は拡大したという（Ekachai 1991; Phongpaichit and Baker 1997）。たとえば、経済開発により、建設業や製造業における雇用の機会が都市部で増加したが、そこにおいて大学や大学院の学歴をもつ富裕層の子女は管理職や専門職として雇用され、その一方で、小学校や中学校の学歴しかもたない農村の若者は建設現場や組み立て作業の安価な労働資源として活用された。農村の若者は貧窮する家族を残して都市に出ているため、長時間労働・低賃金・短期の雇用契約という不利な条件で働くことが多い。そのため、雇用の機会を得ても、出稼ぎ労働者とその家族の貧困は根本的には解消されない。このようにタイの政治経済と社会構造には社会公正を実現するための多くの課題があり、高度経済成長の恩恵を十分に受けることなく、むしろ社会的に排除されてきた人びとを確実に包摂するための社会の仕組みづくりが必要である。

三　タイの保健医療政策

これからの社会・経済開発のなかで、社会的に排除されている人びとを包摂するような仕組みをつくるために、どのような政策上の課題があるのだろうか。ここでは、保健医療の領域に限定し、政策の現状と課題について述べる。

政策の現状

タイには農村に昔ながらにある伝統医学と都市で発展した西洋医学がある。現在の保健医療制度は西洋医学がタイに伝えられた後に整えられており、その制度の根幹には西洋医学の理論体系がある。この国における西洋医学の歴史は、医学の最高府マヒドン大学の前身であるシリラート病院医学校の設立に始まり、一八八八年にバンコクで発生したコレラの大流行に対処するために、体系的な健康教育と保健医療制度の整備が必要となり、それにあわせて王室がこの医学校を開設したという（Lyttleton 1996）。

タイの保健医療行政は中央行政と地方行政に分かれており、保健省と県衛生局がそれぞれの公的医療施設を統括している（表二―三）。保健医療施設は一次・二次・三次医療別に組織され、一次医療は人口一〇〇〇から五〇〇〇人を対象範囲として郡のヘルスセンターで提供されている。二次医療は郡病院、三次医療は大学・広域総合・県病院においてそれぞれ一万人以上を対象に提供されている。一次医療施設にはヘルス・ワーカー、助産師、テクニカル・ナース（二年間の看護師教育を受けた者）が配属され、現在、歯科助手と正看護師（レジスタード・ナース）を配置することも検討されている。二次・三次医療施設には、医師、正看護師、臨床技師が配属されている。このほかに、人口一〇〇〇人未満の村にはプライマリ・ヘルスケア・センターが設置され、村のヘルス・ボランティアが常備薬の提供や健康に関するカウンセリングを行っている（Lee et al. 2003）。

現在の保健開発計画は、先に述べたように第八次（一九九七―二〇〇一）国家経済社会開発計画とそれ以降の計画における基本理念である「人間中心の開発」を開発目標としている（MOPH 2005）。この「人間中心の開発」への開発計画の基本理念の転換によって、国民の健康を増進することは国家の主要な政策課題となった。これをうけて、一九九七―二〇〇一年の保健開発計画では、国民に健康で安全な生活を保障するための次にあげる九つの目標が掲げられた（MOPH 2001）。

① 国民が健康に関する正しい理解と態度をもち、家族の一員としても個人としても適切な健康生活を送ることができるよう支援する。
② リスクの高い行動や予防可能な疾病による疾病率と死亡率を抑制する。
③ 国民に医療保険に加入する権利と質の高い公平な医療を受ける権利を保障し、とくに社会的に恵まれない人び

と・障害をもつ人びとにそれを保障する。
④ 国民に健康製品の安全性を保障し、消費者として適切に商品を選別し使用する知識を与える。
⑤ 国民が安全な環境で楽しく生活し働くことができるようにする。
⑥ 地域の人びとの健康を守るための活動をしている地域組織を支援する。
⑦ 質の高い医療を妊婦や子どもに提供し、家族の健康を支える。
⑧ 健康で価値ある生活を送れるよう高齢者を支援する。
⑨ 地域の健康開発の推進者として、地域の人びとが健康に生きるための地域の智恵を活用できるよう支援する。

政策の課題

タイの保健医療政策・制度は、明確で革新的な理念のもとで整備・実行されていることや、理念だけでなく経済効果を高める努力がされていること、そして国際機関との連携にもとづく積極的な政策の展開を進めていることなどから、国際社会からの評価は高い。保健省は近年の人口構造や疾病構造の変化にも迅速に対応し、老齢医療、慢性疾患、メンタル・ヘルス、予防医学の各領域において重点的な対策をいち早く実施し、その対策の成果を保健医療統計の指数にもとづいて評価している。

ところが、その保健医療統計の指数にあらわれない部分に政策の課題がある。つまり、国際機関に報告するための国際比較を目的とする統計では、国民の健康状況は全人口単位で示されることのほうが多いが、これでは、属性別の細かな問題の把握が困難である。たとえば、カレン避難民、南部のイスラーム教徒、強制連行されて不法就労する外国人の健康状況は統計にあらわれてこないために、政策の主要な課題として取り上げられることはなかった。現在で

表 2-3　タイの公的医療施設（2003 年現在）

行政区分		管轄	医療機関	医療機関数	医療従事者
中央		保険省			
バンコク		バンコク首都府	大学病院	5	医師・正看護婦・臨床技師
			総合病院	29	医師・正看護婦・臨床技師
			専門病院	19	医師・正看護婦・臨床技師
			ヘルス・センター	61	ヘルス・ワーカー、助産婦、テクニカル・ナース
地方	地方（4）	県衛生局	大学病院	4	医師・正看護婦・臨床技師
			広域病院	25	医師・正看護婦・臨床技師
			専門病院	40	医師・正看護婦・臨床技師
	県（75）		総合病院	70	医師・正看護婦・臨床技師
			軍病院	57	医師・正看護婦・臨床技師
	区（795）		地域病院	725	医師・正看護婦・臨床技師
	郡（7,255）		ヘルス・センター	9,765	ヘルス・ワーカー、助産婦、テクニカル・ナース
	村（72,861）		ヘルス・ポスト	311	ヘルス・ワーカー
			ヘルス・センター	69,331	ヘルス・ボランティア

出典）MOPH、2005

も、その状況は正確に把握されていない。

また、多国籍企業で働く若年労働者が増えているが、かれらの健康課題も、高度経済成長と世界的な評価を得ている保健医療政策の陰に隠れて見過ごされてきた。多国籍企業の労働者に関しては、労働者を雇用する組織が海外の事業であり、労働者の健康管理は国内の法律で定められているとしても、政府による監視が難しいという事情がある。労働者の権利を守る観点から、国内や海外のNGOや大学の知識人による支援グループが、政府に代わり労働者の立場からの健康管理体制の改善を企業に訴えてきたという歴史もある。避難民や外国人労働者と同じく、多国籍企業で働くタイ人労働者の健康問題は、政府・国際機関・NGO・民間団体などさまざまな政治的権力が拮抗する場で生じている。これらの組織の複雑な政治的・経済的意向が労働者の健康問題の解決に関わっているために、労働者の立場から健康対策を推進しようとすることは実際にはきわめて難しい。

しかし、この難題に対処するための方法はいくつかある。第一に、タイ政府は保健医療政策を国内だけで考えるのではなく、東南アジア諸国あるいはビルマ（ミャンマー）、ラオス、カンボジア、マレーシアなどの隣接諸国全体の保健医療政策の政策プライオリティもふまえ、保健医療政策の理念や行動計画に関する共通の枠組みを設けることが必要である。それにより、隣接諸国からの労働者の健康を保障するための最低限の仕組み（保健医療制度や保険医療サービス）を整えることができる。多国籍企業も企業活動や労働者保護の国別の条件に応じて、特定の国の労働者を搾取することなく、その最低限の仕組みにそって労働者の健康を保障するための対応をするようになる。

第二に、タイ政府は保健医療政策の立案と実施において、これまでのような国際機関と中央行政だけでなく、政策を実際に行う責任をもつ地方行政や地域を基盤とする組織（CBO: Community Based Organization）が十分な参加権ないし発言権をもつような仕組みを整えることである。

第三に、タイ政府は国内の経済団体や多国籍企業との連携を進め、企業側は従業員の安全衛生や健康管理のために政府と連携することはグローバルに事業を展開する上で必要であることを認識するべきであろう。国際貿易が活発化することで都市部の工場で働く労働者の生活や健康は国家による管理や保護の対象となるだけでなく外国企業にもその役割が期待されている。グローバルに事業を展開する企業に対しては国際社会の監視の目も強まっている。この課題に企業が具体的にどのように取り組むべきかについては第九章において検討することとしたい。

四　おわりに

タイの社会・経済開発は、経済を著しく成長させ、教育や環境、保健の領域も途上国としては比較的良好な状況にある。しかし、これまでの社会・経済開発において、タイの社会構造にある不公正は正されず、貧困や格差は拡大している。今後の課題は、社会・経済発展の恩恵を得られずに社会から排除されてしまった社会層を包摂するための仕組みを構築することであろう。そのような仕組みを国内で整えることはもとより、東南アジアあるいは隣接諸国全体においても構想することにより、避難民や外国人労働者も包摂するものとすることが望ましい。また、そのような社会的包摂の仕組みづくりには、政府機関だけでなく、地域を基盤とする組織や多国籍企業が、それぞれの立場から参加することが求められる。

第Ⅱ部　個人・家族による自力更生

タイ民族は数世紀をかけてインドシナ半島を雲南省から移動してきた人々と考えられている。現在の国境線が画定する以前はタイ、ミャンマー、中国、ラオス、カンボジアに接している地域は自由に行き来されていた。開拓地を求めて移動する農民や山地民、交易の商人や頭陀行の僧侶達がおり、近代以前の国家は移動する人々を管理する能力がなかった。

現在でもタイは全人口の約三分の二の人々が地方の農漁村、山村に暮らしている。村に自然を相手にした生業以外の仕事はほとんどない。村人は現金収入を求めてバンコクや工業地帯、海外へも出稼ぎに行ったり、村を出て町に移住したりする。進学するために街に出る若者や外国人との結婚によって村での生活から抜け出す女性も少なくない。生きることは自助努力である。

タイの人々が都市や海外に人生の機会を求めて出て行くように、周辺国の人々は急速に経済的繁栄を遂げたタイに出稼ぎに来る。第三章「ラオスの移動労働者――世界労働市場と移動労働者の生活戦略」では、東北タイのノーンカーイ県に出稼ぎに来たラオス人女性達のライフヒストリーを丹念に追いながら、労働者が移動する社会背景には、ラオスの貧困というプッシュ要因と仕事・機会を提供できるというタイ側のプル要因に加えて、女性達の前向きな選択があることを示す。第四章「タイの女性国際結婚定住者――上昇婚戦略としての国際結婚」においても、日本人と出会い結婚したタイの女性達がしたたかな人生の戦略があることを明らかにしている。

第三章　ラオスの移動労働者——世界労働市場と移動労働者の生活戦略

清川　梢

一　はじめに

ノーンカーイという町

筆者は、二〇〇六年六月より約一年間、東北タイのノーンカーイ市という町で、公立高校の日本語教師ボランティアとして赴任、滞在した。ノーンカーイ市は人口一四万人を数えるが、市街地が国道沿いに細長く伸びる田舎町であり、タイ国全体の中で見れば周辺部に位置づけられる。だが、筆者が勤めた学校をはじめ、町の中のあらゆる場において、様々な格差を目にすることができる。タイ東北部の北端に位置し、ラオスに隣接するこのノーンカーイ市には、国境であるメコン川を越えてタイへ入国するラオス人労働者が多く居住している。

ラオス出身の人びとは、ノーンカーイ市の人々と民族を同じくしており、ごく自然なかたちで混住しているように見える。だが、現実の生活において彼らが地元の人々との間にどのような関係を築いているのか、ちょっと見た程度では窺い知ることができないが、地元のタイ人とラオス出身者との間には明らかな差異が存在する。彼等の生活環境やライフスタイルを知ってみたいと思ったのが調査のきっかけであった。

外国人労働者の重層性と構造的「搾取」

市場経済志向のグローバリゼーションが進む中、世界各地で国境を越えた労働者の移動が進んでいる。発展途上国から先進国への労働力移動は、現代の国際的な労働力移動の大きな特徴であるが、その一方で発展途上国間における労働力移動も同時に進行している。伊豫谷登士翁によれば、発展途上国間の一般的な労働力移動の流れは、低所得地域（国）から高所得地域（国）への、主に近隣諸国への移動である（伊豫谷　二〇〇一）。

しかも、この流れは、世界的な所得階層化に従って、周辺から半周辺、中心へという階層的な移民の流れを形成し、また同時に、発展途上国の爆発的な都市化、つまり農村から都市への人口移動と連動した。一方、発展途上国の農村は、都市への人口流出によって急速に変化している。現代のグローバルな移民現象は、このような発展途上国の農村社会の解体を底流として、先進諸国の世界都市を頂点とする重層化した階層的流れとして捉えることができる（伊豫谷　二〇〇一、五六―七）。なかでも、発展途上国の農村地域は、世界システムの末端の層、つまり底辺層に組み込まれているのである。

さて、本研究で対象とするタイのラオス人労働者もまたこの底辺層に含まれる。二〇〇五年四月のＩＭＦの報告によると、ラオスの国内総生産（ＧＤＰ）は、わずか二七億ドルに留まっている。隣国のＧＤＰと比較すると、ビルマは八九億ドル、カンボジアは四六億ドルとなっており、ラオスが一般にアジアの最貧国と言われていることも頷ける。また、ラオスの就業人口の八割以上が農業に従事しているとされるが、多くは自給自足のための稲作農業を主としており、特に山岳地域は生産性も高くない。近年、このような貧しい農村から、隣国タイへ移動労働者として流出していく人びとが絶えない。彼らはまさに、経済のグローバリゼーションの過程において、そのシステムの底辺を構成する人びとである。

さて、国際的な労働力移動を、グローバリゼーションの流れの一つとしてマクロな視点で捉える場合、そのアクターである外国人労働者は、世界システムによる構造的な「搾取」を受けているとする見方がある。

その代表的なものが、メイヤスーの「還流的移民」論である。還流的移民とは、いわゆる「出稼ぎ型」移民のことであり、資本により低賃金で一時的に雇用される人びとである。彼らの稼ぎは、労働者本人の生活費を賄う程度に抑えられ、出身村に残してきた家族の生活費や将来の蓄えまでには至らない。そこで、その不足部分を負担するのが、労働者の出身村の「家族制共同体」である。資本側は、この共同体の機能の温存によって、効率的な雇用を実現する。つまり、資本側は、家族の再生産に必要な費用を負担することはなく、これを共同体に押し付け、労働者本人の再生産に必要な賃金だけを支払うのである（メイヤスー　一九七七、森田　一九九四、宮内　二〇〇〇）。

資本側から見れば、還流的移民は実に効率的な雇用システムを可能にする旨みのある労働者であった。一方で、労働者とその家族の側から見れば、この雇用システムが搾取的なものであるということは言うまでもない。

さらに、受入国内部に視点を移してみたい。外国人労働者の多くは、受入国の労働力需要が増加していくなか、都市のインフォーマル・セクターに吸収されていく。現在、先進国のみならず、一部の発展途上国さえもが、労働力不足という深刻な問題を抱えている。そして、人手不足が深刻な領域に外国人労働者が流入し、労働力の底辺部分を構成しているのである。また、外国人労働者の中には多くの非合法移民も含まれるが、彼らはさらに下の階層、つまり、最底辺層を構成することになる。なぜなら、非合法移民は経済的な面ばかりでなく、法的な面においてさえも非常に不利な条件の下に置かれているからである（サッセン　一九九二）。

以上のように、マクロな視点から見れば、世界システムの上層部に位置する資本によって構造的に「搾取」され「収奪」される外国人労働者の姿を捉えることができる。それはまた、グローバリゼーションの流れに巻き込まれ振り回され、そして末端部分に組み込まれている外国人労働者の一側面である。

しかし、この種の解釈は、あくまで大枠の構造についての理解に留まっており、行為者である外国人労働者本人の具体的な言動をもとにした分析ではない。これに対し、本研究は、越境的な労働力移動という現象を労働者本人の視点というミクロな領域から捉えようとするものである。

タイの外国人労働者

タイは、一九八〇年代後半以降、著しい経済発展を達成し、現在においても東南アジア地域における経済の主導的立場を維持している。なお、近年の国内状況としては、就学率の増加に伴い、第一次・第二次産業における労働力不足が深刻化している。一方で、ビルマ、ラオス、カンボジアといったタイの隣接国に目を向けてみると、いずれの国々も今なお厳しい貧困の状況に置かれており、貧困解消に向けた抜本的な政府政策の実施も望めない。近年、そうした隣接国から、就労を目的としてタイへ入国する人びとが後を絶たない。

現在、タイ国内には就労人口の七パーセントに当たる約二〇〇万人もの外国人労働者が存在しているといわれる。そのほとんどが、非合法なかたちでの入国や就労を行っているため、正確な数字を算出することは難しい。だが、二〇〇四年以降、政府による外国人労働者の管理政策が強化され、これまで地下に隠れていた外国人労働者の数や属性が明らかにされつつある。

タイの外国人労働者の管理政策

浅見靖仁によると、タイ国内でナショナリズムが高まった一九三〇年代から一九四〇年代にかけて、タイ政府は外国籍の者がタイ国内で就労することを厳しく制限する法律を制定した（浅見　二〇〇三、二三）。その法律の条文は、現在でも引き継がれている部分が多く、外国籍の非熟練労働者が就労を目的として合法に入国することは認められていない。しかし、タイはビルマ、ラオス、カンボジアという隣接国に周囲を囲まれた地形であるために、入国管理局の目の届かない地点から密入国する外国人を取り締まることが非常に困難である。その結果、タイは大量の不法入国・不法就労の外国人を抱えることになり、現在に至っている。

クリタヤ・アチャワニックタクル（Kritaya Archavanitkul）によると、タイで最初に、外国人労働者を管理するための具体的な政策が立案・実施されたのは、一九九二年であった（Archavanitkul 2002）。その後、一九九七年の経済危機の影響を受け、外国人労働者の数を制限しようという方針の下、政策が一部改変され、実施された。だが、その多くが、外国人労働者の現実的な数の把握に失敗する結果に終わった。二〇〇一年、タックシン政権が実施した政策によって五六万八二四九人の労働者が出頭し、外国人登録を行った。その数は、それまでの政策で得られた数と比べれば、実に五倍となっている。この政策は、前政権のものとは異なり、数十万あるいは数百万という数の外国人労働者が存在しているというタイの現実を直視したものであった。

二〇〇四年には、政策の内容が一部改変され、二〇〇一年に実施された政策よりも簡略化したものとなった。だが、この政策では、違反者に対しては非常に厳しい対応をとることが定められており、違反者には最長一〇年以下の服役刑、もしくは最高一〇万バーツ以下の罰金の支払いが命じられる。二〇〇六年現在においても、二〇〇四年の政策は継続されており、外国人労働者には年に一度の外国人登録と労働許可証の申請、健康保険証の作成が義務付けられて

表 3–1　タイの外国人労働者管理政策の概要と外国人登録した不法移動労働者数

	手続き費用（B）	労働許可県数	労働許可職種数	労働許可期間	外国人登録出頭者数	備考
1992 年	6,000	9	不詳	1 年	706 人	*1
1996 年	2,500	43	36	2 年	293,654 人	*2
1998 年	3,200–3,900	54	47	1 年	90,911 人	*3
1999 年	3,200–3,900	37	18	1 年	99,974 人	
2000 年	3,200–3,900	37	18	1 年	99,656 人	
2001 年	4,450/ 年	全	全	6 ヶ月	568,249 人	*4
2004 年	3,800	全	全	1 年	1,269,074 人	*5

出典）Kritaya（2002）および Maniemai（2004）をもとに筆者作成。
備考）*1：ビルマ出身者に限定
*2：以降、ラオス、カンボジア出身者も認める
*3：1997 年の危機により外国人労働者制限へ
*4：年に 2 度の出頭・手続き
*5：罰則強化

いる。

表三—一は、政策の内容と、外国人登録手続きに出頭した不法移動労働者の数についてまとめたものである。政策が改められ厳罰化した二〇〇四年の外国人登録出頭者数は、一二六万九〇七四人となり、それまでのものと比較すると飛躍的な増加があったことが確認される。

近隣三国出身の移動労働者の人口構成

タイの外国人労働者は、その大半が、国境を接する近隣三国、つまりビルマ、カンボジア、ラオスを出身とする労働者によって占められている。

表三—二を見ると、全ての年において、ビルマ出身の労働者が圧倒的な比率を占めているのがわかる。その一方、カンボジア出身、ラオス出身の労働者の比率には一定の変化が確認される。とりわけ、ラオス出身の労働者は、数も比率も大きな変動を見せている。一九九六年と二〇〇一年の数字を比較してみると、ビルマ出身、カンボジア出身の移動労働者が二倍程度の増加をしているのに対して、ラオス出身の移動労働者には、五倍もの増加が見られる。次に、男

表3-2　出身国別の外国人労働者数と比率の推移

	外国人登録の労働者数	出身国別			送還された労働者数
		ビルマ人	カンボジア人	ラオス人	
1996年	293,654人	256,492人	25,568人	11,594人	219,775人
		88%	7%	5%	
1998年	90,911人	79,057人	10,593人	1,261人	298,480人
		87%	12%	1%	
1999年	99,974人	89,318人	9,492人	1,164人	185,316人
		89%	10%	1%	
2000年	99,656人	90,724人	7,921人	1,011人	171,357人
		91%	8%	1%	
2001年	568,249人	451,335人	57,556人	59,358人	—
		79%	10%	11%	
2004年	1,269,074人	905,881人	181,579人	181,614人	—
		71.4%	14.3%	14.3%	

出典）Kritaya（2002：32）に、Maniemai（2004）のデータを追加して筆者作成。

女別の比率に注目し、その推移について見てみたい。

表三―三によれば、一九九六年時点では、全ての欄で男性が女性を大きく上回っていたが、二〇〇四年では、男女の比率の差がかなり狭まったことが見て取れる。中でも、ラオス出身者に注目すると、男性対女性は四五対五五となり、女性が男性の比率を上回っている。一九九八年時点では、男性対女性が八二対一八という比率であったのだから、大きな変化が確認される。なお、この男女比の逆転が始まった二〇〇一年は、ラオス出身者の外国人登録者数が急激に増加した年であり、地下に潜って不可視な状態にあった労働者が、データ上に出てくるようになった節目の年である。そして、この時期に、女性の比率が男性を上回ったということは、二〇〇一年以前の段階で、すでに相当数のラオス出身の女性労働者がタイで就労していたということを暗に示している。さらに、彼女らは潜伏が比較的容易な外部との接触の少ない職種、つまり家政婦という職種に従事していたことが推測される。

マニーマイ・トンユー（Maniemai Thongyou）は、タイ東北部にあるコーンケーン県のラオス人女性労働者について、そ

表 3-3　外国人登録を行った移動労働者数の出身国別・性別の推移

	出身国別						全体	
	ビルマ人		カンボジア人		ラオス人			
	男性	女性	男性	女性	男性	女性	男性	女性
1998 年	53,387	25,670	9,716	877	1,029	232	64,132	26,779
	68%	32%	92%	8%	82%	18%	71%	29%
1999 年	59,968	29,350	8,418	1,074	849	315	69,235	30,739
	67%	33%	89%	11%	73%	27%	69%	31%
2000 年	58,701	32,023	6,898	1,023	749	262	66,348	33,308
	65%	35%	87%	13%	74%	26%	67%	33%
2001 年	257,354	193,981	43,216	14,340	25,771	33,587	326,341	568,249
	57%	43%	75%	25%	43%	57%	57%	43%
2004 年	497,372	408,509	123,988	57,581	80,981	100,633	702,351	566,723
	55%	45%	68%	32%	45%	55%	55%	45%

出典）Kritaya（2002：33）に、Maniemai（2004）のデータを追加して筆者作成。

の九〇パーセント以上が家事労働に従事していると述べている。(Thongyou 2004) タイ東北部の主要な民族であるラーオ人とラオスの人々は言語・文化を共にしているために、家族の中に入りやすいのである。

研究の視角

本研究は、現実の行為者である移動労働者の視点に下り立ち、越境的な労働力移動という現象をミクロな視点から捉えるというところに特徴を置いている。国境を越えてタイで働く移動労働者たちは、世界システムの構造的な力のみによって、移動労働の道を一方的に選ばされているのではない。主体的に選んでいる側面もまた確認されるのである。

日本の寄せ場研究の第一人者である青木秀男は、人間の主体的な状況認識や営為の記述をなす場合に生活史法が有効な手段であるとする（青木　二〇〇〇）。本研究で対象とするタイのラオス人労働者の生活史を具体的に明らかにしていくことにより、移動労働に関わる客観的な状況と、その基底部分をなす主観的な判断の両方を捉えることができる。さらには、生活史法によって「個人の生の個性」

を再構成することで、ラオス人労働者一人ひとりが、それぞれの私的な状況の中でいかに判断し行為しているのかを、彼らの視点により近いところから捉えることができると考える。以上のことから、本研究においては、生活史法を主な研究方法として採用する。

なお、本研究において生活史を叙述していく際、次の三つの問いを立て、分析の柱としたい。第一に、「なぜ、タイへの移動労働を選んだのか」という問いを立て、その動機について、多面的に捉える。次に、「移動労働に関連する経験は具体的にどのようなもので、労働者本人は、その経験をどのように意味付けているのか」という問いを立て、タイへ移住した後の就労状況や生活状況に関する語りを具体的に叙述する。最後に、「移住労働は、労働者とその家族に何をもたらしたのか」という問いを立て、労働者本人が移動労働という選択の結果を現時点でどのように評価しているのか、さらには、どのような将来展望を抱いているのかについて明らかにする。

二　調査の概要

本研究は、二〇〇六年三月、および二〇〇六年七月から二〇〇六年九月末までの、のべ三ヶ月の間に、タイ国東北部に位置するノーンカーイ市（Ampher Muang Nongkhai）で筆者が行った調査をもとにしている。ノーンカーイ県は、首都バンコクから六一六キロの距離にあり、県の北側は全てラオスとの国境となるメコン川と接している。

調査地に設定したノーンカーイ市は、人口約一四万人の小規模な町であるが、県庁や裁判所など各種機関が集中しており、県の中心地となっている。同市は、二〇〇一年、米国の雑誌 Modern Maturity で、世界で住みたい町の世界ランク七位として紹介されており、欧米人の長期滞在者や定住者の姿が多く見られる。さらに、同市には、オース

写真１　ノーンカーイ市北部にある船着場

トラリアの協力を得て建設され、一九九四年に開通したタイとラオスを繋ぐ友好橋がある。

なお、タイで働くラオス人労働者の中には、バンコクやコーンケーンといった大都市部に就労場所を求める者がいるが、彼らにとってノーンカーイ市はタイ入国のための中継点に過ぎない。だが、様々な理由からあえて同市での就労を望む者もおり、本研究の調査対象者もこれに該当する。

本研究の調査対象者は、ノーンカーイ市内で就労し生活するラオス人労働者である。男性や不法滞在者を含む計二〇人程度にインタビューを申し入れたが、承諾し調査に協力してくれたのは全部で一二人であり、全員が女性で、合法な滞在許可を持つ人びとであった。

インタビューに際しては、予め二八の質問項目を用意したものの、比較的自由度の高い半構造化インタビューの手法を採った。なお、一部の雇用主を対象にした補足的なインタビューも行っており、本論においても、聞き取った内容を一部用いている。

三　ラオス人労働者の生活史

タイへの移動労働に至った背景――タイへの移動以前

表 3-4 インフォーマートのデータ（タイへの移動以前、現在、将来展望）

話者	年齢	実家生業	キョウダイ（人）	学歴	ラオス職歴	タイ移動（年）	現職	月収（B）	勤務時間	休日	結婚	親しいタイ人	将来居住地	将来の夢、将来展望
A	23	稲作	12	小卒	稲作手伝	2001	食堂管理	不定	14（不定）	土日	未婚	友人多、恋人	曖昧・タイ	ビエンチャンで美容院、他
B	19	稲作（小作）	9	小3	物売り、工場	2006	家政婦	2,000	休憩以外	無	未婚	無	曖昧・ラオス	ビエンチャンで麺屋
C	30	稲作・畑作	4	小卒	縫製工場	1995	粥店補佐	4,500	12	無	未婚	無	曖昧・タイ	ラオスで総菜屋
D	25	稲作	8	小4	稲作手伝	1997	甘味店補佐	3,000	10	無	未婚	恋人	曖昧・タイ	タイ人の恋人と結婚して定住
E	25	稲作、牛	4	小2	稲作手伝	2002	給仕	3,000	12	無	既婚	夫、子	タイ	3歳の娘をタイで育てていく
F	21	稲作	4	中2	靴工場	2004	店員	3,000	9	週半日	未婚	無	ラオス	実家へ帰郷
G	22	稲作、内職	6	中卒	無	1996	店員	4,500	9	週半日	既婚	夫、子、友人多	タイ	タイで子どもを育てる
H	22	稲作、畑作	4	無	靴工場	2002	店員	3,500	9.5	週半日	未婚	恋人	タイ	タイで働き続ける、結婚も希望
I	21	稲作、畑作	5	小卒	稲作手伝	2000	家政婦	3,500	9	週半日	既婚	夫	タイ	貯金し、ラオスの親戚訪問・旅行
J	24	稲作、牛鶏	8	小3	工場他	1999	美容師	6,000	12	月1日	離婚	子、雇用主	タイ	ノーンカーイで美容院経営、子ども養育
K	31	稲作、精米	6	中1	稲作手伝	1998	美容師	5,000	12	月1日	既婚	夫	曖昧・タイ	慣れたタイで生活を継続
L	39	稲作	5	無	稲作手伝	2001	家政婦	3,000	休憩以外	無	未婚	無	ラオス	実家の農業を継ぎ、親の世話

ラオスでの貧しい生活と就学の難しさ

一二人のインフォーマント全員が、実家の生業は稲作農業であると答えている。しかも、その大半が自家消費用の米とわずかばかりの野菜の生産にとどまり、販売するほどの作物を作る余裕はない。そのため、毎日家族が食べるだけの食料を得られるのが精一杯で、現金収入を得ることは非常に難しい状態にあった。

また、現金収入を得ることが難しい状況にある一方で、食べる分には必ずしも現金を必要としない生活環境も同時にある。タイ北部ナーン県と国境を接するラオスのサヤブリー県出身の女性は、次のように言う。

（ラオスの）家でお金を使うのは、行事がある時の宴会の料理のために市場で牛肉を買うときくらい。たいていは山から獲物や野菜を採ってきて食べているからめったに市場で買い物をすることはない。普通は一ヶ月に二頭くらい山からイノシシを捕ってくる。他に、蛙を捕ってきて、食べきれない場合は瓶の中に水に漬けて保存しておいて少しずつ食べていた（A、二三歳・女性）。

Aの実家の食生活は、本人が言うように、現金で売り買いして得られる食品ではなく、周囲の自然環境から得られた野生の動植物を食することで成り立っていた。しかし、この食生活を豊かで十分なものであると楽観的に見ることはできない。Aの住んでいた地域は山岳地帯にあり、稲作に適した土壌豊かな平地はなかった。「山の上での稲作はひどく苦労するわりに収穫が少なく、辛かった」というAの言葉は、他のインフォーマントからは聞かれない。たとえ山から補足的な食料を得られるとしても、主食である米の生産が困難であることは事実である。さらに、Aには一二人ものキョウダイがいたのであるから、食生活はやはり厳しいものであったと推測される。
一方、インフォーマントの大半が、平地で自作農を営む家に生まれている。その一人である女性は、子どもの頃の貧しい食生活について、次のように語った。

子どもの頃、八人キョウダイだった。母は子どもたちに一つの卵を四等分して食べさせてくれた。母はやはり母親で、子どもたちが食べている間は家の外で待っていた。もし、子どもたちが全て食べてしまえば、父も母も何も食べないで済ましていた。父と母は、塩だけでご飯を食べていたこともある。子どもたちには、ジェオ・パラー――ラオスの大衆的な料理で塩辛のようなもの――を食べさせて、自分たちは塩だけでご飯を食べていた（J、二四歳・女性）。

さらに、Jに学歴について尋ねると、自分の学歴の低さを恥じるように答えた。

私は小学校三年を終えただけでその後勉強はしていない。貧しくて、小学三年までしか行けなかった。家には子どもが多くて、両親は下のキョウダイを食べさせていくのがやっとで、学校へ行かせるのは無理だった（中略）。でも、近所の人は、あまり学校へ行こうとしない。人によっては一度も学校で勉強したことがない人もいる。というのも、彼らの家には制服を買うお金がないし、子どもの数が多いから。村人の中には、まったく仕事をしないで、お金を稼ごうとしない人さえいる（J、二四歳・女性）。

先に紹介したAも、村人の進学の様子について同様の語りをしている。Aも、小学校で五年間学び、小学校は卒業したものの、中学へは進学していない。

　村には、小学校から高校までの学校がある。でも、一五―一六歳になると、高校へは進まずに、タイなんかへ働きに行くような人が出てくる。進学する人としない人の比率はだいたい同じくらいだと思う。進学しない人は、しないのではなくできない。親が貧乏で、制服を買うお金がなくて学校へ行けなかったりする。それで、学校を辞めて、仕事を探すようになる。学校に行ける人は、親が財産を持っている。それに、村では一五―一六歳で結婚してしまうのがふつう（A、二三歳・女性）。

家にお金があれば学校へ行ける、なければ学校を諦め、仕事を探したり結婚したりするという村の一般的な就学状況については、ほとんどのインフォーマントから聞かれた。なお、一二人のインフォーマントの学歴について整理すると、中学卒業者一人、中学中退者二人、小学卒業者三人、小学中退者四人、無就学者二人であった。

稲作を生業とするラオスの一般的な農家に生まれた本調査のインフォーマントたちは、現金収入がなく決して豊かとは言えない経済状況、あるいは就学することに対する失望などのため、総じて低学歴の人びとである。無論、彼女らが、大学へ進学するような高い階層の人間と同じ舞台で活躍するということは現実的には考えにくい。彼女らは、学歴という資本以外のツールを利用し、人生を生きていかざるをえないのである。そして、そのツールの一つが、本研究で扱うタイへの移動とタイでの就労機会であるということは言うまでもない。

ラオスでの就労経験

次に、学校を卒業もしくは中退してからタイへ移動するまでに、どのような生活をしてきたのかを捉えるため、ラオスでの就労経験に焦点を当ててみよう。

まず、本調査で話を聞いた一二人のインフォーマントのうち七人が、ラオスでの就労経験はなかったと答えている。就労経験がないというのは、稲作農業を営む両親の手伝いをするだけで、別の場所での雇用は受けていなかった、ということを意味する。また、ビエンチャンでの就労経験のあるC（三〇歳・女性）も言うように、「村の人は小学校を卒業すると、そのまま村に残る者もいるが、多くは仕事を探してよそへ働きに行く」のだという。

ここで、ラオスのある工場における、F（二一歳・女性）とH（二二歳・女性）の就労経験を紹介したい。なお、FとHは、同じ村の出身であり、就労していた工場も同じである。

中学二年を終えた一六歳のとき、三ヶ月くらい実家で休んでいた。その後、靴工場に就職した。規模はそれほど大きくはないけれど、だいたい三〇〇人から四〇〇人くらいの労働者がいたと思う。月給は一五〇〇バーツ。家から通いで、工場の送迎用の車が村まで迎えに来た。同じ村の人も、一四―一五歳になると学校を通うのをやめて、この工場で働く人が多い。自分がこの工場で働いていたのは一年間だけ。靴工場で働く人があんまり増えて、雇いきれなくなってやめさせられた（F、二一歳・女性）。

靴工場には、一三歳の時、一年くらい働いた。給料は三〇万キープ、タイのお金にして一五〇〇バーツだったけど、仕事はとてもハードだった。夜の一一時まで働かされることはいつものことだったし、日によっては朝方まで働かされることもあった。朝方、工場から家に帰って、水浴びをして、二時間だけ寝て、また迎えの車が来て仕事へ行かされることもあった。倒れる人もいた。というのも、ゴム糊や薬品にやられてしまうから。薬品の臭いを長時間吸い込んで働き、寝る時間も少ないので、倒れてしまう。中には、薬品中毒になってしまう人もいた（H、二二歳・女性）。

FやHが働いた工場は、タイ人事業主が所有する工場であった。二人の出身村も、田園地帯が広がるだけのラオスの一般的な農村であり、現金収入を得られる手段を見つけにくい場所であった。そこに、有用な労働力――若く体力があり、しかも低賃金で雇うことができる少年や少女――を求めて、タイの企業が入り込み、健康被害が懸念される劣悪な環境の中で、一日二〇時間にも及ぶ長時間労働を彼らに強いたのである。企業は、効率的に利潤を上げる一方、労働者は健康を害する、気力を失うなどして短期のうちに退職せざるをえない。ラオスの農村にもまた、世界の途上国において行われている、国を越えた搾取的な雇用の実態を見出すことができる。

タイへの移動労働を決心した理由

次に、親戚や親友により、タイでの就労の勧誘を受けた労働者本人が、移動労働を決意した理由について考察するが、それは大きく二つに分けることができる。

第一に、経済的な理由、つまりお金を稼ぐという目的のため、ということがある。これはほとんどのインフォーマントの語りに見られるもので、両親やキョウダイを助けるという目的が根底にある。「両親はあまりお金がなくて、自分が働いて弟や妹を養いたい。両親もそのために自分がタイで働くことを望んだし、自分自身も行きたかった。」

（D、二五歳・女性）というように、インフォーマントの大半が「家族のために稼ごう」と、主体的な意思でタイへの移動労働を決心している。

そして、第二に挙げられるのは、新たな経験や挑戦を目的とした、よりソフトな動機付けである。中学三年を卒業した直後にノーンカーイ市へ働きに来たGは、経済的目的というのでなく、「(中学卒業後)もう勉強したくない、勉強よりもタイへ経験を積みにいきたい、という気持ちが強くて、決心した。」(G、二二歳・女性）という。

また、「お金のため」、と経済的理由を最初に挙げたI（二一歳・女性）についても、さらに詳しく話を聞いてみると、同時に別の理由を抱えていたことがわかった。

自分でもタイに来たいという思いがあった。というのも、家にいることに飽き飽きしていたから。何年もの間、家にいたけれど、何も変わったことには出会えなかった。それでタイへ来た（I、二一歳・女性）。

Iは、小学校を卒業後一五歳になるまで、実家で稲作を手伝う単調な日々を送った。そのIにとって、タイで働くことは、つまらない村の生活から脱却して、新たな生活に向かう一つの道であったのである。

タイでの労働と生活の実態――移動以後、現在まで

タイ入国の方法と労働許可証の獲得

タイの外国人労働者の大半が、不法入国、不法滞在、不法就労など、何らかの不法な状態を経た後、合法化の手続きを経て、合法的な外国人労働者として認められるというプロセスを経験している。本調査のインフォーマントも、

六人が不法入国、三人が超過滞在による不法滞在を経験している。

まず、不法入国した者は六人である。そのいずれもが、友好橋を渡り入国管理局を通過して公的に入国したのではなく、船での密入国を行っている。不法入国というのは、越境証をはじめとした公的書類を全く持たずに入国することをいう。なお、越境証は、タイ周辺の三国――ビルマ、ラオス、カンボジア――の国民に対し三日間のタイ滞在を許可するものである。ゆえに、許可された三日間を越えて滞在し続けると、不法滞在者となってしまう。これに該当するのが、G、H、Kの三名である。

ところで、二〇〇四年には集中的に、六名のインフォーマントが外国人登録を行い、労働許可証を獲得している。その当時、タイ全国において、不法滞在・不法就労の状態にあった外国人労働者が、正式に外国人登録し労働許可を申請するという動きが広く見られた。これは、タイ政府が二〇〇四年に実施した、不法外国人労働者の管理政策に大きく依拠している。この政策では、服役刑や罰金など、違反者に対する厳しい罰則が設けられた。その厳罰性ゆえに、二〇〇四年を節目に、タイの外国人労働者の多くが合法化の手続きを行ったのである。

合法化の手続きには、三八〇〇バーツ、もしくはそれ以上の費用がかかる。それを全額もしくは一部負担するのは、雇用主である。それゆえに、雇用主の協力なくしてはこの手続きを行うことはできない。雇用主の理解と協力が得られない場合、外国人労働者は不法滞在・不法就労の状態のままにおかれてしまうのである。そして彼らは、「捕まってしまうかもしれない」という不安に、日々悩まされて生活を送る。約一年間の不法就労を行ったHは言う。

不法だったときは、警察が店にやってくると、雇用主に家の奥に隠れているように言われて、警察から逃げるようにして隠れなければならなかった。でも、合法になってからは、警察が店に来ても、店員として対応できるようになった。外出も自由に気楽にできるようになった。タイ人と同じような感じで（H、二二歳・女性）。

Hの言う外出時の不安については、四年間の不法就労を経験したAや、八年間の不法就労を経験したCによっても、切実に語られた。タイの外国人労働者にとって、合法的な滞在の権利と就労の権利が確保されることは、生活の安全を守るために不可欠なことであり、それには雇用主の支援が必要とされるのである。

転職の経験とノーンカーイ市での就労という選択

インフォーマントの中には、最初のタイ入国から現在の職業に就くまでの間に、他の職種・場所での就労経験がある者もいた。ここでは特に、バンコクでの就労経験があるCに注目したい。Cは、一二年前に初めてタイへ入国し、ノーンカーイ市の市場の粥屋で働いていた。ちょうど一年が経った頃、帰省をし、ラオスの実家で過ごしていたところ、村人からバンコクでの就労を持ちかけられたのだという。

Cのバンコクでの職業は、家政婦だった。月給は二〇〇〇バーツ。粥屋で働いていた時の二倍であった。しかし、ほんの六ヶ月という短い期間で、彼女はバンコクを後にすることになった。Cにとって、バンコクでの生活は思っていた以上に辛いものであった。

バンコクでの暮らしは、息苦しくて耐えられなかった。当時は、（労働許可証など）何の書類も持っていなくて不安だったし、早く家に帰りたいと思って、ほとんど毎日泣いていた。今思えば、決心し間違えたと思う。当時は、「行ってみたい」「知りたい」「経験したい」という気持ちだけでバンコク行きを決めてしまった。バンコクでは、生活に息苦しさを感じたことも確かだけど、それ以上に、家が恋しくてたまらなかった。ノーンカーイにいれば、家が近いし、帰省もしやすいから、それほど家を恋しいとは思わないでいられる（C、三〇歳）。

Cはバンコクを去った後、ノーンカーイ市に戻り、以前働いていた市場の粥屋に再び雇われることになった。そこでの仕事は、約一〇年経った現在でも継続中である。

さて、Cが自ら述べているように、ノーンカーイ市で働くことにはバンコクにはないメリットがある。一つ川を越えれば故郷があるということは、想像以上に大きな安心感をラオス人労働者に与えている。そしてまた、Cが耐えられなかったバンコクの生活における息苦しさというものも、静かな田舎町であり、同じ民族の人びとが住むノーンカーイ市での生活においてはあまり感じられないものであるということも、付け加えておきたい。

現在の就労状態

現在、一二人のインフォーマントが就いている職業は、飲食店関係、店員、美容師、家政婦の四つに分類できる。以下では、月給、勤務時間、休日に注目し、就労の実態を明らかにする。

まず、月給であるが、ノーンカーイ県の最低賃金が日額一三五バーツであるから、月給としても最低で四〇〇〇バーツ以上となるはずである。だが、四〇〇〇バーツを超えるのは、A、C、G、J、Kの五名だけであり、半数以上が最低賃金以下で就労していることになる。

次に、勤務時間と休日について考えたい。ほとんどの者が、一〇時間を超える長時間労働を行い、しかも、休日はほとんど皆無に等しい。家政婦は、仕事内容はそれほどきつくないものの、休憩時間以外の全ての時間が就労時間になる。一方、美容師は、一日中の立ち仕事のうえに、一二時間もの長時間で就労し続けている。他に、店員の四人は、町中にある店舗で雇われ、店が開いている時間にだけ働くことが求められているため、九時間程度に就労時間が抑えられている。休日については、A一人を除き、全員がほとんど無い状態である。

マニーマイ（Maniemai）とトゥッサディー（Dusadee）による、ラオス人労働者の就業日数についての調査（Maniemai and Dusadee 2005）でも、週七日の就労、つまり週当たりの休日がまったく無い状態での就労が一般的に行われているということがわかる。雇用主側にしてみれば、極端に休日が少ない状態での就労に耐えられるということは、外国人労働者を雇用する大きなメリットである。また同時に、労働者側にして見れば、労働許可証の費用や、生活に関わる様々な面で雇用主に世話になっている手前、自ら進んで休日を要求するということもできず、休日の得られない就労条件に甘んじてしまうのである。

さらに、別の雇用主による二重雇用の状況で就労している労働者もいる。二人以上の雇用主のもとで就労することは、二〇〇一年以降、正式に認められるようになった。

二重雇用を受ける労働者の一人として、Dに注目してみたい。Dの仕事は、市内の市場の菓子屋で、午前五時から午後一五時まで行われる。この菓子屋では、手作りのタイ菓子を一〇種類以上販売している。この菓子屋の隣には、Dの友人でもあるCが働く粥屋が並んでおり、この二つの店の店主は、実の姉妹関係にある。午前五時から菓子の調理が始められ、午前七時から販売を開始。その後、商品が売り切れる午後の時間まで、市場の店舗で菓子の販売が続く。そして、店の後片付けが済むと、Dはあるレストランへ足を運ぶ。そこは、友人Cのもう一つの就労場所であり、その店主は、Dが働く菓子屋の店主の親戚である。

ところが、厳密に言えば、Dは、このレストランで雇用されているとは言えない。確かに、Dは、レストランでのこまごまとした雑用を任されており、働いている。だが、実のところ、この労働に対する対価、つまり給料は支払われておらず、Dの月収は菓子屋で得られる約三〇〇〇バーツの給料のみに留まるのである。Dは言う。

ここでは、「働いている」っていうんじゃなくて、人手不足なので「手伝っている」だけ。給料ももらっていない。菓子屋の店主と、このレストランの店主が、キョウダイだから、手伝いに来ている。でも、自分から進んでというわけではなくて、菓子屋の店主に言われて来ている（D、二五歳・女性）。

極めて近い親戚関係にある三人の店主は、CとDという二人のラオス人労働者を、雇用主として共有しているのである。ちなみに、労働許可証の取得にかかる三八〇〇バーツの費用については、Cの分もDの分も、レストランの店主によって負担されている。それゆえに、Dは、給与を得られなくとも、レストランでの雑用を行う義務を自然と負わされてしまっているのである。

一方、外国人労働者としては特に珍しい就労形態にあるのがAである。Aは、二〇〇一年四月のタイ入国以降、脚に障害のある雇用主のもとで家政婦として雇用されてきた。その後、雇用主の姉が所有するレストランでの手伝いを兼務させられるようになった。二〇〇六年四月には、Aの代わりにBが家政婦として雇用され、Aはレストランの経営および管理を全面的に任されるようになった。なお、Aには実姉がおり、レストランの仕事を共同で行っている。レストランには他に、タイ人夫婦が調理係として働いている。週末は閉店で、Aはこの週二日の休日を、将来の夢のために美容学校へ通うなどして過ごしている。

現在、Aはレストランの売り上げの管理なども自ら行っており、レストランの所有者に店の借り賃として毎月支払う以外のお金は、全て自由にすることができる。つまり、Aは、店主ではないものの、店をレンタルして自己経営しているのである。給料も、家政婦として働いていたときのように「月給」という固定的なかたちではなく、その日のレストランの儲けによって大きく差がある。Aは言う。

前と比べると、得られるお金がたくさん増えて、そのお金を自由に使うことができるようになった。今はもう、自分で稼いだ分がそのまま収入になる。時々、一日に一万バーツの売り上げが出ることもある（A、二三歳・女性）。

二〇〇六年三月の一回目のインタビューの時には家政婦をしていたAは、レストラン経営・管理、そして美容学校という新たな経験を経て、大きく印象が変わった。二回目のインタビューで会ったAは、現在の仕事や生活そのものを楽しんでいる様子で、実に活き活きとしていた。現在のAについては、もはや「外国人労働者」という枠を超えた、ある種の力強さが感じられる。

雇用主との関係、友人との関係

以下では、ラオス人労働者のタイでの人間関係に目を向けてみたい。これは、労働者個人の生活全体の核を成す重要な領域であり、考察に値する。

まず、雇用主との関係について考察する。雇用主は、労働者のタイでの生活全般を監督するなど、法的な義務を有する立場の存在であるが、その一方で、労働者に住居や食事を提供し、病気や事故のときには援助を行う、家族のような側面も併せ持っている。

中でも、Jとその雇用主は、とりわけ親密な関係を築いている。Jは、現在の雇用主の下で働くようになって、八年。Jにとって、雇用主は、姉のような存在なのだという。

彼女は、これまでずっと助けてくれた。お金の面で困ったときも、助けてくれた。給料だけではどうしてもお金が足りない月には、お金を貸してくれる。それに、だいたい月に一箱程度、子どもが飲むミルクを買ってくれている。もう何年も一緒にいるから、姉妹のような関係で、心が通い合っているし、愛している。どんなことがあっても助け合って、見捨てることはしない。タイ人の中で、一番信頼できる人（J）。

Jには、離婚したタイ人の元夫との間に、一歳の子どもがいる。そのため、現在は自分一人だけの稼ぎで養育し、生活することを余儀なくされている。そのような状況下で、常に生活を支援してくれる雇用主は、Jにとってなくてはならない存在である。

一方、友人関係についてはどうだろうか。まず、ラオス人の友人がいるかどうかについてであるが、インフォーマントのうち、一一人が「いる」と答えている。そのうちの一〇人は、友人と言えるのは同じ職場で働く同僚のラオス人だけで、外部の友人は全くいないと答えた。それには、Cが言うように「あまりどこへも行く機会がない」ということが主な要因となっている。休日もなく、長時間の労働が続く日々にあって、「毎日仕事をするだけで時間が過ぎて、暇がない（K、三二歳・女性）」のである。彼らは、極めて少ない休日数と長時間労働のために、自由な時間を持つことができない。その結果、職場で一日の大半を共に過ごす同僚のみに、友人の範囲が限られてしまうのである。

このような傾向は、タイ人の友人についても当てはまる。大半の人は、自由な時間がないということと、仕事以外のために外へ出かける機会がないということを理由に、「いない」と答えていた。だが、中には親しいタイ人の友人を持つ者もいる。A、D、Hには、交際中のタイ人男性がいる。Dにあっては、三―四年の交際関係にあるこの男性と「家庭を持ちたい」気持ち、つまり結婚したい気持ちがあるという。

一〇代の頃にタイへ移動してきて、結婚の適齢期をタイで迎えるラオス人労働者の女性たちが、タイの男性と知り合い、交際へ発展、そして結婚するということは、極めて自然なプロセスである。これは、タイのラオス人女性労働者が経験する、一つのライフコースであると言えるだろう。

タイ人との結婚と子どもの存在

筆者のインフォーマントの中では、四人が既婚者、一人が離婚者である。その全員が、タイ人男性を相手とする結婚をしている。なお、タイの農家への出面で見初められ、突如、結婚を申し込まれたEを除いて、全員が恋愛結婚であった。いずれの既婚者も、ラオスと東北タイとの民族的共通性のためか、夫の家族との折り合いもうまく、幸せな結婚状態にあるようであった。

しかし、離婚を経験したインフォーマントもいた。Jである。Jには、調査当時で一歳になる長男がおり、この子どもの存在が、Jの大きな支えとなっている。Jは、子どもへの思いについて、次のように何度も語った。

> 今は、子どももいるしお金がかかるので、頑張らなければならない。疲れても我慢、頑張る。子どもがいる限り、負けを認めたら生きてはいけない。子どもが生まれてきたとたん、頑張らねばならないという気持ちになった。(中略)。子どもがいることは幸せ。家に帰って、子どもの匂いをかいだり、子どもを抱きしめたりすると、暖か

さを感じる。子どもも、母親である自分と一緒にいて、幸せなのだと思う（J）。

このように語るJの表情は、活き活きと輝き、子どもを育てていくという強い意志を読み取ることができる。離婚を経て、一歳の乳飲み子を一人で育てなければならないという現実に直面しながら、Jはタイでの生活を日々生きている。女一人の力で守らなければならない子どもがいるということは、厳しい現実であり、また生きていく糧でもある。同世代の他のインフォーマントには見られない、強烈な内面の強さが、Jの目の中に認められるということは、必然であるとも言えよう。Jにとって、タイでの結婚と子どもの誕生は、その後の人生を方向付ける重要な基点となっている。

将来展望とタイへの移動労働に対する評価

ラオス帰郷かタイ永住か

一二人のインフォーマントたちは、現在、自身の今後についてどのような将来像を描いているのだろうか。ここでは、将来的にラオスへの帰郷を望む者、タイでの生活の継続を望む者、タイ永住を強く望む者、の三グループに分類して考えてみたい。

まず、「将来はラオスへ帰郷する」という意思を持っているのが、B、F、Lである。Fは、店員として町中の自動車部品店に勤務しているが、漠然とした不安を抱え、外出を嫌う性格である。そのため、彼女は、タイにおいて私的な関係の友人をほとんど有していない。Fによれば、「本音を言えば、ここで働き続けるのでなく、家へ帰りたいと思っている。家に帰りたい気持ちの方が強い。タイには、いられるけど、ずっといたいというほどの気持ちまではない（F）」というように、母国ラオスへ帰郷する思いは強い。

タイでの生活に対する消極的な姿勢は、Fの語り全体に見出すことができる。だが、Fには、ラオスで過酷な労働条件の工場で働いた経験があるが、ラオスへ帰郷した場合は、同じ工場で働くことになることが予想されるという。それでも、帰郷を望む理由について、Fは、家族の傍にいられるということと、時期によっては休日が多くとれるということを挙げた。タイに知人や友人がいないFにとっては、たとえタイへの移動労働を強いるような家族でも、ラオスの家族が心の拠り所であり、唯一の帰る場所なのである。

家政婦であり、「家」という閉鎖的空間で働くBとLもまた、タイでの親しい友人は極めて少なく、ラオスに残してきた家族との繋がりを求め、将来的な帰郷を希望している。

次に、タイでの生活の継続を望む者であるが、該当するのは、A、C、D、H、Kの五名である。彼女らはいずれも、ラオスへ帰郷するかタイに永住するかについては、「まだわからない」としたものの、お金を稼ぐことができ、「楽しいこともたくさんある（C）」タイでの生活を継続していくことを望んでいる。彼女らにはまた、交際中のタイ人男性や親しい友人があり、タイでの生活を継続することを望む一つの要因となっている。

最後に、タイでの永住を明確に宣言したのが、E、G、I、Jの四名である。彼女らは全員、すでにタイに新しい家族を築いている。そのうち、I以外の三人は、タイ人男性との間に子どもをもうけている。「タイにずっと住む。三歳の娘は、タイ人の夫との子どもで、タイ国籍を持っている。この子は、タイ人として育てていくつもり（E）」

というように、タイ国籍を持つ子どもの存在が、母親である彼女たちの強い永住意志の、大きな根拠となっている。一歳の長男を一人育てるJもまた、次のように言う。

子どもはタイ人なので、タイにいる方が良いと思う。社会やなんか、ラオスよりもタイの方が良い。教育だって、ラオスよりもここの方が良いし。もしラオスで暮らしていくとしたら、勉強をして学校を卒業しても、何もする仕事がない。タイで暮らしていく方が、子どもにとって良いチャンスがあるだろう。子どもが勉強して、良い学歴を得て、仕事をするようになったら、私も子どもと一緒に（タイで）生活していくことができるだろう（J）。

教育事情や社会状況の良い土地で子育てをし、子どもにできる限りのチャンスを与えたいという気持ちは、万国共通の母親の願いである。また一方で、子どもが学歴を積み、タイで良い職業を得ることができれば、母親であるJの生活、さらにはJの両親の生活もまた豊かになることが期待される。懸命に日々子育てをするJ自身には、そのようなしたたかな意図はないのかもしれないが、タイで子どもをもうけ、育てていくということは、ラオス人労働者とその家族にとって、一つの階層上昇のチャンスにもなると考えられる。

タイへの移動労働に対する評価

最後に、タイへの移動労働に関する一連の経験に対して、インフォーマント自身がどう評価しているのかについて見ることにしたい。

まず、すべてのインフォーマントが「お金を稼ぎ、家族の助けになれた」と言っているように、経済的価値の獲得ということが、移動労働の成果の一つとして指摘できる。

また、「タイには仕事がある。ラオスには田んぼがあるだけ。牛を飼うだけ。何もない。タイには、何でもある（I）」というような、ラオスとタイの生活の違いに関する対比の語りは、多くのインフォーマントによってもなされ、そこには、彼らの一つの認識――「良い仕事のあるタイ」と「田（畑）仕事しかないラオス」という認識――を読み取ることができる。

一方で、タイにあってラオスにないものは、良い仕事だけではなく、「楽しみ」もまた含まれている。例えば、電気が当たり前のように通り、気軽にテレビが観られるということや、近くにデパートがあり、そこへ遊びに行けるということが、タイでの生活では可能である。「（ラオスの）村は暗い。ノーンカーイは明るい」というLの言葉は、物理的な明暗、つまり夜間の照明の多少を意味するだけでなく、日常的な娯楽の有無ということをも含意しているのである。

一方、一部のインフォーマントは、対照的に、ラオスでの生活にはあって、タイでの生活では得られないものもあると言う。それは、自由な時間である。ラオスにいれば、「働きたくない時は休んで家にいることもできる（C）」が、タイではそうはいかない。労働者として雇われている彼らは、「働かないことは許されない（C）」のである。

しかし、タイで働き、現金収入を得ること。それは、数年にわたりタイでの生活を経験してきたラオス人労働者にとって、もはや、生きるために必要な行動として、当然と捉えられている。将来についても、インフォーマントの大半が、タイでの生活を継続していくことを望み、その先にはタイ永住という可能性も見通されている。

仕事をし、収入を得る一方、面白いものやおいしい食べ物に出会い、大切な人物との出会いもあるタイでの生活。それは、ほとんどのインフォーマントにとって、魅力ある良い生活として捉えられている。タイでの生活の中で、彼女らは「楽しみ」を見つけ、ある者は「夢」を見つけた。休日に美容学校へ通うAは、その典型である。またある者は、タイで配偶者と出会い、タイに家族を持つに至った。その一人であるJは、さらに興味深い語りをしている。

いずれにしても、今（の生活）は、良いと思う。不法で働いているわけではなく、きちんと合法で働いているし、「自分のために働いている」という気持ち。私は、こうして今に至ったことに対して、とても誇りを感じている（J、二四歳・女性）。

Jは、一二歳で働き始めたラオスでの就労の経験から、現在の美容院での就労、そして、子どもを産み育てるまでのことを総じて振り返り、このように語った。彼女は、タイへの移動労働に関わる一連の経験を通して、一つの「誇り」を得ることができたという。それは、これまでの自分の人生に対する誇りであり、現在の自分自身に対する誇りでもある。

このように、タイへの移動労働の経験がラオス人労働者にもたらしたものは、現金収入といった物理的なものばかりでなく、「楽しみ」や「夢」、「誇り」といった心理的なものも含み、さらには、日々の生活で築き上げてきたタイの人びととの関係性もまた、そこに含まれている。

四　おわりに

本研究の成果

本章では、まず、外国人労働者が、グローバリゼーションの底辺に位置づけられ、資本の「搾取」を受ける存在であるというマクロな視点の議論について紹介した。そして、この種の議論だけでは、移動労働という行為の意味を、総体的には説明しきれないとして、行為の主体である労働者に迫る下からの視点に立って捉える必要性を主張した。

そこで研究方法として採用したのが、生活史法であった。個人の人生の語りを主な研究材料とするこの方法は、生活者のライフイベントに関わる具体的な経験だけでなく、個人の主観的な意味付けについても明らかにすることができるものである。同時に、生活者の微細な語りを読み解いていくことで、個人が組み込まれている社会関係や組織の機能についても、捉えることができる。

タイのラオス人労働者の生活史を叙述することにより、以下のことが明らかとなった。第一に、タイへの移動労働は、ラオス人労働者本人あるいは家族の「生活戦略」として始まった。彼らは、主体的かつ多様な動機のもとに、移動労働という道を選択したのである。マクロな視点から見れば底辺に位置づけられるタイのラオス人労働者であっても、彼らの決意には、主体的な意思が強く働いていたのである。

彼らの出身村の内外には、ラオスの義務教育である小学校をはじめ、中学校や高校もあった。だが、現実問題として、学校へ通うには困難な経済状況が、彼らを取り巻いていた。自家消費用の米を生産するのがやっとの両親は、現金収入を得ることができず、学齢期の子どもがいようと、満足に学校に通わせることができない。その結果、小学校中退という低学歴のまま、彼らは大人になってしまう。一方、農村出身の彼女らが、たとえ学歴を積もうとも評価されにくい状況が、今なおラオス社会には蔓延している。貧しい者は貧しいまま、いつまでも変わらぬ単調な農村生活を繰り返していくしかない状況に、ラオスの人びとは、現在も置かれている。しかし一方で、ラオスの農村生活にも、テレビというマスメディアはすでに広く浸透している。さらに、ラオスで放映されるテレビ番組は、その大半がタイのものであり、ラオスの農村に暮らす人びともまた、タイの豊かさを日常的に目の当たりにしているのである。「何もないラオス、何でもあるタイ」――ラオスの農村で鬱々とした日々を送る若者の心の中には、いつしかそうした思いが抱かれ、ある種の憧れを隣国タイに抱くようになる。ラオスの村にいれば食べていくには困らないが、新しい発見もない、豊かになる道もない、夢も見るだけで実現は望めない。ラオスの農村の人びとが、金を稼ぎ、あるいは夢を叶えるためには、村を出て、川向こうの豊かな国タイに渡るほか、道はないのである。今よりも豊かになろうと望み、あるいは、夢に向かって生きようと志すことは、人間誰もが抱く自己実現の欲求であり、実に主体的なものである。彼らは、こうした主体性を端緒として、タイへ移動し就労するという生活戦略をとることにしたのであった。

また、異国の地タイで営まれる生活は、ラオス人労働者に、収入や夢、楽しみなど、物心両面の様々な価値をもたらしている。しかし、注目されるのは、結果としての価値ばかりではない。そうした価値の積み重ねのプロセスである生活過程そのものにも、深い意味があり、彼らの人生を構成する重要な要素となっている。このことは、生活史を紐解いていく中で実感されることであるが、同時に、具体的な経験の背後に隠された、心理的な動きを表す語りに注目することの重要性をも示唆している。タイのラオス人労働者たちもまた、生身の人間であり、淡々と無感情に日々の生活をこなしていくのではない。毎日の生活の中で、彼らは、喜びや憤り、悲しみなどの感情を抱えている。そうした心理的な面が表現される語りを拾い上げていくことで、より厚みのある人生の語りを叙述することができる。

例えば、インフォーマントの一人、Jはラオスの厳しい貧しさの中で両親が経験した子育ての苦労と、自らのタイでの苦労を重ね合わせ、さらに、両親への強い感謝の思いと子育てへの固い決意について熱く語った。Jのこの語りに注目することで、タイという異国の地でシングルマザーとして子育てに取り組む彼女の奮闘の様子を、より広がりを持って捉えることができる。Ｊは、このような感情を胸に抱えながら、タイでの多忙な生活を日々営んでいる。そして、こうした多面的な生活過程の積み重ねの中で、Ｊの言う「誇り」という価値が育まれ、彼女の人生に深みを与えているのである。

しかし、本章で得られた語りは、それほど深層的なものではない。一部のインフォーマントからは、感情的な揺れを表現する興味深い語りが得られたものの、その他の大半については、あくまで筆者の立てた質問に対する返答の域を、超えるものではない。

しかし、それでもなお、筆者は、一二人のラオス人労働者の生活史をひもとき、再構成を試みた本研究には、一定の価値が認められるものと考える。インフォーマントの語りに見られる、具体的な移動労働の経験やそれに伴う主観的な意味づけを捉えることは、世界システムの構造的な流れの一つである越境的な移動労働という行為を、見落とされがちな底辺の人びとの視点から見るということである。この試みは、上からの視点で解釈される傾向の強い国際的な労働力移動という現象の、総体的な理解を促進する一助ともなる。

残された課題

まず、本章でも確認したように、ラオス人労働者がタイで配偶者を見つけ、家族を持ち、タイに半永久的に定住するということが生じるようになる。このことは、労働者の出身国ラオスにおける人的資源の国外流出を引き起こし、ラオス国内の産業発展にあってはマイナスの影響が懸念される。一方のタイでは、ラオスという外国籍を持つ人を、いかにタイ社会に統合するかという問題が浮上してくる。このことは、タイとラオスという、別々の国籍を持った両親の間に生まれる混血の子どもが、タイ社会に参画していく際の問題とも重なる。なお、こうした社会統合の問題は、文化変容の問題と密接に結びついている。この点に関しては今後、詳細な地域研究が行われ、興味深い知見が得られることが期待される。

一方、国家間の問題として見るならば、両国の関係性がより相互依存的なものとなっていくことが予想される。ラオスは、国の経済力だけでは十分に国民を養うことができず、国民は豊かさを求めて、タイへ出て行く。タイへ出たラオス人労働者は、ラオス国内の家族へ送金を行い、それによってはじめてラオスの家族の生活水準は、一定の文化的なものに達する。一方のタイは、不足する三K職種（きつい・汚い・危険な仕事）の労働力を補足する代替労働力として、近隣の外国人労働者を必要とする。もはや、こうした外国人労働者の存在は、タイの経済発展のためには、必要不可欠なものとして定着してしまっている。そして、この二国間における労働力の需要と供給の関係性には、強い相互性が認められるのである。

しかし、この相互依存的な関係性も、あくまで一時的なものであり、永続するものだとは言い切れない。なぜなら、タイで結婚し、タイに永住するラオス人労働者は少なくないからである。タイに永住することになったラオス人にとっては、タイこそが生活する場であり、ラオスはもはや帰るべき故郷ではない。ラオスに残してきた両親が亡くなれば、そうした思いは、なおさら強くなることだろう。そうなれば、タイで得た富を、母国ラオスへ持ち込む必要はなくなる。最終的には、母国ラオスは、タイへ流出したラオス人労働者に見捨てられ、ただ一方通行に、豊かさを求める労働力をタイへ排出させるだけになるのではないだろうか。そして、このことは、労働力の供給国であるラオスの、国家の解体をも招く危惧すべき事態につながるものである。

さらに、改めて確認しておくが、タイで就労する外国人労働者には、本章で対象としたラオス人ばかりでなく、ビルマやカンボジアを出身とする人びとも多く含まれている。それらの比較的貧しい労働力の送出国と、比較的豊かな労働力の受入国との間で発生する問題は、タイとその近隣国との間ばかりでなく、アジア全体に、そして世界全体においても生じうる、グローバルなものである。

そして、それらの国家間の関係性の中には、やはり「搾取」的なものが含まれているということは否めない。タイにとって都合の良い労働力を一方的に送り出すラオスは、国内発展に必要な人的資本を犠牲にし、タイという他国の発展に利することで、「搾取」されているのである。また、個人のレベルにおりてみても、同じことが言える。メイヤスーの言うように、資本に都合よく利用され、低賃金・悪条件の雇用を受けることに甘んじてしまう移動労働者の姿が、世界中に散見されるのである。

しかしそれでもなお、貧しい国の人びとは、豊かさを求めて外国へ出て行かざるを得ない。構造的に見れば、彼らは資本に「搾取」され、就労する国に「搾取」されている。しかし、その「搾取」的現実さえも甘んじてのみこみ、外国で雇用を受け、収入を得ることなくしては、現状以上の豊かさを得るチャンスに恵まれないという実態が、現実としてあるのである。

グローバリズムが進む現代にあっては、越境的な労働力移動の流れを止めることは、もはや不可能である。この現実に目をそむけることなく、確実に受け止めた上で、世界中の移動労働者が理不尽な「搾取」を受けない社会の仕組みを構築していくことが求められる。また、移動労働者の人権を保護するための体制作りは、彼らが受入国の社会にどうまく統合していくかという問題も射程に入れて、行われるべきであると考えられる。

第四章　タイの国際結婚定住者
——上昇婚戦略としての国際結婚

ティラポン・クルプラントン

一　はじめに

タイ人の中には外国人と結婚することで、将来自分の家族の経済的状況が向上し、自分が良いチャンスに恵まれると思っている人が多い。しかし、国際結婚には、文化の差、言葉、習慣の違いによる問題などが発生しやすい。ラタナーはタイの地方における国際結婚について次のように述べる（Ratana 2005）。「A村で地元の女性とスイス人が国際結婚をした。それ以来、A村では国際結婚が頻繁に行われ、国際結婚村と呼ばれた。A村の状態は様々に変わってきた。例えば、住宅はより高級になって、電気製品やバイク、車などを持つ村人も現れるようになった。そして、A村に住んでいる女性や女の子の夢というのは、タイ人との結婚ではなく、外国（スイス）人と結婚することになった。なぜならば、外国人と結婚すれば女性の生活が必ず向上することができると思っているからである」。

タイ国家経済社会開発委員会（ＮＥＳＤＢ）によれば、タイの東北地方において外国人男性（主に欧米の出身者）と結婚したタイ人女性の人数は二〇〇三年までに一万四〇六三人である。ウドーンターニー県、コーケーン県、ノーンカーイ県の出身者が多い。

一方、日本の場合、Ｊ・Ｆ・モリスによると、一九九〇年代前半の「バブル」時代に外国人労働者が日本に職場を求めて「押し寄せて」きて以来、日本における外国人の数が確実に増え続けている（モリス　一九九三）。平成一六年の人口動態統計を見てみると、最も増加しているのは日本人との結婚を通して「配偶者ビザ」を取得している人々である。二〇〇四年の人口動態統計によれば、日本における婚姻総数七二万四一七件のうち、「夫婦の一方が外国」という婚姻は三万九五一一件で、五・四八％を占める。新婚夫婦二〇組に一組以上の配偶者は外国籍である。日本人男性と外国人女性との婚姻が三万九〇七組で、国際結婚の七八・二％を占め、他方、外国人男性と日本人女性の結婚は八六〇四組で二一・八％である。「国際結婚」の約八割が日本人男性と外国人女性との婚姻なのである。その中で、日本人と婚姻登録したタイ人は一七一五人で、「夫日本人・妻タイ人」が九五・六三％（一六四〇人）である。日本人の配偶者であるタイ人もますます増える傾向にある。平成一六年の人口動態統計によれば、「夫が日本人・妻がタイ人」の組み合わせによるタイ人女性がおよそ一四四五人で、「妻が日本人・夫がタイ人」の組み合わせによるタイ人男性が六二人である。この割合を見てみると、日本人の配偶者のタイ女性対タイ男性は二三・三一対一である。なぜ、タイ人女性と日本人男性が結婚する割合が高いのかは、以下の事例において明らかになるだろう。

ラタナーは、タイにおいて国際結婚したタイ人を対象に調査したが、本章では、外国において国際結婚をしたタイ人を対象とする。国際結婚後にタイに居住する女性は、自国で生活するので文化や習慣の相違という問題は夫婦間に限られる。しかし、国際結婚後に外国で生活するタイ人女性は、言語・文化・生活習慣等が異なる環境に置かれる。大きな生活の変化を余儀なくされる。外国人と結婚して外国に住むタイの女性たちは、どのようにして男性と出会い、どのような動機で結婚したのか、また、国際結婚によって彼女達の生活のどの部分が変わったのか、日常生活の諸問題にどのように対処したのか、これらのことを明らかにすることが本章の目的である。

二　調査方法

本研究は、二〇〇七年七月から二〇〇八年八月まで、日本人の配偶者として日本に滞在するタイ人女性二八人（東京近郊在住一二名、大阪近郊在住一一名、札幌市内在住五名）を対象に行ったインタビュー調査に基づいている。調査対象者はタイの食品店・タイのマッサージ店・飲食店・タイの寺院などで出会った人たちであり、対象者の選別には、雪だるま式調査法（最初に知り合った人に知人を紹介してもらい、事例を増やすやり方）を用いた。聞き取り項目は、①来日前の背景（性別、両親の職業、本人の学歴・職業、収入など）、②パートナーとの出会い（出会いの経緯、結婚期間、配偶者の職業・学歴など）、③来日後の生活（在日期間、在留資格、職業、収入、将来展望など）である。

調査対象者の来日前後の基礎的資料を表四―一にまとめた。

対象者の背景、日本人と結婚したタイ人女性の対象者は、タイ北部（九名）と中部（八名）の出身者が五割を占め、バンコク近郊五名、その他六名である。彼女らは、三人以上の兄弟をもち、小規模自営業者や公務員、日雇い労働者などの家庭に生まれた者が多い。また、来日前に約半数（一六名）が一軒屋で両親と同居していた。三人は自力で一軒の家を建てて暮らし、他のものは賃貸アパートで暮らしていた。バンコクや地方都市への出稼ぎ経験のある対象者の多くは、実家へ仕送りしていた。

対象者の結婚年齢は二〇代前半から三〇代前半が中心で、全体の八割近くを占めている。一方、夫の結婚年齢と比較すると、タイ人女性より夫の方が年上である夫婦が二二人と圧倒的に多く、三〇代前半から四〇代前半が七割近くを占めている。そのうち、六〇歳以上の夫も二人いる。以後、対象者は表四―一、四―二に対応してＢ１、Ｂ２、Ｂ３……と表記する。

三　国際結婚を選択したタイ女性

日本に滞在しているタイ人女性と日本人男性は、どこで出会い、どのような形で交際し、結婚するのだろうか。

第一に、調査対象者二八人のうち一五人が、本人の職場において、配偶者となる日本人男性と出会っている。職場は、タイでのスナック・バーやバンコクの日系企業、日本での飲食店やタイ料理レストラン、スナックやバーなどである。一五人のうち九人に離婚経験があり、タイにいる両親の家計や前夫との間にできた子どもとの生活を支えるために、スナックやバー、タイ料理レストランで働くケースが多い。交際を経て婚約が決まると、新しく夫となる男性がブローカーに残された女性の借金を返済し、スナックやバーの仕事から解放されるという事例も見られた。直接調査で語っているわけではないが、このような店で働くタイ女性は、タイ国内のブローカーと日本の引き受け元のブローカーの斡旋で来日し、多額のコミッションを店の前借金で支払っているために、年期が空けるまで自由がない。悪質な場合は身売り同然であり、パスポートを取り上げられて売春を強いられるなどのケースもあるが、今回の調査対象者の状況は不明である。バンコクの日系企業で出会ったというケースでは、夫となる男性がその企業に赴任中だった。赴任期間終了後、日本へ一緒に戻っている。また、夫となる男性がタイへ旅行した際にデパートや旅行会社など現地で働くタイ人女性と出会ったという事例もある。交際が始まると、いったん帰国した男性は年に一、二回女性に会いに行き、英語やタイ語での文通や電話でのコミュニケーションをはかり結婚に至っている。

来日前の職業		給料（バーツ）	対象の離婚経験	所有する耐久消費財						タイの住まい
勤務先	職業			ア	カ	サ	タ	ナ	ハ	
空港会社	社員	30,001-50,000	なし	○	○	○	○	○	○	一軒の家
タイマッサージ古式	職人	5,000-10,000	あり	○			○			アパート（賃貸）
一般会社	社員	5,000-10,000	なし	○	○	○	○	○	○	アパート
観光会社	事務系社員	5,000-10,000	なし	○	○		○			アパート
縫物の店	店長	5,000-10,000	なし	○	○	○	○	○	○	一軒の家
一般会社	社員	5,000-10,000	なし	○	○	○	○	○		一軒の家
一般会社	社員	5,000-10,000	なし	○	○	○	○	○	○	一軒の家
一般会社	事務の社員	5,000-10,000	なし	○	○	○	○	○	○	一軒の家
警察官	観光警察	5,000-10,000	なし	○		○		○		寮
一般会社	事務系社員	5,000-10,000	なし	○			○		○	一軒の家
タイマッサージ古式	職人	5,000-10,000	なし	○			○	○		アパート（賃貸）
一般会社	社員	5,000-10,000	なし	○	○	○	○	○	○	一軒の家
日本会社	社員	>50,001	なし	○	○	○	○	○	○	一軒の家
英語学校	事務系社員	5,000-10,000	あり	○	○		○	○		アパート
ビデオ屋	店員	5,000-10,000	あり	○			○	○		一軒の家
旅行会社	観光ガイド	>50,000	なし	○	○	○	○	○	○	一軒の家
なし	なし	なし	なし	○	○	○	○	○	○	一軒の家
バー	ホステス	15,001-20,000	なし	○	○	○	○	○		寮
スナック	ホステス	15,001-20,000	あり	○			○			アパート（賃貸）
農業	農家	なし	あり	○			○			一軒の家
風俗店	ホステス	20,001-30,000	あり	○			○			アパート（賃貸）
縫物の店	店長	5,000-10,000	あり	○			○			アパート（賃貸）
美容室	店長	5,000-10,000	なし	○	○		○	○		一軒の家
日本専用の PUB	店員	5,000-10,000	あり（日本人）	○	○	○	○	○	○	一軒の家
縫物の店	職人	5,000-10,000	あり	○		○	○	○		一軒の家
自営業	店長	>50,000	あり	○	○	○	○	○	○	一軒の家
一般会社	社員	5,000-10,000	あり	○		○	○	○		アパート
クラブ	歌手	15,001-20,000	あり	○			○	○		アパート（賃貸）

表 4-1　来日前の基本属性

対象	年齢（才）	性別	在日期間（年）	兄弟／番目	出身地	父の職業	母の職業	本人の学歴
B1	30	女	3	3/2	バンコク	公務員	公務員	大学院
B2	31	女	5	9/9	チャイヤプーム	農家	農家	小卒 6 年
B3	33	女	12	4/2	ソンクラー	船長	自営業	高卒
B4	33	女	8	2/2	チェンラーイ	被用者	被用者	小卒 6 年
B5	34	女	9	4/1	ナコーンパノム	お坊さん（元自営業）	専業主婦	高卒
B6	36	女	13	4/3	サムット・プラーカーン	死亡	死亡	高卒
B7	36	女	12	3/2	クラビー	学校の教頭	農家	大卒
B8	36	女	10	2/1	ピサヌローク	死亡	死亡	専門卒
B9	37	女	4	3/2	ラムパーン	タイボックシック	無職（元タイ料理店）	大卒
B10	39	女	16	5/3	ラーチャブリー	自営業（離婚）	おかず屋	中卒
B11	39	女	3	8/5	ムクダーハーン	被用者	被用者	中卒
B12	39	女	17	3/1	チェンマイ	大学教師	大学教師	大卒
B13	39	女	16	8/6	ラーチャブリー	自営業	専業主婦	大卒
B14	39	女	11	4/3	ガンペェンペット	死亡	死亡	中卒
B15	41	女	12	2/1	ナーン	公務員	中学校の教師	中卒
B16	41	女	14	4/3	バンコク	無職（元自営業）	無職（元タイ料理店）	大卒
B17	42	女	20	5/2	バンコク	死亡	麻店	大卒
B18	44	女	3	3/1	チェンラーイ	警察官	公務員（63）	専門卒
B19	46	女	9	11/6	ナコーン・シー・タマラート	死亡	自営業	小卒 4 年
B20	47	女	13	3/2	プレー	死亡（65 歳）	死亡（75 歳）	専門卒
B21	47	女	9	7/5	ナコンサワン	被用者	被用者	小卒 6 年
B22	48	女	20	9/6	チェンラーイ	被用者	被用者	小卒 4 年
B23	50	女	18	6/2	シンブリー	農家	農家	中卒
B24	50	女	19	4/1	ペッチャブーン	お坊さん（元公務員）	寮のお家さん	高卒
B25	53	女	23	3/1	ウッタラディト	死亡（公務員）	死亡（美容師）	小卒 4 年
B26	53	女	12	6/4	チェンマイ	死亡	死亡	小卒 4 年
B27	53	女	22	4/4	ラーチャブリー	無職（90 歳）	死亡（68 歳）	中卒
B28	56	女	14	5/2	バンコク	死亡（67：宅急便）	死亡（60：専業主婦）	中卒

出典　調査 2005 年-2006 年：所有する耐久消費財：ア＝テレビ、カ＝ビデオ、サ＝洗濯機、タ＝冷蔵庫、ナ＝電話、ハ＝車

写真１　日本にあるタイ・ストア

写真２　タイ料理レストラン

第二に、タイ人の知人から紹介されたという事例も多い（七人）。タイ人の知人とは、本人の親戚・友人である。日本在住のタイ人の知人から、日本人男性を紹介されたタイ人女性の場合、交際期間は最長で二年である。しかし、タイに来ている日本人男性の場合、紹介されたタイ人女性が男性の帰国後は会える機会が少ないため交際期間一ヶ月で結婚した例も見られた。後者の方が、結婚までの期間が短い傾向にある。この他に、日本人の知人から紹介された人が二人おり、日系企業または観光会社に勤務する日本人男性が、タイを訪問した日本人の友人に対象者を紹介している。タイに来た男性が帰国後は、年に一、二回程度しか会えないため、交際から結婚を決意するまでの期間が短い傾向にあり、平均して一、二年であった。結婚紹介所経由のもの一人は、会社に登録して相手を決め、タイ大使館で配偶者ビザの手続きをした。当時三六歳のこの女性には離婚経験があり、傷ついた心を癒すため外国へ行くことを希望していた。両親・兄弟の家計を支えるため早く結婚したいという理由もあり、当時六二歳の夫を選択した。

第三に、タイ人女性が日本に留学中に出会うケースであり（三人）、彼女達はタイの大学を卒業し、日本の日本語学校で一、二年間勉強をした際に日本人男性と知り合った。彼女たちの家族が所有する耐久消費財を見ると中層より上で、子ども達を留学させる経済的余裕のある家庭である。彼女たちは留学中に夫と出会って、二～四年間交際した後、結婚している。女性と男性はともに初婚である。

調査結果によれば、タイ人女性が日本人男性と結婚した主な動機は二つある。一つは、経済的な理由であり、自分自身とタイの両親・兄弟、前夫との間に生まれた子どものための生活費を稼ぎ、生活水準を向上させるためであった。例えば、B20は、専門学校卒業後にバンコクで一度就職した経験があるが、離婚後はタイ東北部にある実家で家業を手伝っていた。彼女は次のように言う。

結婚期間	タイ人の父親から生まれた子ども（人）	夫の年齢	日本人の父親から生まれた子ども（人）	夫		夫の離婚経験
				職業	学歴	
3	なし	30	なし	会社員	大学卒	なし
5	1	44	2（女子4才、6ヵ月）	郵便局	高卒	なし
9	なし	34	2（男子9才、7才）	会社員	専門卒	なし
9	なし	48	2（男子9才、女子7才）	電気職人	専門卒	なし
9	なし	45	1（女子6才）	会社員	大学卒	なし
13	なし	49	2（男子11才、10才）	タクシー運転手	高卒	なし
12	なし	56	2（男子8才、6才）	会社員	大学卒	なし
10	なし	37	2（男子9才、7才）	会社員	大学卒	なし
4	なし	48	1（男子4才）	会社員	大学卒	なし
16	なし	50	2（男子15才、女子8才）	会社員	大学卒	あり
3	なし	65	1（男子1才）	無職（30万ぐらい年金生活）	大学卒	あり
17	なし	49	2（男子16才、女子14才）	会社員	大学卒	なし
7	なし	38	なし	会社員	大学卒	なし
11	なし	50	2（男子9才、5才）	公務員	大学卒	あり
12	1（男子14才）	47	2（男子7才、女子1才）	探偵会社の社長	大学卒	なし
14	なし	55	2（男子11才、10才）	僧侶（元会社員）	大学卒	あり
20	なし	50	2（男子10才、女子8才）	会社員	大学卒	なし
13	なし	41	2（女子11才、9才）	会社員	大学卒	なし
10	なし	39	2（男子8才、女子6才）	タイ料理のレストラン（店長）	大学卒	なし
12	2（タイの実家に住んでいる）	71	なし	無職（元会社員）	専門卒	あり
9	なし	48	なし	会社員	大学卒	なし
9	なし	40	1（男子5才のタイ養子）	医者	大学卒	なし
18	なし	46	2（男子18才、14才）	自営業（元会社員）	大学卒	なし
19	1	57	1（男子9才）	トラック運転手	高卒	あり
23	1	64	2（男子22才、21才）	印刷職人	高卒	なし
13	2（タイの実家に住んでいる）	73	なし	無職（元麻店の店長）	高卒	あり
22	1	62	なし	会社員	専門卒	あり
14	2（元夫と住んでいる）	57	なし	大工職人	専門卒	なし

表4-2　結婚の背景

対象	在日期間(年)		出会いの経緯	付き合う期間（年）
B1	3	P1	（タイ人同僚の）知り合いからの紹介	2
B2	5	P1	（プーケット県にあるタイ式マッサージの同僚の）知り合いからの紹介	1ヵ月
B3	12	P7	日本にあるタイのレストランで出会う	1
B4	8	P1	（ソンクラー県にある観光会社で働いていた姉の）知り合いの日本人からの紹介	2
B5	9	P1	（日本に滞在していたラオス系タイ人の親戚の）知り合いからの紹介	2年半
B6	13	P1	（タイで行われた姉の結婚式で出会っていた。）タイ人の姉からの紹介	1
B7	12	P1	（日本で働いていたタイ人女性の翻訳者の）知り合いからの紹介	4
B8	10	P5	タイにある日本企業の同僚	6
B9	4	P6	（外国人に案内する観光警察）夫がタイを旅行中に出会う	3
B10	16	P1	（タイにある日本企業の日本人上司の）知り合いからの紹介	3
B11	3	P3	タイでお見合い会社からの紹介	3ヵ月
B12	17	P9	日本留学中に出会う	2
B13	16	P9	日本留学中に出会う	4
B14	11	P8	茨城県にある風俗職業の店で出会う	1
B15	12	P7	日本にある焼肉屋で出会う（観光ビザ）	1ヵ月
B16	14	P6	夫がタイを旅行中に出会う（旅行会社の客）	2
B17	20	P9	日本留学中に出会い（焼肉屋でアルバイト中）	2
B18	3	P5	バンコクにあるバーで出会う	3
B19	9	P4	バンコクにある風俗職業の店で出会う	半年
B20	13	P8	東京にある風俗職業の店で出会う（当時、不法滞在中）	半年
B21	9	P4	シンカポールにある風俗職業の店で出会う	2年半
B22	20	P7	日本にあるタイ料理のレストランで出会う（タイ料理の店長：結婚する前に偽造結婚ビザ）	2
B23	18	P5	夫ないし妻がタイで勤務中に出会う（美容室の店長）	3
B24	19	P7	日本にあるタイ料理のレストランで出会う（当時、不法滞在中）	半年
B25	23	P1	日本からの帰国したタイ人友達からの紹介	半年
B26	12	P7	日本にあるタイ料理のレストランで出会う（調理師）	半年
B27	22	P6	夫がタイを旅行中に出会う（デパートの店員）	1
B28	14	P2	日本に滞在していた妹からの紹介（妹のタイ料理のレストランで店員）	3ヵ月

注）出典　調査2005-2006年

前夫との間に子ども（二歳と三歳）がおり、特に子どもの将来（教育費や生活費など）に強い不安を抱いていた。また、実家が農家だったので、私は経済的安定を求めて外国への出稼ぎの道を選んだ。当時の私は、実家の家計を助けるため、日本に長期滞在したいと思っていたが、自分は不法滞在なので、今後どうやって生きていったらいいのか不安な日々を過ごしていた。そんなある日、私が働いていた日本のスナックに常連客の一人としてきていた日本人男性から声をかけられた。彼は私の抱えているこれらの問題を理解し、特にビザについては我が事のように相談にのってくれた。そして私の置かれた境遇に同情し、結婚という選択肢を与えてくれた。さらに、彼は私に残されていた借金をも返済してくれた（B20、四七歳）。

二つ目は、家庭問題である。例えば、「過去のことを忘れたい（離婚の苦しみ等）」、「前夫の酷い暴力から逃れたい」という動機である。
また、以上の二つの動機以外にも、「相手のことが好きだから」あるいは「日本が好きで日本に住みたい」と語るタイ人女性もいる。

四　来日後の生活

異文化への適応に関わるトラブルとストレス

タイ人女性は、日本の文化伝統や日本風の考え方に適応することに難しさを感じる。これは国際結婚が避けて通ることのできない異文化への適応に関わる問題である。本調査では、対象者の多くが家庭内で夫の両親や親戚、前夫の子や現在の夫の子との間で様々な困難を抱えていることが明らかになった。彼女たちにとって国際結婚の難しさは、結婚を反対されることよりも結婚後の生活をどうするかであり、夫の両親が自分を認めてくれるかどうかにある。それは、自分の両親や親戚からは日本人との結婚を認めてもらえるが、夫の両親や親戚などから反対を受ける場合が多いからである。その原因として彼女たち本人が感じているのは、夫の両親が外国人の嫁に偏見を持っているからというものであり、「親戚が外国人と結婚して失敗した」「自分の息子が騙されているのではないか、と心配している」などと夫の両親に言われたことが印象に残っているという。

さらに本調査では、調査対象者とその子どもたちが次にあげる四つの問題を抱えていることが明らかになった。第一に、子育てに協力してくれる人がいないことである。「夫や子どもしかいない家庭」であることや「近所との交流が、あまりない社会」での子育ては身体的・精神的な負担が大きく、家族・親族や知人・友人に取り囲まれて育った彼女たちは疲労を感じている。

第二に、子どもが母親に嫌悪感を抱くことがある。調査対象者（Ｂ６）には、学校からの連絡にうまく対処できないことや保護者との交流・ＰＴＡ活動に関わる問題があった。子どもは自分の母親の日本語能力の無さによって学校からの連絡がうまく伝わらない場合、母親に対して少しずつ不満や嫌悪感を抱き始めていく。調査対象者（Ｂ14）の場合には、家庭や地域で夫や学校の先生から日本語を話すように進められても、日本語がうまく話せないため子どもに十分なしつけができないと感じており、子育てに自信をなくし、ストレスとなっていた。

第三に、子どもの間でのいじめである。調査対象者の子どもは、学校や近所の子に「外国人の子」や「タイ人の母の子」といった悪口を言われたりするなど、いじめを受けていた。そのために、子の性格が明るい子から無口な子へ変わったという事例も見られた。

今は神奈川県横須賀市に住み、一一歳と九歳の女の子がいます。二年前に東京にいた時に、長女が近所の子どもから「外国人の子」という理由で軽視され、いじめられました。それ以来、彼女はおとなしい性格になり、泣きやすくなりました（B18、四四歳）。

第四に、夫が既に定年退職し、夫の厚生年金や国民年金に頼って生活している女性たちには、高齢の男性と結婚したことによる子どもの将来への不安がある。例えば、調査対象者（B11、三九歳）は三六歳の時に六二歳の日本人男性と結婚したが、二年後に子どもが生まれ、将来の生活費や教育費をどのように賄ってよいのか不安に感じている。

異文化への適応ストレスは、在日期間が長くなるにつれ、解消されることもある。調査対象者（B24）は、初めて来日した時、異文化の中でストレスが溜まり、タイにいる家族に電話をかけたりタイへ戻ったり、日本に滞在するタイ人と話したりしてそれを解消していた。しかし在日期間が何年も経つと、新しい環境にも慣れ、十分な日本語能力がないままであるにもかかわらず、家族内でのトラブルもなく、育児などをして過ごすことができるようになったという。この頃には、タイ人との交流は最初の頃と比較して減少したという。

ただし、子どもに恵まれない場合や、夫との間にトラブルが起きている場合には、同じタイ人と引き続き交流する傾向が見られる。調査対象者（B20）の場合には、日本人の知り合いはいたが、不十分な日本語しか話せないことやあいさつを交わす程度の交流であったため、トラブルの相談に乗ってもらえず、タイ人の友人を頼り続けたという。

日本人よりタイ人の方と付き合っている。日本の生活で問題が起こると、タイ人によく相談した。仕事の面は

写真3　在日タイ人の家での生活状況①

写真4　在日タイ人の家での生活状況②

写真５　家の前に作業場がある在日タイ人の家

写真６　東京近郊にある在日タイ人の家

スナックで働いたマレーシア人の友達に相談した。日本人の知り合いはあまり(仕事のことは)教えてくれなかった。夫は保守的考え方で相談に乗ってくれなかった。日常会話も教えてもらわなかったので自分で勉強した。最初は彼が親切な人だと思っていた。今は心が狭い人だとわかった(B20、四七歳)。

最後に、異文化の下で暮らす際のトラブルとストレスは、タイ人との間でも起こりうることを述べておこう。タイ人とのトラブルは金銭と家庭環境の問題に関わるものであり、タイ人の友人や知人との交流のあり方に影響を与えている。本調査対象者には自営業や高学歴の女性が含まれている。彼女らは、高い学歴やタイに居ながら生活水準を上げる目標を持ち、様々な職業を体験してから独立し、タイ料理のレストランなどの商売を始めて成功した人たちである。低賃金で働くタイ人労働者や不法滞在者の目からは、日本人と結婚した女性たちは経済的に安定した生活を送っているように見える。それゆえ、彼らは相談相手として彼女たちを選ぶ傾向にある。しかし彼らは借金を踏み倒すなどのトラブルを起こしている。彼女たちの多くは同じタイ人ということで親しくすることもあるが、下層であるとか前科がある人には距離を置いていた。

タイ人と付き合うと問題がついてくる。お金を貸してほしいとか、保証人になって欲しい等。結局は何百万円も戻ってこなかった(B26、五三歳)。

自営業なので、タイ人とたくさん付き合うと大変だ。借金を申し込まれるのが困る。羨ましさなどから、他のタイ人仲間に誹謗中傷され、誤解されて人間関係が壊れることがある。同じタイ人なのだからお互いに支える方がいいだろうが、そうはなっていない（B10、三九歳）。

日本人の付き合い方には、距離をとって仲良くしすぎないので、長く付き合えるという長所がある。踏み込んだ話まであまりしない。タイ人と深く付き合ったら、問題の方が多いと思っている。タイ人の場合は深く付き合う人が一般的だ。相手のことを多く知ってしまうと利益よりも問題の方が多い（B17、四二歳）。

表4-3　来日後の職業・将来の計画（対象者のタイ人女性）

対象	在留資格	来日後の職業	月給	結婚後、タイで家の購入	将来、タイへ戻る
B1	配偶者ビザ（3年）	専業主婦	なし	なし	戻らない
B2	配偶者ビザ（3年）	専業主婦	なし	ある	戻る
B3	配偶者ビザ（永住）	パートタイム	0-5万円	なし	戻らない
B4	配偶者ビザ（永住）	パートタイム	6-10万円	なし	戻る
B5	配偶者ビザ（永住）	専業主婦	なし	ある	半々
B6	配偶者ビザ（3年）	専業主婦	なし	ある	戻らない
B7	配偶者ビザ（永住）	タイ文化を教える先生	21-30万円	ある	戻る
B8	配偶者ビザ（永住）	専業主婦	なし	ある	半々
B9	配偶者ビザ（3年）	専業主婦	なし	ある	戻る
B10	配偶者ビザ（永住）	タイ料理のレストラン（店長）	31万円以上	ある	半々
B11	配偶者ビザ（3年）	専業主婦	なし	ある	半々
B12	配偶者ビザ（永住）	会社の経営（自営業）	31万円以上	ある	半々
B13	配偶者ビザ（永住）	翻訳者・タイ語の教師	21-30万円	ある	戻る
B14	配偶者ビザ（永住）	専業主婦	なし	ある	戻る
B15	配偶者ビザ（永住）	タイ料理のレストラン（店長）	31万円以上	ある（土地のみ）	戻る
B16	配偶者ビザ（永住）	専業主婦	なし	ある	戻る
B17	配偶者ビザ（永住）	パートタイム	6-10万円	なし	半々
B18	配偶者ビザ（永住）	専業主婦	なし	ある（土地のみ）	戻る
B19	配偶者ビザ（永住）	タイ料理のレストラン（店長）	21-30万円	なし	戻らない
B20	配偶者ビザ（永住）	タイ古式マッサージの店	21-30万円	なし	戻らない
B21	配偶者ビザ（永住）	専業主婦	なし	ある	戻る
B22	配偶者ビザ（永住）	専業主婦	なし	ある	半々
B23	配偶者ビザ（永住）	パートタイム	6-10万円	ある	戻らない
B24	配偶者ビザ（永住）	専業主婦	なし	ある	戻る
B25	配偶者ビザ（永住）	タイ古式マッサージの店	21-30万円	ある	戻る
B26	配偶者ビザ（永住）	タイ古式マッサージの店（店長）	31万円以上	ある	戻る
B27	配偶者ビザ（永住）	専業主婦	なし	ある	戻らない
B28	配偶者ビザ（永住）	タイ料理のレストラン（調理人）	21-30万円	ある	戻る

出典　調査2005-2006年

五　将来の計画と国際結婚からうかがえるタイ女性の生き方

調査対象者二八人のうち二〇人がタイに家屋や土地を購入し、半数の一四人が将来はタイへ戻りタイで生活することを考えていた。調査対象者（B14、三九歳）は次のように述べる。「将来タイへ戻りたい。タイで静かな生活をして過ごしたい。今は、夫の面倒を見る以外の負担や心配など何もない。一緒にタイへ戻ろうと誘った。」彼女のようにタイへ戻ることを計画している人の多くは、日本での人間関係が希薄である人や子どもを持っていない人であり、日本に住み続けるのが寂しいからということを帰国希望の理由として挙げている。また、日本人の夫との間に子どもがいないタイ人女性の場合には、前夫の子や自分の親戚に自分の世話をしてもらいたいからという理由も挙げられた。さらに、高齢の日本人男性と結婚して年金で過ごしている調査対象者には夫の健康に対する不安がある。

夫（四四歳）は定年後にタイで小さな自営業をしたいと言っています。（私は）両親のためにタイに家を建てました。タイへ戻ったら、そこに住みます。日本では、夫の定年後に年金生活になればどうやって暮らしを立てていくのかわかりません。生活して子どもを育てるのに年金だけでは足りないと思います。私は、小学校六年の学歴しかありませんが、タイでは店の経営や姉のおかず屋の手伝いなどができます（B2、三一歳）。

将来はタイへ戻らず日本で夫と過ごすことを選択したのは七人で、彼女らには自分の両親や親戚に仕送りする役割があるとか、前夫との間に生まれ自分で育てている子どもの将来に対する配慮がある。例えば、調査対象者（B19）

は夫の協力と自らの努力で日本において商売を始め、タイに残る両親へ仕送りするとともに子どもを立派に育てている。また、主婦であっても日本人との交流がある女性は、様々な問題を日本で解決できる見込みがあるためにタイに帰ろうとは思わないようである。さらに仏教に信仰深い女性は日本のタイ寺院に集まってタイ人と会話したり、僧侶の説法を聞いたりすることにより精神的安定を得ている。

本事例では、国際結婚に至る背景と動機から日本での生活の実態と将来の計画を見てきた。ここからうかがえるのは孝行に価値を置くタイ女性の生き方である。調査対象者はタイに残る自分の両親や兄弟への援助は自分の責任だと思っている。タイでは昔から、女性は結婚しても、両親に対する責任を持っているため、両親とともに同居し、家計を支援し、問題があった場合にも家族と一緒になって解決してきた。国際結婚の場合には、女性は両親と同居することができず、問題を抱えても自分自身で解決しなければならない。それでも彼女たちは、タイに残る家族の経済的地位や社会的地位を高くするために働き、送金し続ける。そして将来は家族と暮らしたいという希望を持っている。これは、自分の家族の面倒をみる責任は自分にあるという親孝行の精神を表している。

タイ女性にとって国際結婚とは経済的地位や社会的地位を上げる絶好の機会である。国際結婚によって経済的に安定し、生活に余裕が生まれ、タイの家族から離れていても経済的に家族を援助することで、孝という女性の役割を果たし自分の名誉を保つことができるのである。調査事例でも同様に日本人と結婚するタイの女性の経済水準は上昇した。日本に来る前には家屋を持たない、家が古いという人たちも、両親のために新しい家を建てたり改装したりすることで、タイへ帰るたびに親戚や近所の人たちに歓迎してもらうという。これは外国人と結婚したタイの女性に対する地元の人々の印象が変化していることを示す。

写真７　八王子にあるタイの寺院で仏教の活動をする在日タイ人

写真８　2009年６月の寺院の開会式に参加する在日タイ人

写真９　寺院内の雰囲気（中央は僧侶の庫裏）

六　おわりに

本章で明らかになった日本人男性と結婚するタイ女性の生活戦略とは、経済水準の向上をめざして経済力のある日本人男性と結婚したということであり、発展途上国の女性が先進国の男性と結婚する典型的なパターンといえる。もちろん、タイ人の国際結婚定住者の中には、純粋な恋愛感情から結婚した人達や日本人女性とタイ人男性の夫婦もいるだろうが、多くは本調査のようなタイ女性と日本人男性のカップルであろう。

このような国際結婚定住者が直面する問題が、日本人男性の親族とのつきあい、近隣との交際、子育てと言語的コミュニケーションの悩み、そして、将来夫が死んだ後どうするのかという事柄である。タイの女性達の半数近くがタイに帰ることを考え、その準備を着々と始めているという点がタイ女性の特徴といえるかもしれない。もっとも、彼女たちには元夫との子どもがおり、タイに頼れる親族もいるために小金を貯めてタイに戻るという選択肢は現実的なものである。その点において、日本の国際結婚定住者の中で一番多い中国や韓国からの女性達が同じ種類の問題に直面した場合、タイの女性達のように帰国を考えるのかどうか。本調査は主に都市部に居住するタイ女性達の事例であるために、いわゆる日本の農村における嫁不足解消ということで、国際結婚仲介業者により農村花嫁となった中国・韓国の女性達とは事情が異なっているのかもしれない。また、このような雪だるま式のインタビュー調査では一定水準の生活を送れている人達からしか話を聞けないことも事実であり、本調査で扱うことのできていない国際結婚定住者の諸問題もあると思われる。

以上、困難な境遇にありながらも、タイ女性達が日本に来てからも環境に合わせてしたたかに生き抜いている様子を説明してきた。タイ国内において経済格差があり、タイと先進国との間においても格差が継続する限り、国際結婚により生活の転換をめざそうとする女性が減ることはないだろう。

第Ⅲ部　地域社会と観光政策による包摂

ここでは、タイの農村地域に生活する人達が商品経済化・グローバル化に巻き込まれながらも、辺境の地や少数民族であるという不利な状況を逆手に取って地域活性化を図る地域社会の試みを紹介する。首都バンコク、地方の観光都市は経済発展に伴い、高層ビルや商業施設が軒を連ねる近代都市に変貌したために、海外からの個人旅行客やバックパッカーたちはより手つかずのタイの自然や文化的な処女地を探そうとしている。また、田舎料理であった東北タイ料理は、エスニック・フードとしてバンコク市民の食欲をそそっている。

マス・ツーリズムのお仕着せの観光コースに飽き足らない人達が増えてきていることにタイ観光局は目をつけ、北タイ山地民の生活や、東北タイ農民の牧歌的な生活が都市住民の癒しになると、エコツーリズムや文化ツーリズムを推進し始めた。観光業に明るい村の指導者や都市の仕掛け人達がこのブームに乗ろうとさまざまな試みを行っている。

第五章「北タイの山地民——エコツーリズム」ではエコツーリズムで村興しを図った北タイの山地民村落と、東北タイの農村を比較しながら、エコツーリズムを成功させる諸条件を考察している。第六章「東北タイの農村女性——文化ツーリズム」では、仕掛けは村の指導者であっても、文化ツーリズムの行事や宿泊・食事の世話をする高齢者や女性達が現金収入を得て家庭や村での発言力を増している状況を紹介する。

第五章　北タイの山地民――エコツーリズム

鈴木　雅

一　はじめに

タイ語でエコツーリズムは「ガーントングティィヤオ・チューン・アヌラック」[1]もしくは「ガーントングティィヤオ・チューン・ニウェート」[2]と呼ばれている。日本語に直訳すれば、前者は「保護観光」、後者は「環境観光」といったところだろうか。エコツアーはタイ語でも「エコツアー」と呼ばれているし、英語のEcotourismという言葉も、著者の感覚では多くの人が認知している。

本稿ではタイにおけるエコツーリズムの歴史を概観したのち、タイ国内において「エコツーリズム」と称される観光にいかなる形態の観光が含まれているのかを検討する。次いで、タイ東北部ムクダーハーン県バーンパオ村のエコツーリズムとタイ北部チェンマイ県メーカムポン村のエコツーリズムを事例にして、タイ地域社会のエコツーリズムを詳説する。

ここで、事例で取り上げるムクダーハーン県とチェンマイ県について若干の説明をしておくならば、ムクダーハーン県は人口三三万八二七六人であり、県庁所在地のあるムクダーハーンは、メコン川沿いに位置し、ラオスとの交易

表5-1　各県の人口と観光入込み客数

単位はいずれも人

地方	県名	人口	観光入込み客数	内訳1		内訳2	
				タイ人	外国人	宿泊客	日帰り客
北部	チェンマイ	1,595,855	3,399,906	1,922,059 (56.5%)	1,477,847 (43.5%)	3,146,194 (92.5%)	253,712 (7.5%)
南部	プーケット	270,438	4,050,077	1,303,291 (32.2%)	2,746,786 (67.8%)	3,906,737 (96.5%)	143,340 (3.5%)
東北部	ムクダーハーン	338,276	743,973	704,264 (94.7%)	39,709 (5.3%)	225,296 (30.3%)	518,677 (69.7%)
	カラシン	990,212	282,912	281,440 (99.5%)	1,472 (0.5%)	188,906 (66.8%)	94,006 (33.2%)
	コーンケーン	1,767,643	1,977,386	1,935,647 (97.9%)	41,739 (2.1%)	1,463,182 (74.0%)	514,204 (26.0%)

* 人口は2002年、観光入込み客数は2003年。
出典）National Statistical Officeおよびタイ政府観光庁統計より作成。

で栄える新商業都市である。二〇〇三年には七四万三九七三人の観光客が訪れている。一方、チェンマイ県は人口一五九万五八五五人であり、県庁所在地のあるチェンマイは、ピン川のほとりに広がる古都で、かつては北タイ一帯を治めたラーンナー・タイ王国の首都として栄えた。二〇〇三年には三三九万九九〇六人の観光客が訪れている。本章で取り上げる主要な都市の人口と観光入込み客数については、表五―一を参照してもらいたい。

二　タイのエコツーリズム概観

エコツーリズムの歴史

タイでは一九九四年にタイ政府観光庁（Tourism of Authority of Thailand）がエコツーリズムに関する政策とガイドラインを作成しており、政策の策定、エコツーリズムの促進と研究、広報宣伝の三つの小委員会を設置している。九五年には、タイ科学・技術研究所（TISTR）がタイ政府観光庁の要請を受けて、エコツーリズムの政策決定の研究を行い、その結果が第八次国家経済社会開発計画のなかに国家エコツーリズム政策として取り入れられたが、さらに実験の結果、九八年には閣議決定され、官民合同の「国家エコツーリズム委員会」が設置された。その委員会には、六つの小委員会（観光資源と環境管理、教育監督と環境認識の創造、地元民参加マーケティング活動とツアー案内、インフラ管理、観光サービスおよび投資促進）が置かれた。また、民間サイドの参加を促進するために、九六年にタイ政府観光庁が国家観光促進委員会を設けたが、同じ年にエコツーリズム・サービスを提供するツアー・オペレーターがタイ・エコツーリズム・アドベンチャー旅行協会（TEATA）を組織している（小方 二〇〇〇、一四八―一五〇）。

地域コミュニティにてエコツーリズムを立ち上げる支援をする団体として、エコツーリズム人材開発財団プロジェクト（EHRDF Project）の存在があげられる。これは、タイ政府観光庁の理事であるポーンサーン・ピィタッマハーケート（Pongsan Pitakmahaket）氏によって一九九四年に立ち上げられたもので、従来の観光運営が環境を破壊し、貧しい地域住民から搾取していることを批判して、地方大学、政府、NGO組織と共に、コミュニティ独自に観光運営を行っていけるように、資金や経営能力の提供をしていくというものである。

最近では、二〇〇二年五月に第一回「タイ・エコツーリズム＆アドベンチャートラベルエキスポ二〇〇二」がタイ・エコツーリズム・アドベンチャー旅行協会主催で開かれ、バンコク市内のシリキット王妃記念国際会議場にて、主催者側の発表では四日間で五万人を集めているほか、〇三年五月には「The International: Youth and Eco-Travel Mart」が、〇四年五月には「Thailand Travel Expo & Thailand Dive Expo 2004: Youth Travel, Soft Adventure, Ecotourism and Diving」といったイベントも開かれている。

ホームステイ

タイでは、観光客が村を訪れ住民の家に一緒に泊まり、その生活を体験するというホームステイが、政府、地方自治体、ＮＧＯなど各方面から注目され、地方のコミュニティが現金収入を得る手段として推奨されている。また、ホームステイがエコツーリズムの一形態、もしくはエコツーリズムの重要な一要素としても考えられている。政府の観光スポーツ省観光開発局もホームステイを推奨する機関の一つであり、「ホームステイ・タイランド」というウェブサイト(3)を開設して、その普及に努めている。このウェブサイトでは、タイにおけるホームステイの歴史を三期に分け、次のように説明する。

まず第一期は一九六〇年から八二年までのホームステイ初期段階である。この時期は、大学生や農村開発のボランティアをする人たちにとって、理想の社会開発を広めるため、まずは農村の問題を明らかにする必要があった。また、トレッキングを好む一部の外国人観光客が、タイ北部を中心に、トレッキングのコースにある山地民の村々を訪れ、山地民の家に泊まっていた。

第二期は一九八三年から九三年のホームステイ中期の段階である。この時期、外国人観光客のあいだでトレッキング・ツアーが人気を集め始めていた。その目的地は依然として山地民の村であったが、その地域には広がりが見え、ホームステイの形態や内容も充実した。その一方で、麻薬、売買春、盗み、環境破壊などの社会問題が生じ始めた。

第三期は一九九四年から現在に至る期間である。この期間は、社会開発や環境問題が重視される時期であり、観光の分野ではエコツーリズムに傾倒していった。九四年から九六年にはタイ人観光客がホームステイの先進地域に出掛けるようになる。ホームステイの先進地域とは、パンガー県のヤーオ島をはじめとして、ナコンシー・タマラート県のキーリーウォン村やチェンマイ県のメーター村などである(4)。そしてまた九六年は旅行会社のあいだでもエコツーリズムやホームステイといったかたちの旅行を提唱し始めた年である。九八年から九九年はタイ政府が「Amazing Thailand」観光キャンペーンを実施し、地域社会の観光開発を支援する政策を取り、ホームステイは大きな広がりを見せた。例えば、カーラシン県クチナライ郡のプータイ文化を伝承するコークコン村などである(5)。また、少数民族や山地民の土地へも同様にホームステイを設える支援があった。そして、現在ではエコツーリズムがタイ人からも外国人からも人気を集めており、ホームステイによって地方の生活を学び、文化を学び、手工芸を学ぶといった観光が実施されている。つまり、ホームステイといってもそれは宿泊することだけを意味するのではなく、そこを拠点にして、観光客が希望するさまざまな活動が用意されるのである。

三　ムクダーハーン県バーンパオ・エコツーリズム村

村の概要

バーンパオ（Ban Pao）村はタイ東北部ムクダーハーン県ノーングスン郡バーンパオ村の第三区と第五区にあたる村落である(6)。国道二三七〇号上に位置し(7)、県庁所在地のあるムクダーハーン市内からは六〇キロほどで、国道二〇四二号ノーングスンからは九キロ、国道二一二号ニコムカムソイからは二七キロ入ったところに位置する。県の中心部からはソンテーウ(8)が村まで来ているほか、バンコク行きのバスも一日数本、村のなかを通過している。

バーンパオ村は六つの村落からなり、人口三七六三人、八九一世帯が暮らす。そのうち、第三区と第五区にあたるバーンパオの人口は二〇〇〇人弱である。主産業は農業で住民の七五パーセントが農業に従事している。その中心は稲作である。稲作は、五月から七月に掛けて田植えをし、収穫は一一月。田植え、収穫ともに手作業もしくは水牛を使って行われ、機械は使われていない。そのほかの職としては、役場に勤める人や、工場労働者などである。住民の年収は平均すると一人あたり一万バーツ程度である。村のなかには保健所(9)があり、病院も一〇キロ離れたノーンスンにある。学校も、小学校、中・高等学校が村のなかにある。また、バーンパオはプータイ族の村落であり、プータイ族の独自の文化伝統をもっている。

エコツーリズム村の歴史・取り組み

バーンパオ・エコツーリズム村の開設にはエコベンチャー・タイランド[10]というプロジェクトが支援している。これは、地域社会が運営するエコツーリズムによって、地域社会が利益を得ると同時に、タイの自然環境を守ることを目的に、三つの組織が集まり進められているプロジェクトである。このプロジェクトの発端は、エコツーリズム人材開発財団プロジェクトである。しかしながら、現在のバーンパオでは、このプロジェクトの存在感はほとんどなく、プロジェクトの関係者がときどき観光客をバンコクから送り込んでくる程度のようである。

この村がエコツーリズムに取り組み始めたのは一九九九年である。村長[11]が中心となって開かれた最初の会議には、第三区と第五区の住民およそ二〇〇人が集まった。エコツーリズムを始めるための資金は行政からは一切援助を受けず、すべて住民から集めた。一口一〇バーツを会費としてエコツーリズム実行委員会の会員を募り、最終的には、二八三人から二四五七口、二万四五七〇バーツが集まった。この資金をもとに、村の池のほとりに、宿泊棟としてプータイ形式の小屋二棟を建設し、エコツーリズム村を開村したのが二〇〇一年四月二九日である。副知事を招き開村式が執り行われた。その後、二〇〇三年にはアグロ・ツーリズム村建設のための支援金として一二〇万バーツを受け取り、三棟の宿泊棟を改めて建設した。新たな宿泊棟は以前のものに比べだいぶ大きくなった。村長はエコツーリズムを始めた理由として次のように語る。

森が切り崩され、自然がなくなることを恐れ、また、文化が消えていき、西洋化することを恐れていた。エコツーリズムを取り入れることで、それらを防げると思った。しかし、やってくるのは西洋人ばかり……。タイ人が来るとしたら、視察のために訪れる人たちだけだ。

村長の語りからは、当初、タイ人の一般観光客をねらいにしていたことがうかがえる。

観光客が村を訪れた場合の宿泊の方法としては、小屋に泊まり三食の食事を村の人に持ってきてもらうパターンと、村の人の家に泊まるホームステイがあるが、ホームステイは小屋だけでは泊まりきれない場合であり、通常は、小屋に泊まることになる（写真一）。この小屋だが、広さとしては、大人五人程度宿泊可能である。木の床の上に茣蓙を敷き、その上に毛布を重ね、蚊帳のなかで寝る。その準備は村の人がする。しかし、小屋のなかは風も通り抜けるし、雨が降れば、雨も吹き込んでくる。強い雨が降れば、村全体が停電することもしばしばである。食事は、三食とも、第三区の女性と第五区の女性が交代で、二、三人のグループで持ってきてくれる。夜間は村の男性が一人、守衛として敷地内に泊まる。かつて問題が起きたことはないが念のためとのことだ。トイレはこの小屋のすぐ脇に、男女別にあり、洋式になっている。ごみ箱も観光客が過ごすことになるこの小屋の周辺には適宜配置されており、環境美化にも取り組んでいる様子がうかがえる。この小屋は、保健所裏の池のほとりに立っており、小屋の裏には田んぼが広がっている。夕方になると、池の周りをジョギングする村の人や、水遊びをする子どもたちで賑わい、のどかな空気に包まれる。しかし、この敷地は、門によって閉ざされており、出入りは自由にできるものの、村の内部とは別に区切られた空間である（写真二）。

宿泊料金は三食込みで三〇〇バーツから五〇〇バーツ。それぞれの要望などにより異なる。利潤の配分については

表五―二のように規定されている。しかしながら、村を訪れる観光客は多い月でせいぜい三〇人。近頃は重症急性呼吸器症候群（SARS）や鳥インフルエンザの影響もあり来訪者が減少しているとのこと。村を訪れる観光客は、なかにはウェブサイトを見てやってくる人もいるが、ほとんどの人は、二人の村関係者[12]が知人に紹介し、その知人が村を訪れている。そのほとんどが西洋人で、二、三泊滞在し、帰っていく。

バーンパオでは観光客に対応するため、村人が分担し、表五―三のような組織が組まれている。しかし、著者は滞在中、「プーパー・カーオへ行かないか？　連れて行ってあげる」という誘いを、食事を持ってきてくれる村の人から次々に受けた。つまり、表のような役割分担が決められ、組織ができあがっているが、あまり機能していないのではないかと思われる。

写真１　観光客が宿泊する小屋

表5-2　利潤の配分方法

委員会運営資金	10%
会員への配当金	65%
資金積立	20%
公共事業資金	5%
	100%

そのプーパー・カーオであるが、バーンパオをはさむ二つの山の片方である。バーンパオは両側に、プーパー・カーオとプーパー・デンという小さな山があり、このプーパー・カーオに登るのが村を訪れた観光客が行うプログラムの一つである。村の人からは冗談半分に、「プーパー・カーオに登らなければ、バーンパオに来たとは言えない」と言われるほどである。

プーパー・カーオの頂上までは、村のはずれから二・五キロ。中心からは三キロくらいであ

表５-３　運営組織

委員長	副委員長
会計係	仕入部門
査収部門	観光部門
宿泊部門	守衛部門
輸送部門	食事部門
販売部門	民族舞踊部門
照明部門	会場部門

写真２　観光客が宿泊する小屋の敷地はこの門によって閉ざされている

る。途中までは、車も通れる未舗装の道が続き、その先は歩きやすい上り坂。最後は、階段を登ると上は寺のなかへと続いている。ゆっくり歩いても村からは一時間程度。寺からはバーンパオ村をはじめ、その周辺が一望できる（写真三）。寺で僧侶と会話をした後、寺の裏にある森を歩くことになる。途中、きのこや竹の子、山菜の説明を村の人にしてもらいながら歩き、ちょうど寺と反対側のあたりにつくと、そこには、岩がせり出した地形があり、その上からは、遠くカーラシン県、ロイエット県の山々が見渡せる。ちょうど二時間くらいで森のなかを一周して寺に戻ると、一緒に登ってきてくれた村の女性たちが食事を作ってくれる。寺には岩から染み出る湧き水も滴っており飲むことができる。食事を済ませた後、村に戻る。ちょうど六時間のコースである。

　そのほか、バーンパオの村落内の見所としては、村の女性たちが協同で作業する人形の形をしたタオル作り[13]や、家の軒先で行う機織[14]、またカオニャオという、特にイサーン地方では主食にされるもち米を蒸したものを入れる籠を編む様子も見ることができる。また、隣の村落には酒を造る工場もある。

　エコツーリズムのプログラムとしてはほかに、バイシーと呼ばれる客を受入れる儀式や村の子どもたちによる伝統舞踊などがある。

　このバーンパオ村が村内だけでは観光地として成り立たないことを、

写真3　寺からは周辺が一望できる

関係者は口にする。周辺の寺やアグロ・ツーリズムと組み合わせて、はじめて観光産業として成り立つとする主張だ。そのため、村で車を持った人がドライバーとして、用事のないときに周辺を案内してくれる。周辺には車で一時間以内の範囲に、滝[15]、観光農園[16]、有名な寺などがあり、また、車で一時間ちょっと走れば、ムクダーハーン市内に到着し、そこにはメコン川が流れるほか、メコン川に沿ってインドシナマーケットと呼ばれる市場があり、一キロほどのあいだに店が並びメコン圏の食品や雑貨などが売られている。ムクダーハーン県の中心となる観光地である。また、ラオスのビザがあれば、メコン川の対岸にあるラオスへ船で渡ることもできる。そのため、バーンパオ村の担当者は、「ラオスへ観光に出掛ける際にも、バーンパオを拠点にすることができる。三〇〇バーツという宿泊料は格安であり、ぜひ利用してもらいたい」と述べていた。

そのほか、サーラーと呼ばれる建物があり[17]、これは観光客を迎い入れる場として作られているが、観光客がほとんど訪れない今は、村レベルの集まりの会場となっている。

エコベンチャー・タイランドプロジェクトは、地域社会がエコツーリズムを運営することによって、地域社会が利益を得ることを目的にしていたが、この村では観光客はそれほど訪れておらず、村長は、「この種の観光では利益は望めない。外国人との交流を楽しむのみだ」ということをはっきりと述べている。

住民の反応

住民の観光客に対する反応はどのようなものか。観光客が村人と接する機会には大きく分けて二つある。観光客の世話をする担当者が観光客のもとを訪ねてくる場合と、観光客が村のなかを自ら歩く場合である。前者の場合、村の人は観光客が誰であるのかを認知しているわけだが、そこには言葉の壁がある。かつてバンコクで生活をしたことのある女性の話では、村の女性の学歴は小学校卒業程度の人がほとんどである。英語圏の人がやってくると、英語教室が開かれることもあり、村の女性たちは興味を持ち集まってくる。しかし、英語教室といっても、「one, two, three……」から始まり……、とのことだった。それは英語を習うことに目的があるのではなく、外国人との交流を楽しむことが目的となっているのだろう。

コミュニケーションをとる機会としては、朝、昼、晩の食事を持ってきてくれる女性のグループと、夜、守衛としてやってくる男性だが、食事を持ってくる女性たちは、英語を話すことを恐れて、食事を出すと距離を置いて座り、だまって食事が終わるのを待つ。しかし、言葉が通じればいろいろな話を聞かせてくれる。ムクダーハーンの米はやわらかくておいしいだとか、村の女性たちで作る菓子を食べさせてくれて、作り方を教えてくれたりもする。この菓子には化学調味料は使われておらず、体によいということをアピールしていた。また、米は買わなくてもいい、好きなだけ食べられる、ということを村の人が口々に語るのを聞く。そのほかにも、「先日は、アメリカ人の女性が、一ヶ月滞在していった。彼女は、小学校で英語を教えたり、村の女性たちにも英語を教えたり、料理を村の人たちと一緒に作り学んでいったり、田んぼの仕事を手伝ったりと、タイの農村の生活を体験していったようだ」。「インド出身のアメリカで暮らす女性が、男女でやってきた。彼女は、インドの衣装をまとい、インド人そのものだった……」。「みんなでお金を出し合って作ったエコツーリズムもいいが、お金が入ったので新しく作り直したアグロ・ツーリズ

ム も立派でよい」などの話を聞かせてくれた。

一方、観光客が村のなかを歩く場合に生じる村の人との交流だが、これは著者の体験によるものだが、まずは「こいつは誰だ?」といった不審な眼差しで見つめられる。そこで著者が村の人に自ら話し掛けるわけだが、言葉が全くわからない。英語や日本語が通じないのは当然だが、村の人は中央タイ語も話さない。つまり、コミュニケーションをとるのが非常に難しいのだ。そして、しまいには食事の世話をしてくれた女性がやってきて、「迷子になったら大変だ」と言って村を案内してくれることになった。

四　チェンマイ県メーカムポン・エコツーリズム村

村の概要

メーカムポン（Mae Kam Pong）村はタイ北部チェンマイ県メーオン分郡ファイケーオ村の第三区にあたる。県庁所在地のあるチェンマイ市内から五〇キロほど離れた標高一三〇〇メートル以上の山間部に位置する。村の人口は四一五人、一三一世帯。山間部に暮らしているが、タイ政府が政策の対象とする「山地民（チャウ・カウ）」[18]ではなく、タイ族を中核に置いた平地民と同じ立場の民族の人びとである。その多くは、一〇〇年ほど前にミアンを求めて、隣のドイサケット郡からやってきた人びとである。谷間を流れる渓流に沿って村は位置するため、メーカムポン村は入口と奥地ではかなりの高低差があり、細長い村を形成している。この村までの道が完全に舗装されたのは二〇〇四年のことであり、それ以前は、部分的な舗装のみであった。[19]主産業はミアンの栽培・摘み取り（四～一一月）である。また、コーヒーも栽培しており、ミアンの取れない期間（一二～二月）にはコーヒーの摘み取りを行っている。ミアンの摘み取りは通常、夫婦で行われ、一日集めると一〇〇バーツ強、一年ではおよそ二万バーツになる。現在のところ公共交通機関はない。村人が他の村を行き来する場合には、自己所有のバイクを使うか、車を持っている村人の車に同乗して出掛けることになる。村人の学歴はほとんどが小学校四年程度である。[20]

この村では山のなかから沢の水をひき、水道として利用している。乾季でも沢の水が枯れることはない。タイ語で「ナーム・プラパー・プーカオ（山の水道水）」と呼ばれるこの水を村の人は管理を請け負うことで、月五バーツという料金で利用している。二〇年以上前からこの設備はあり、それ以前も竹筒をつないだ簡易水道があった。村を流れる渓流の水は水力発電にも利用されており、村に電気を供給している。村から三キロほど下流に水力発電の設備はあるが、現在は二機稼動しており、それぞれ一九八三年と一九八八年に設置されたもので、一機あたり毎時二〇キロワットの電力を生み出している。

エコツーリズム村の歴史・取り組み

村長[21]の旅行会社[22]関係者との出会いがこの村のエコツーリズムの始まりであった。村のなかの寺で村長は旅行会社関係者と出会い、その後エコツーリズムの村として観光客を誘致することが可能かどうか、村内の観光資源に関する調査や、実際に観光客を受け入れたとして採算が取れるのかといった問題を旅行会社も含めて検討し始めた。そして、いよいよその可能性が見えてきたとき、最後に問題になったのが言葉と食事である。村内に英語を話す人はいない。そこに外国人がやってきて意思疎通を取ることができるのか。また、外国人がこの村の食事（郷土料理）[23]を食べることができるのか。そこで一九九九年より仮オープンといったかたちで試験的に実際の観光客をホームステイで受け入れてみる。初めて受け入れた外国人が日本人学生であった。[24]二〇〇〇年七月二五日から二九日の四泊五日のスケジュー

写真4　ホームステイで観光客が宿泊する部屋

ルで受け入れた。その間に、日本人学生はホームステイをして滞在しながら村内にタイ語でサーラーと呼ばれる休憩用の小屋を建てる[25]。彼らが帰るときには、村の人ともすっかり打ち解け別れを惜しんで泣き合ったという。その結果、言葉が通じなくても問題ないこと、食事もこの村の郷土料理を提供するので問題ないことがわかり、いよいよ正式にオープンすることとなる。オープンは二〇〇〇年一二月五日。タイ国王誕生日にあわせオープンした。

初めて客を受け入れたのが〇一年一月一日に訪れたタイ人であった。その後も、一月一一日、一二日、二一日とタイ人が訪れ、二月一五日には初の外国人客になる日本人一六名を受け入れる。〇一年は訪れた旅行客のほとんどがタイ人であった。しかし、〇二年になると次第に外国人が訪れ始める。アメリカ、イギリス、デンマーク、ドイツ、マレーシアなど各地から訪れるようになった。そして現在では、一月あたり一〇〇人以上受け入れる日もある。

ホームステイを受け入れている家庭は現在一三軒ある（写真四）。開業当初から一三軒あったのではなく、観光客の入り具合を見ながら、徐々に増やしてきた。第一期は四軒、第二期は九軒、そして現在第三期は一三軒の家がホームステイを受け入れている。それぞれ、ホームステイ受入れの希望を募り、受入れ世帯を決定しているが、申し込めば、ホームステイを受け入れられるわけではない。渓流に沿い作られているために、細長い形をしたこの村では、観光客

表5-4　規約

エコツーリズム「ホームステイスタイルの観光」に関する規約

メーカムポン　Tel (053) - xxxxxx

1. 旅行者は村に入る以前に委員会に申し出て、許可を得なければならない。
   委員会の規定に従い申込み用紙に記入すること。料金は前払いである。
2. ホームステイのサービス料は次の通り。

・ホームステイ宿泊料	一晩　100バーツ／人
・食事	一食　50バーツ／人
・ホストファミリーサービス料	一日　100バーツ／人
・村内の活動維持費	100バーツ／人（一回のみ）
・村内の観光地維持費	100バーツ／人（一回のみ）
・レンタルテント	小100バーツ　大150バーツ／日
・テント設営地維持費	50バーツ／日
・バイシーの儀式	1,500バーツ／回
・郷土音楽鑑賞料	1,000バーツ／回
・郷土芸術鑑賞料（爪舞踊、蝋燭舞踊）	1,000バーツ／回
・ガイド料	200バーツ／日
森の中に宿泊する場合や、夜間森を散策する場合には増額。	100バーツ／夜
・交通機関手配（旅行者の利用する種類による）	100-1,000バーツ

3. 備考　実際に利用するサービスに従い、すべての支払いをすること。本観光委員会はコミュニティによって運営されるものであり、コミュニティのすべての部門に公平に利益が配分されるようにするものである。
4. 森の中へ出掛ける場合には、村の案内人をガイドとして雇わなければならない。これは決められた道から外れ、自然や環境に悪影響を与えることを防ぐためであり、旅行者が危険な目に合うのを防ぐためでもある。
   決められた場所以外にごみを捨てることを堅く禁ずる。
5. 野生動物や他の旅行者に迷惑を掛けるので、大声を出したり、発砲したり、狩猟してはならない。
6. 許可なく火をおこしてはならない。また火の始末は徹底すること。
7. 煙草は完全に火を消してから、決められた場所に捨てること。
8. 自然や環境を破壊する落書きを認めない。
9. 森の中のものを持ち出すことを認めない。
10. 物品販売を行う者は一日20-100バーツを土地維持費として支払わねばならない。また、販売は決められた場所で行うこと。その場所を終始清潔に保つこと。
11. タイのよい慣習に反することをしてはならない。
12. 村から帰るときには、そのことを告げて、検査を受けること。これは、村の資源を許可なく持ち出させないようにするためである。

メーカムポン観光組合

表 5-5　入込み客数と収入（2003 年）

	タイ人（人）	外国人（人）	合計（人）	収入（バーツ）	外国人国籍（括弧内は人数）
1 月	0	10	10	15,620	アメリカ（4）、カナダ（4）、デンマーク（2）
2 月	75	2	77	29,200	アメリカ（2）
3 月	40	0	40	20,000	
4 月	93	21	114	39,900	アメリカ（21）
5 月	70	2	72	22,500	日本（2）
6 月	0	6	6	9,200	アメリカ（6）
7 月	1	22	23	18,380	アメリカ（21）、スペイン（1）
8 月	6	7	13	5,850	中国（2）、香港（5）
9 月	26	0	26	20,000	
10 月	135	16	151	43,500	アメリカ（7）、イギリス（5）、日本（4）
11 月	2	9	11	10,830	アメリカ（3）、イギリス（4）、スペイン（2）
12 月	14	11	25	15,650	アメリカ（10）、ドイツ（1）
合計	462	106	568	250,630	

の利便性や安全を考えれば、観光客が宿泊する家を点在させる訳にはいかない。もともと、この村では村内を六つのグループに分けさまざまな活動を行ってきているが、このホームステイについても、このグループ内でホームステイの受入れ希望世帯がある数まとまった場合に、実際に受け入れることが可能か検討されるようになる。

料金は初日が五五〇バーツ、二日目以降が三五〇バーツ。初日の料金が二日目以降に比べて二〇〇バーツ高いのは村の資源を見学するという名目で、村へ納めるお金[26]が含まれているからである。これは食事三食分込みの料金で、食事代を除いた残りはホームステイ受け入れ世帯が全て受け取る（表五―四参照）。この村が観光客向けに行っているプログラムとしては、バイシーと呼ばれる受入れの儀式[27]、爪舞踊[28]・蝋燭舞踊[29]や音楽などの郷土芸術鑑賞、マッサージ[30]、村の上にある滝見学や、村の生活や文化をガイドが案内し学ぶといったコース、山の上ではキャンプも可能である。月によって観光客の変動はあるが、一〇〇人以上訪れる月もある。二〇〇三年は五六八人が訪れ、収入は二五万六三〇

表5-6　入込み客数と収入（2004年）

	タイ人（人）	外国人（人）	合計（人）	収入（バーツ）	外国人国籍（括弧内は人数）
1月	60	5	65	20,380	アメリカ（4）、日本（1）
2月	62	13	75	60,550	アメリカ（13）
3月	2	10	12	12,850	アメリカ（4）、アラブ首長国連邦（1）、オーストラリア（1）、デンマーク（4）
4月	0	16	16	13,810	アメリカ（8）、イギリス（4）、カナダ（4）
5月	0	0	0	0	
6月	47	31	78	37,030	イギリス（23）、ドイツ（8）
7月	6	82	88	65,060	カナダ（3）、ドイツ（7）、日本（12）、ブラジル（7）、ベトナム（7）、オランダ（46）
8月	93	45	138	57,150	イギリス（5）、オランダ（33）、スペイン（6）、日本（1）
合計	270	202	472	266,830	

バーツ（表五―五参照）。二〇〇四年は一～八月までに四七二人が訪れ、収入は二六万六八三〇バーツとなっている（表五―六参照）。

運　営

エコツーリズム村を開いて以来、一村一品運動関連の行事を中心に宣伝活動を行ってきたが、現在では村から広告をしなくとも、テレビ、ラジオ、新聞等で頻繁に取り上げられ、人気を集めている。[31]

料金や観光客が守るべき決まりについては村で厳格に決められており、それぞれのホームステイ受入れ家庭に掲示されている（表五―四）。観光客が守るべき決まりとしては、例えば、観光客は事前に村長宅などに連絡を入れ、予約をせねばならない。何よりも村の住民の安全が第一であり、タイ語を話せない外国人が突然村にやってきたとしても、彼らを受け入れることはない。また、暴力行為や麻薬など観光客が何らかの問題を起こした場合には、即座に退去を勧告することになっている。

観光客が村を訪れた場合、個人客であれば、エコツーリズムの事務所を兼ねている村長宅にてまず始めに手続きをする（写真五）。

写真５　エコツーリズムの事務所を兼ねている村長宅

そしてホストファミリーの紹介を受ける。団体客であれば、村内の寺で迎え入れ、村長からこの村についての説明がされた後、順にホストファミリーが紹介され、ホストファミリーに連れ添われて、各自が宿泊する家へと向かう。夜には再び寺に集まり、まずはバイシーにより村の人から歓迎を受ける（写真六）。続いて、伝統音楽を聴きながらのカントーク・ディナー[32]が始まる。食事が終わると、村の子どもたちによる郷土舞踊を鑑賞することができ、最後は観光客も村の人とともに一緒に踊って一日のプログラムが終了する。終わりの時間は午後八時半頃である。宿泊先の家に戻るまでの道は、坂は急であるが街灯もあり、危険はない。

翌朝は、寺を訪れタンブン（積徳行）をし、僧侶の説法を聞く。宿泊先の家で朝食を済ませた後は、村のガイドに連れられ、村内の見学となる。谷間に階段状に並ぶ家々や、家の脇にあるミアンを漬けた大きな円筒形の容器。それらを見ながら、この村の住民が長年生業としてきたミアン栽培と加工について、村人の生活についての説明がなされる。また、村のシンボル的存在である巨木にまつわる話なども聞きながら、村落内を通り過ぎ、山の上のほうへと登っていく。ミアン畑に到着すると、ミアンの摘み取り方や、下草を取るなどの手入れ方法、他の木々を全て刈り取りそこにミアン畑を作るのではなく、そこにもともと生息する木々のなかでミアンを育てるといったミアンの栽培方法について説明をうける。それが終わると、さらにもう少し山を登り、滝へと到着する。ここで休憩となる。観光客は、最後は寺に再び集まり、そこで車に乗り、村の人たちに見送られて、帰途につくことになる。
村への到着時間や、宗教[33]、体力などそれぞれの団体によって内容や順番は異なるが、以上が標準的なプログラムである。

村のなかを案内するガイドであるが、現在六人いる。この六人は、タイ政府観光庁の研修に参加し、修了した者で、ガイドの資格を持つ。ガイドの資格を持つといっても、それは郡のなかに限定されており、もし、そこから出てガイドをすれば違反となる。観光客が訪れた場合、観光客五人に対して、一人のガイドをつけることにしている。ガイドは二〇〇バーツの報酬を受け取るが、収入の五％は村に納めている。

写真６　バイシー

この村でエコツーリズムを運営する中心的人物の一人は次のように観光客を分類する。すなわち、この村を訪れるエコツーリズムには三つの形態があるという。第一の形態は日帰りの観光客。その中心はチェンマイ市内に住むタイ人である。第二の形態はホームステイをすることを目的にやって来る観光客。これには西欧人が多い。そして、第三の形態が学習・研究を目的にやって来る人たちである。これにはアジア圏の人が多い。

外国人がこの村を訪れる場合には、旅行会社を通じてツアーで来るのが大半であるが、定期的に観光客を送り込んで来る会社が現在は二社[34]ある。そのほかの会社からも、単発での受入れ依頼がある。旅行会社からはファックスまたは電話で村長のところに連絡が入り、内容により受入れを判断する。旅行会社からの連絡の内容によっては、観光客が村内で何か問題を起こす可能性が考えられれば、受入れを拒否することもある。旅行会社とはコミッションなどによる結びつきは一切ない。決められた額の料金を受け取るのみである。

村内にエコツーリズム調査委員会がある。これは村長を委員長として、九人の役員からなる調査チームである。目的は村内のエコツーリズムによる問題の発見と解決。研究費はチェンマイ大学からも助成を受けている。二年間を三期に分けて調査が進められている。今までの成果の一つとしてごみの問題があげられる。観光客を受け入れる以上、ごみの問題は避けて通れない。ホームステイだけであればごみは各家庭で処理され、それほど問題にもならないが、観光客が村のなかを歩きまわると、ごみを道端に捨てる人が必ず出てくる。そこで委員会はごみ箱を設定することでそれを防げると考え、民間からの助成も受けて、村内に複数のごみ箱を設置した。ごみ箱に捨てられたごみは、村の人によって収集されたのち、分別して処理される。

ホームステイの受け入れ

ほとんどの村人が英語を話せないと答えるなかで、観光客との交流を高く評価している。村人Dが「それぞれの土地の文化や習慣を話すことができ楽しい」といい、村人Iは「世界中に近所の友人ができた気分です」と話し、村人Ni「国や地域の違う人たちと交流してメーカムポンの生活や文化を知ってもらうことで、一体感を感じる」という。Buが「外国人がやってくると言葉は通じないが、長くいると次第に理解し合えるようになってくる」と話すように、英語が話せなくとも、そのこと自体はそれほど問題にならないようだ。

次に、ホームステイを始めるにあたって、家を増改築するなどの大きな改修工事をしていない点があげられる。子供たちが巣立ち部屋にゆとりができたからホームステイを受け入れ始めたという村人Dの家庭をはじめ、トイレを新しく作ったという村人Roの家庭はあっても、ホームステイのために部屋を増築したという家庭は見あたらない。つまり、ホームステイを始めるにあたって多額の投資を必要とせず、設備を維持するための特別な費用も掛かっていない。

ホームステイを始めた動機について見てみると、「収入源としてホームステイを考えた」という村人Piや、「農閑期の収入源としてホームステイを考えた」という村人Soのように、ホームステイによる収入を意識してホームステイを始めていることがうかがわれる。また、その収入についても、村人Piは「予想していたほどは収入を得ていない」と答えているが、村人Iさんが「十分に使える」額の収入であると答え、村人Toが「（ホームステイによる収入によって）観光客は私たちを助けてくれる」と話しているように、月あたり二〇〇〇バーツから三〇〇〇バーツになる月もあるというその収入は、ミアンを一日集めても一〇〇バーツ程度の収入であるこの村の人たちにとって、副収入たりえるものと言えるだろう。

最後に、ホームステイの受け入れが生活の負担になっていないことである。村人Iが「観光客が来て泊まっていっても、それほど忙しくない。ご飯を作って、掃除をする。その程度」と話していたり、村人Rが「ホームステイを受け入れても、とくに忙しいことはない」と答えているように、村の人はホームステイを受け入れることを負担に感じていない。また、村人Thが「ミアンは先祖代々の仕事である」という、多くの人が生業としているミアンの栽培・摘み取りにも、ホームステイは大きな影響を与えていないと思われる。

観光から生じた問題

観光から生じた問題がある。それは、もともとここに住む村人と、この村に移住してきた夫婦との対立である。中部タイ出身の女性とフランス人男性の夫婦が村に移住してきて、ゲストハウスの営業を始めた。村がエコツーリズムをはじめてからのことである。その作りは、村を流れる小川のほとりにせり出すテラスを持ち、この村の伝統的な建築とは異なる、西洋的なリゾートをほうふつさせる作りである。当初、村はこのゲストハウスとの協調路線を歩んだ。このゲストハウスの目の前には村のマッサージのための施設が存在するが、このゲストハウスの宿泊者がこういった村の施設を利用することも認め、伝統舞踊や音楽の鑑賞も認めた。村のエコツーリズムを宣伝するパンフレットにも、そのゲストハウスを載せ、村の一員として迎え入れた。

ゲストハウスを訪れる観光客は、村のなかを歩き、山間に階段状に並ぶ家々を眺め、ミアンの栽培・摘み取りを生業とする村人の生活を見学し、滝や森といった村の自然を鑑賞する。これらの環境はこの村の住民が長年掛けて作り上げ、維持してきたものである。村はゲストハウスにそのことを理解してもらいたく、ホームステイと同様、初日に一人二〇〇バーツずつ徴収し、村へ納めるよう要請した。このゲストハウスでは、朝食付で一泊四〇〇バーツの料金設定をしている。初日の宿泊料金が五五〇バーツである村のホームステイに比べるといくぶん安い。しかし、ゲストハウス側は村からの再三にわたる要請を拒否した。それ以来、村とゲストハウスとの交流はなくなる。そして、村はゲストハウスの宿泊者が村内に入ることを拒否する。[35] また、マッサージ施設の利用や、伝統舞踊や音楽の鑑賞も禁止する。村人も、ゲストハウスの宿泊者とは一切口を利くことはなく、村の文化について尋ねられても、それに答えることはない。[36] 村長は「村とゲストハウスの関係を知らずにメーカムポンを訪れる観光客には罪はないのだけれども、村の紀律を守り、村全体の発展をすすめていくためには仕方ない」と語る。タイ語で「パッタナー」とは英語の「develop」にあたる「開発する、発展する」といった意味だが、村長は村全体の「パッタナー」という言葉を頻繁に口にしていた。

五　おわりに

この節では、二つの事例を比較検討することで、エコツーリズムの成功・失敗要因を分析してみたい。その次に、エコツーリズムの役割と可能性を考える。

成功・失敗要因

エコツーリズムの成功とは何であるかだが、エコツーリズムの概念から、「自然環境の保護」「地域社会の活性化」「産業として観光が成立」の三点をもって成功と考える。ムクダーハーン県バーンパオ村とチェンマイ県メーカムポン村の二事例を中心に検討する。

一つ目の要素、「自然環境の保護」についてだが、バーンパオは村長がエコツーリズムを始めた理由として「森が切り崩され、自然がなくなることを恐れて」エコツーリズムを取り入れたと話している。また、観光客の宿泊施設周辺にはごみ箱が設置されているなど、環境美化への対策もうかがえるし、プーパー・カーオという山に登り、森を散策するプログラムは、自然環境を学ぶ学習機会ともなるだろう。「自然環境の保護」には成功している。一方、メーカムポンであるが、ごみ対策はなされていた。また、エコツーリズムに関する規約のなかに、森のなかへ出掛ける場合には、自然や環境に悪影響を与えることを防ぐために、村の案内人をつけることが決められていた。メーカムポンも「自然環境の保護」には成功している。

二つ目の要素、「地域社会の活性化」についてだが、これは、地域社会が、すなわち村人がエコツーリズムから何らかの恩恵を受けているかどうかで判断したい。経済面と社会面の二つの面から検討する。バーンパオは経済面では観光から利益を得ておらず、失敗しているといえる。しかし、社会面に関しては、村長もエコツーリズムによって外国人との交流を楽しんでいることは話しているし、村人が英語教室を通じて外国人と交流している様子もある。一方で、言葉が壁になり、英語を話すことを恐れて会話をできないという話もある。とりあえず、社会面で負の影響は与えていないといえるのではないだろうか。次に、メーカムポンだが、こちらは経済面では成功している。村全体を見ると、公共事業を行う際に村人から徴収していたお金を徴収する必要がなくなっており、観光に関わらない村人にとってもエコツーリズムの恩恵を受けているといえる。社会面では、ホームステイを受け入れる家庭の人が、「それぞれの土地の文化や習慣を話すことができ楽しい」だとか、「世界中に近所の友人ができた気分です」、「国や地域の違う人たちと交流してメーカムポンの生活や文化を知ってもらうことで、一体感を感じる」などと話している。村人が英語を話すことができない状況はバーンパオと同じだが、メーカムポンではそのことが問題にならず、国際交流がうまくいっているといえるだろう。国際交流だけではない。宗教の異なるタイ南部の人がやってきても、そのことについて「愉快だ」と話していたり、「宗教が違っても受け入れ合える」ことを確認していたりする。文化交流としての意義もあるだろう。メーカムポンでは社会面でも成功している。

三つ目の要素、「産業として観光が成立」しているかどうかだが、バーンパオは、訪れる観光客の数も少なく、村長が「この種の観光では利益は望めない」ということをはっきりと述べている。つまり、産業としては成り立っていない。一方、メーカムポンだが、観光客は多数訪れており、一月あたり一〇〇人を超える観光客を受け入れていることもある。また、ホームステイを受け入れる家庭にとって、観光収入は二〇〇〇バーツから三〇〇〇バーツになる月もあり十分な副収入であった。メーカムポンは産業として観光が成立している。

表5-7　エコツーリズムの成功・失敗

	自然環境の保護	地域社会の活性化	産業としての観光成立
バーンパオ村	○	経済面×、社会面△	×
メーカムポン村	○	経済面○、社会面○	○

この三つ目の要素であるが、著者は非常に重要な要素の一つだと考えている。バーンパオでは観光客が村人の家に泊まるホームステイではなく、宿泊用の小屋に泊まる形式を採用した。この村でエコツーリズムを運営し続けていくためには、最低限、この小屋を維持していかなければならない。つまり、設備維持費をまかなうだけの観光からの収入はどうしても必要である。この村がエコツーリズムを始めた当初は、村人から一口一〇バーツの会費を徴収していたが、決して裕福でないこの村の住民が、収入を見込めない観光のために、もう一度お金を出すだろうか。宿泊用の小屋の補修や建て替えなどの必要性に迫られたときが、バーンパオのエコツーリズムの分岐点ともいえるだろう。

以上、三つの要素からエコツーリズムの成功を考えてきたが、総じてメーカムポンのエコツーリズムが成功しているといえる。そこで、次に、バーンパオとメーカムポンのエコツーリズムを成功か、そうでないかに分けた要因について検討したい。表五―七からも明らかなように、その違いは産業として観光が成立しているかどうかである。

さらに、バーンパオとメーカムポンに違いのある項目を順に検討したい。

① 地方　東北部と北部という違いだが、東北部のコークコン村が人を集めていることから、主な要因とはいえない。
② 県の人口　チェンマイ県よりも人口の少ないプーケット県でも観光産業は成立している。
③ 県の観光入込み客数　ムクダーハーン県のその数は、チェンマイ県の二割ほどである。メーカム

ポンを訪れる西欧人は、旅行会社を通じてホームステイを楽しみにきていた。これは、マス・ツーリズムのオプションとも考えられる。そうであるならば、マス・ツーリズムの発達した地域は有利であるが、ムクダーハーン県よりも県の観光入込み客数の少ないカーラシン県のコークコング村（第六章の事例）のような文化ツーリズム村落でも観光客が多数訪れているので、決定的な要因ではない。

④　地形　水田の広がる盆地と山間部という違いはある。

⑤　公共交通機関　公共交通機関が存在するバーンパオの方が有利であろう。

⑥　人口／世帯　二〇〇〇人と四一五人という大きな差はある。

⑦　主産業　稲作とミアンという違いがある。

⑧　リーダー　どちらの村も村長がリーダーとなりエコツーリズムの運営を行っているが、同一人物でない以上、その素質には違いがある。

⑨　支援組織　バーンパオは外部の組織が支援しているが、メーカムポンは特別な支援組織はない。

⑩　宿泊形態　観光客専用の宿泊用の小屋を持つバーンパオと村人の家に宿泊するホームステイを採用するメーカムポンの違いがある。

⑪　旅行会社との関係　バーンパオにはないが、メーカムポンにはある。

以上のような要因が考えられ、検討してみたが、バーンパオとメーカムポンの事例からだけでは決定的な要因を説明できない。しかし、これらの事例から次の二点はいえるだろう。まず、エコツーリズムといっても画一された形態があるのではなく、地域によって多様な形態があること。次に、二〇〇〇年末から〇一年上半期のほぼ同時期に始まったエコツーリズムの取り組みであっても、さまざまな条件によって、その後の展開には違いが見られること。以上の二点である。県の観光入込み客数、地形的な要素、リーダーの素質、支援組織の有無、宿泊形態、旅行会社との関係、これらに違いはあるが、どのように影響しているのか、現時点では判断できない。これは、今後の課題としたい。

役割と可能性

考察の最後に、地域社会におけるエコツーリズムの役割と可能性を考えたい。地域社会にとって、エコツーリズムとは、どのような意味を持つのか。

まずは、現金収入を得る手段としてのエコツーリズムの役割があげられる。メーカムポン村の事例では、明らかに副収入となっていた。現金収入に乏しい地域の社会にとって、観光から得られる収入は大きい。

次に、エコツーリズムが国際交流、文化交流の機会になり得るということがいえるだろう。メーカムポン村は公共交通機関もなかった。そういった村の住民にとって、他の地域の人や外国人との交流はそうあるものではない。「それぞれの土地の文化や習慣を話すことができ楽しい」と話す人や、「世界中に近所の友人ができた気分です」と話す人がいるように、エコツーリズムによって、国や文化の異なる人たちとの相互理解の場が生まれているといえよう。観光客側からしても、別れ際に泣くような経験を、大規模な観光地を巡っていてそうそうできるものではない。

また、エコツーリズムが大規模な観光地化を防いでいるという役割も重要ではないだろうか。メーカムポン村のホームステイにしても、バーンパオ村の小屋に宿泊する形態にしても、自ずと対応できる人数が限られる。大型バスを何台も連ねて観光に訪れるわけにはいかない。そして、その地域の生活を学ぶことがエコツーリズムの重要な要素になっている。ミアンの栽培なり、稲作なり、水牛の飼育なり、もともとあるその地域の産業をなくして、エコツーリズムは成立しないといえる。エコツーリズムを始める際にも、多額の投資は必要としていない。メーカムポン村では、空き部屋を利用して観光客を泊めていた。これらの結果、観光の盛衰によって、地域の生活が存続の危機に侵されることはないのである。地域が観光産業に特化してしまうと、その盛衰によって大きな影響を受ける。しかし、エコツーリズムの場合、その地域に訪れる観光客がいなくなったとしても、多額の負債が残ることもないし、もともとある産業によってその地域は存続するのである。

註

(1) การท่องเที่ยวเชิงอนุรักษ์
(2) การท่องเที่ยวเชิงนิเวศ
(3) http://www.homestaythailand.org/
(4) パンガー県とナコン・シー・タマラート県はいずれもタイ南部、チェンマイ県はタイ北部。
(5) カーラシン県はタイ東北部。
(6) タイ語でタムボンと呼ばれる大きな村のなかが、六つの区に分かれており、タムボンの名前も、第三区と第五区を合わせた村落の名前も「バーンパオ村」であるため、紛らわしいので、以後、タムボンを指す場合には「バーンパオ村」と記し、第三区と第五区を指す場合には「バーンパオ」と記し、「村」をつけないことにする。
(7) 国道二〇四二号はムクダーハーン県の県庁所在地のあるムクダーハーンとカーラシン県のソムデットを結び、国道二一二号はムクダーハーンとウボンラーチャターニー県の県庁所在地のあるウボンラーチャターニーを結ぶ。いずれも路線バスが頻繁に行き交う国道である。
(8) 小型のトラックを改造した乗合バス。地方によってその制度は若干異なるが、バーンパオ村に来るソンテウの場合、村を出るソンテーウは一日数本に限られるが、村に戻って来る場合は、ノーングスン行きのソンテーウが、乗客がいる場合にはバーンパオ村まで入って来る。

（９）保健所は村ごとに、病院は群ごとにある。保健所は病院ほど大きくはないが、住民の健康相談を受けつける施設である。薬ももらうことが出来る。

（10）http://www.ecoventurethailand.com/

（11）ガムナンと呼ばれるバーンパオ村の区長である。それぞれの村落にはプーヤイバーンと呼ばれる長が村別にいる。

（12）一人は、村落は異なるがバーンパオ村のなかに住む小学校の先生。もう一人は、バンコク在住の人で、エコベンチャー・タイランドプロジェクトの関係者である。

（13）バンコクやコーンケーンのマクロやロータスといった大型ショッピングセンターでも売られているとのこと。

（14）綿布、絹布ともに織られている。一メートル、二メートル、二・五メートル、四メートルと大きさもさまざまであるが、二メートルの布を織るのに二、三日掛かり、八〇〇バーツから一六〇〇バーツで売れる。

（15）この滝では一年を通じて水があり、地元の若者の憩いの場となっている。そこには、店が一軒あり、毎日営業しており、ソムタム（パパイヤサラダ。この地方では定番のメニュー）や菓子、飲料などが売られている。

（16）魚の養殖や果樹園を見学できる。休憩所となる小屋があり、簡単な食事もできる。

（17）床と柱と屋根があって壁のない建物。

（18）「山地民（チャウ・カウ）」とは、カレン、モン、ラフ、リス、ミエン、アカ、ルア、カムー、ティンの九つの民族集団を指すものとして公的にタイ政府によって使われ始めたのは一九五九年である。この年が山地民政策の転換点で、タイ政府は急速に「山地民」に接近するようになるが、その理由として次の三点があげられる。第一に、麻薬撲滅への国内的、国際的圧力、第二に、国防上の問題、第三に、山地民が主たる生業とする焼畑耕作による森林破壊と、それによって生じる水系の破壊（現実に森林破壊に直接影響を及ぼすのは、耕地を再利用しない「開拓型」の焼畑耕作であり、カレン族が稲作を主体として営む休閑期を設けた「循環型」の焼畑耕作は森林に大きな打撃を与えていない）である（古家 一九九三、三一—二）。

（19）ミアンとはツバキ科の植物で、タイ北部地方で愛好される嗜好品の一種。葉を蒸したもので岩塩、ニンニク、玉葱などを巻き食べる。

（20）現在の子どもたちは、小学六年までは村の学校に通い、中学三年からは隣村の学校に通う。その後は三〇キロほど離れた町の高校や職業訓練学校に通う。村の子どものなかには大学や大学院へ通う子どももいる。
(21) この地域では「ポー・ルワン」、中央タイ語では「プーヤイバーン」と呼ばれる村落ごとの長である。つまり、ファイケーオ村の第三村落に当たるメーカムポン村の長。
(22) Erawan PUC Tour & Trek というチェンマイ市内の会社である。
(23) 村長の話では、この村では以前から親戚などを受け入れることが頻繁にあった。また、観光客を村に受け入れることを考えたとき、日帰りの旅行では村のなかにお金が落ちない。そこで、ホームステイというかたちを採用した。
(24) 以前メーカムポン村に入っていて基金団体から紹介を受けた。
(25) 村長宅近くの川の脇に建てられており、それを建てた日本人学生が鹿児島県から訪れていたということで、「メーカムポン−カゴシマ」と名づけられている。
(26) こうして徴収したお金は村のなかの公共事業に使われる。以前であれば、村のなかに集会場を作るなどの公共事業を行う場合には、村人から一人一〇〇バーツずつなどといったかたちでお金を徴収していたが、この収入により、村人から徴収する必要がなくなった。つまり、「エコツーリズムをはじめたことによって、利益を受けているのは、ホームステイやガイドといったかたちで直接観光に関わることのできる人たちだけではない。観光に関わらない村人も間接的に利益を得ているのだ」と著者はエコツーリズム運営の中心的立場の人から説明を受けた。
(27) バイシーとはバナナの葉などから作られた精霊へのお供えであるが、参加者はこれを囲んでまるく座る。バイシーからのびた糸を参加者は手に持ち、呪術者が旅の安全や幸福などを願い参加者の一人一人の腕にこの糸を結んでいく。
(28) 娘がすべての指に先の尖った爪をはめて踊る。
(29) 娘が火のついた蝋燭を持って踊る。
(30) 村人の女性のなかにマッサージの技術を持った人がいる。これは、政府のノン・フォーマル教育局（The Department of Non-Formal Education）の事業によるもので、マッサージの技術を習得したい者は申し込みをすれば無料で講習を受けることができる。また、講習も村のなかで行われる。
(31) *The Nation*（2001.12.01）［英語］、*Thairat*（2004.3.20）［タイ語］、*Bangkok Post*（2004.12.09）［英語］など。
(32) タイ北部地方の伝統的な食事のスタイルであり、カントークと呼ばれる円卓を囲んで食事をする。食事は、観光客を迎える前夜に、ホームステイを受け入れる家庭の人たちが村長宅に集まり、村長夫人を中心にして献立について話し合われ、それぞれがお金を出し合って仕入れが行われる。

(33) 例えば、イスラーム教徒であればバイシーの儀式や寺へのタンブンは行わない。

(34) この村でエコツーリズムを始めるきっかけとなった Erawan PUC Tour & Trek とバンコクに本社があり、チェンマイに支店を持つ Khiri Travel である。

(35) 村を大きく迂回するように公道があり、村の内部はその公道から折れてなかへと入っていく。

(36) 著者が調査で村を訪れた際、村のなかを歩いていると、村の人から「どこに泊まっているの？」との質問を頻繁に受けた。著者が村長宅に宿泊していることを告げると、村の人の表情が変わり好意的になった。

第六章　東北タイの農村女性
——文化ツーリズム

ラッチャノック・チャムナンマック
（翻訳と構成　清川梢・櫻井義秀）

一　はじめに

タイは、二〇〇二—二〇〇六年の第九次国家経済社会開発計画以降、観光産業に力を入れてきた。特に、国の経済発展のために、観光産業による収入増加が見込まれるサービス産業の開発が重視されている（国家経済社会開発委員会二〇〇一）。観光産業は、雇用の拡大、国民の所得増加、外資獲得などに繋がる国家の経済社会政策の一つとタイ政府観光庁はホームページで述べている（www.tat.or.th）。

タイの観光産業は現在、大規模産業となった。多くの国々の資金がタイに流れ込むと同時に、地域の発展のためにも観光は重要な機能を果たすようになった。その結果、観光はコミュニティの経済や社会を開発する積極的な方法となり、雇用環境の整備、交通システムの発展、インフラの発展などに寄与した。しかし、その一方で地域社会の文化や自然の崩壊も引き起こされている。

本章では、観光産業の発展の結果、男性と女性の関係性がどのように変化してきたのかを明らかにするものである。

筆者は、カーラシン県クシナライ郡クドワー区コークコング村を調査地に選定した。この村はプータイ族が一〇〇年以上前に入植してできた村である。この村は、外部社会からの影響を受けることが少なく、少数民族の文化アイデンティティを維持している。そのため、行政はこの村を文化的な観光地として選定し、推奨した。

プータイ族の文化が守られているという特徴から、行政はコークコング村を選び、ホームステイとエコツーリズムの観光計画を策定した。行政と企業は、住民に観光の運営や観光に関する必要な知識を支援して村民の観光活動の仕事を開発した。村民たちは、村内で協働してホームステイ事業を成功させた。その結果二〇〇一年、コークコング村はタイ政府観光庁から観光産業の最優秀賞を受賞した。

しかしながら、現在、コークコング村にも変化が起きている。筆者は文化的な観光の拡大の結果生じた村の変化に注目し、プータイ族の男性・女性の間の関係・役割がどのように変化したのかを明らかにしたいと考える。村の伝統的な文化では、女性の役割は家庭内の仕事を中心としていた。しかし、文化的な観光が村に入ることによって、家庭内の仕事が家計を助けることに直接繋がるようになり、村や家庭における女性の経済的役割は以前よりも大きくなった。同時に、女性は家庭や村の様々な活動に積極的に参加し、決定する力を持つようになった。今後、家庭内や村内における女性の地位がさらに高くなるのかどうかについても調査を行う必要がある。

なお、本章の課題は、次の三点にまとめることができる。観光産業が村に入ることによって、家庭内と村内に変化が生じた結果、①村の社会構造が全体的に変化したのかどうか、また、②その変化によって、女性の地位や役割は変化したのかどうか、さらに、③独自文化を活かした観光を提供するようになったプータイ族の女性村民は、女性の地位や役割の変化についてどのように考えているのかである。

二　研究方法

研究目的

①村の文化を活かした観光産業を運営していく中で、プータイ族の伝統的な性別役割関係が、経済・社会・文化の面でどのように変化したのかについて説明すること。

②村の文化を活かした観光産業における相互作用の中で、男性と女性がどのような関係にあるのかについて分析すること。

調査対象

コークコング村において、参与観察、半構造化インタビューを次の人達に行った。①村長とコミュニティの老人、②コミュニティの構成員である六世帯、③行政・村外の組織：市の開発政策者（公務員）、市の農業協同組合銀行のスタッフ。なお、②の六世帯は、以下の人びとで構成されている。

Pon 世帯：三人の核家族であり、父・母・子供一人を含む。

父：Pat　四三歳、家庭のリーダー、警察（公務員）、出身地は東北地方。結婚後に、妻のいるプータイ村に移動した ***。

母：Pon　四一歳、美容院 ***。

子供：Jom　女性、一六歳、現在高校一年生。
Sri 世帯：四人の核家族であり、父・母・子供二人。
父：Sak　四八歳、家庭のリーダー、森の保護者（公務員）***。
母：Sri　四五歳、主婦 ***。
子供：①Prapa　女性、二五歳、未婚、バンコクで働いている（労働者）。
②Sompong　男性、二三歳、未婚、バンコクの大学で学んでいる。
Kam 世帯：五人の拡大家族であり、父・母・子供一人・嫁一人・孫一人。
父：Oun　六三歳、家庭のリーダー、退職（公務員）。現在は農業に従事 ***。
母：Kam　五五歳、主婦、家事と孫の世話 ***。
子供：Ying　男性、三五歳、農業と日雇い労働者。
嫁：Pai　女性、三一歳、主婦、夫の手伝い（畑作、日雇い労働者）。
孫：Care　女性、二歳。
Nid 世帯：五人の三世代家族、母、子供・嫁、孫二人。
母：Nid　女性、五八歳、家庭のリーダー。一八年前に夫が死亡。孫の面倒をみている ***。
子供：Chai　男性、三五歳、Nid の最後の息子。他の村・他の市へ車で物を運び、市場で物売り。
嫁：Parn　女性、三三歳、家事。時々、夫の手伝い。
孫：①Boy　男性、一〇歳、市内の私立小学校五年生。
②Mod　女性、五歳、村の児童センターに通っている。

Krea世帯：六人の三世代家族であり、父・母・娘・夫・孫一人、曾孫一人。
　父：Krea　六八歳、家庭のリーダー。娘と娘の夫の田仕事を手伝う***。
　母：Srira　六八歳、家で機織。曾孫の世話、暇な時、森で採集***。
　娘：Wen　女性、四五歳、KreaとSriraの娘。家事・育児、夫と畑作***。
　夫：Som　男性、五二歳、農業（畑）と家畜***。
　孫：Pan　男性、WenさんとSomの最後の息子、村内の中学校に進学している。
　曾孫：Kaed　女性、四歳、Wenの娘の子供（孫）。彼女の母は、育児する時間がないため、Wenさんに預けられている。村の児童センターに通っている。
村長の世帯：三人の核家族、父・母・子供一人。
　父：村長、男性、四六歳、家庭のリーダー***。
　母：Sanong　四一歳、主婦***。
　子供：Pitak　男性、一六歳、村内の高校一年生。
＊注意：***は、直接インタビューに応じた調査対象者である。なお、ここで用いた名称は全てニックネームであり、タイでは本名よりもニックネームで呼び合うのが普通である。

三　プータイ族の村落構造

プータイ族の独自文化を活かした観光政策の背景

調査地コークコング村は、バンコクから六五〇キロの距離にあり、カーラシン県の県庁所在地から九〇キロ離れた場所に位置している。この村は、約一〇〇年前の入植によってできた村であるが、現在でも、住民は伝統的な農業を営んで生活している。外部社会がこの村に入ることは少ないために、この村はプータイ族独自の文化やアイデンティティを維持している。具体的には、プータイ族の伝統的な行事やプータイ語などが守られ、今もなお実践されている。

一九九八年、カーラシン県とタイ政府観光庁は、この村にプータイ文化を活かした観光政策の実施を策定した。事前に、県の観光開発委員会を設立して、コークコング村についての調査が行われた。調査の視点は、伝統的なプータイ文化を守っているか、また、適当な地形環境があるか、そして、地域の観光産業を発展させることができるかどうかという点に置かれた。調査の結果、この村が独自文化を活かした観光政策の実施に適した村であると判断され、計画が実施されることとなった。

また、独自文化を活かした観光の目的には、知識の交流がある。そのため、異文化の日常生活や文化、規則を伝え、観光客に異文化を理解してもらうことを目指したホームステイ型の観光形態を利用することが決定された。

コークコング村の歴史

プータイ族は、タイに住む少数民族の一つであり、中国から移動してきた民族である。彼らが最も多く居住してい

写真１　コークコング村の入り口

る場所は、ラオスのシップソン・ジュー・タイである。トンブリー時代に、ラオスはタイの植民国家になったため、シップソン・ジュー・タイはタイの領土となった。また、その土壌は豊かではなかったために、プータイ族はタイやラオスの南部へ移動していった。

ラーマ三世王の時代、タイとラオスとの間で戦争が行われた。その際、ラオスにいるプータイ族はタイの軍隊とともに、ナコンパノム県やサコーンナコーン県に移動した。なお、プータイ族が居住するタイの各県には、親戚関係にある者の居住が前もってなされていた。例えば、ムクダハーン県カムシー市カムソイ区に住んでいるプータイ族は、本研究の調査地コークコング村に住んでいるプータイ族と同じ親族だといわれる(Sunee et al. 2002)。

一八八九年、プータイ族は、カムヘイ村（現在は、ムクダハーン県カムチャイ市ノングソング区ノンナムクラム村）から、別の村に移動した。移動した人数は一九人であった。移動当時のリーダーは、ウプラチャイ氏であった。移住先の場所は、カムヘイ村の東にある「テュンバクタウ村」であったという。その二年後、約一〇人のクラ族がこの村に移動してきて、住民の財産や動物の窃盗を行った。住民がこの事件を行政に訴えたところ、クラ族は他の場所へ逃げていった。その後、住民はカムヘイ村に戻ったが、テュンバクタウ村に住む人々はいなくなった。

一九〇六年、テュンバクタウ村に住んでいたことのある一人のカムヘイ村民が、一人一バーツの現金を集めて、新しい村をつくった。そして、この村には、「コークコング村」という新しい名前が付けられた。しかし、その二年後、村の住民が原因不明の病気で死亡したため、一九一五年に村の北部にある新しい場所に村を移動させた。その移動先は、現在のコークコング村のある場所である。

一九二四年、「コークコング村」「ヒョウデング村」「クムクイヤング村」の各村民が行政に掛け合ったことにより、これらの村は、ナコンパノム県ムクダハーン市（旧）を離れ、マハーサーラカーム県クシナライ市ジュジャン区（旧）に属することとなった。それは、村が、マハーサーラカーム県の方が、ナコンパノム県よりも距離的に近いためであった。さらに、コークコング村は、一九四九年に行政による措置で、マハーサーラカーム県からはずされ、カーラシン県に統合されることになった。

コークコング村のプータイ族の日常生活

コークコング村の村民は、自然に依存した農業生活を営んでおり、河川の周辺に住宅を建てて住んでいる。河川は、飲み水をはじめ、農業用水や生活用水、家畜の飼育のために幅広く利用されている。

村の特徴としては、生活を共に営む「グム」という組織が挙げられる。「グム」とは、プータイ族の家族のグループを指し、これに属するメンバーは互いの近隣に住宅を構える慣習がある。そのため、家族グループの関係性は親密で、互いに支援しあい、情報の交換や連絡、様々な活動において協働している。なお、グループに分かれることは、仏教の活動の際に大きな役割を果たす。例えば、村の各グループは、あらかじめ決められた予定表に沿い、持ち回りで寺院に食事を喜捨することになっている。

一方、住宅は自分たちの畑に近い場所に立地している。これは、交通が不便なために、畑が住宅に近い方が便利だからである。村の交通手段は、徒歩、水牛車、動物（馬、水牛、牛など）を利用している。しかし、現在は交通が便利になり、インフラも整備されてきたため、村民の生活はしだいに、便利で豊かなものになってきた。

なお、コークコング村の土地は、総面積一四六七ライであり、土地の大半は田畑や砂地である。村民は全員自作農であり、小作農はいない。

かつて、村民は、近くの山で自由に畑を作ることができたが、現在、その山は国立公園に指定されている。そのため、村民には、すでに開墾された土地だけを農業に利用している。村には、小川があるため、農業や日常生活に十分必要な水が確保できる。飲用水も、溜めた雨水でまかなわれている。

表 6–1　土地の所有規模と所有世帯数

土地	所有する世帯数
5 ライ以下	0
6 – 10 ライ	32
11 – 20 ライ	65
21 – 50 ライ	21
50 ライ以上	0

村の三方は、山に囲まれている。村には自然の竹林があるため、森林保護がなされている。また、パードーンタープー（Pa don Ta pu）という森には、豊かな自然が豊富にあり、村民はそこに入って生活に必要な物資や食べ物を探すことができる。例えば、竹、貝や蟹などの食材である。村民と森林との関係は、依然として強い状態にある。現在、山や森林から得られる産物は以前に比べて減少してきたが、村民が家庭内で摂取するには十分であるし、小グループの観光客に提供する食材をまかなうことも可能である。しかし、団体の観光客が来る場合は自然から採れる食材だけでは不十分なので、市場で食材を購入して料理を作っている。

村民のデータ

全ての世帯は一一八世帯で、四七三人、男性二四二人、女性二三一人である。

表6-3　学歴別・人数

状態	学歴水準	人数
在学中	基礎教育(9年間)	74
	高校	18
	短期大学	3
既卒業	小学校～中学校	366
	高校	25
	短期大学	10
	大学	2

表6-2　村民の年齢別・性別・人数

年齢別	男性	女性	計
1～3歳未満	2	6	8
3～6歳未満	3	2	5
6～12歳未満	20	21	41
12～15歳未満	17	9	26
15～18歳未満	15	12	27
18～50歳未満	128	125	253
50～60歳未満	21	21	42
60歳以上	36	35	71
計	242	231	473

教育・宗教

村内には、小学校が一ヶ所だけあり、教員五人と用務員一人が勤務し、生徒五〇人が学んでいる。中学校や高校への進学を希望する裕福な家庭の子供は、市や県にある町の学校に進学する。貧しい家庭の子供は、コークコング村から三キロ離れた隣村のバーン・ナー・クライ・プラチャー・ソンクロー（Baan Na Krai Pracha Songkroh）学校に進学する。

村民は全員仏教を信仰している。村内にある寺院は、バーン・コーク・コーン（Baan Kok Korn）寺一ヶ所であり、僧侶が一人住んでいる。寺院の役割は、宗教的活動だけに限らず、その他の行事や観光客の歓迎会など催す会場としても利用されている。

村の経済

村民の職業は農業が最も多い。主に村民自身が家庭内で主食として食べる糯米を生産しており、余った糯米は販売されている。農業は同世帯のメンバーによって行われているが、各世帯の土地は大きくはない。村の米の生産量は、一ライ（一・六アール）当たり約四〇〇―五〇〇キロである（二〇〇五年）。また、各世帯では、家畜の飼育も行っており、牛と水牛は肉の販売用、鶏と鴨は自家

表6-4　収入を得る方法

収入を得る方法	世帯数	収入／年（バーツ）
農業	118	15,000
牛肉の飼育・販売	25	20,000
水牛の飼育・販売	16	10,000
豚の飼育・販売	3	8,500
機織・刺繍	90	4,000

消費用である。中には、溜め池を掘って養魚を行っている世帯もある。さらに、補足的な家計収入のために女性は休憩時間に機織や刺繍をする。それらの品は綿製で、民族的な衣類である。

他の職業は、学生、会社員、企業従業員、日雇い、公務員、商人、主婦などである。村民の平均年収は、約七万一七九七バーツ。バンコクで働く出稼ぎ労働者は、村の実家に毎月送金している。彼らからの仕送りが収入の中でも最も高額であり、村民の生活を豊かで便利なものにしている。現在、すべての世帯がテレビ、冷蔵庫、ラジオ、洗濯機、バイクを所有しており、子供たちに中学校以上の教育を受けさせることができている。

村民は、農閑期には、日給一〇〇―一八〇バーツの日雇い労働を行う。

県外で働いている人の年齢は一五―二五歳の間で、最も多い出稼ぎ先はバンコクである。職種は、工場従業員、運転手などである。彼らは、農繁期にも帰省することはないが、恒常的に実家へ送金を行っている。出稼ぎ者のいる世帯は、約二〇世帯である（村長のインタビューから）。

村内の政治構造

村内には、以下九つのグムがある。①ナロムグム、②シリチャイグム、③ポティサイグム、④ラードバムルンググム、⑤スリプカングム、⑥セングサワンググム、⑦プラサンミットグム、⑧ソックサングム、⑨バンダングム。それぞれのグムにはグム長がいる。グム長は村の委員会と共に働く義務を負っている。村内で喧嘩や問題が発生した時に、そのグム長は問題の当事者双方と話しをして、問題を解決する。

プータイ族の文化とアイデンティティ

プータイ語は、ラオス語やタイ語と異なり、言語を文字で表すことはできない。しかし、村民は、現在においても、日常的な会話の際にプータイ語を話している。

衣服については、男性、女性ともに綿製の手作りのものを身につけているが、日常生活に適当するために、服の形

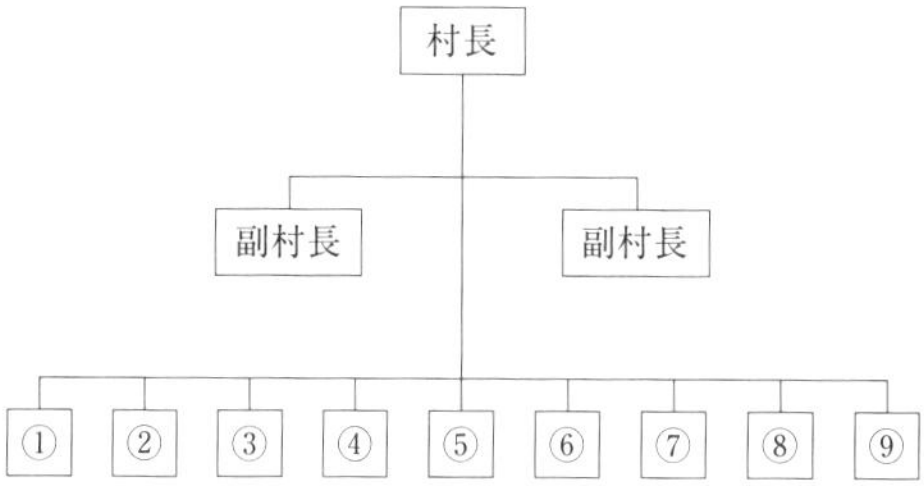

図 6-1　村の政治構造

を変化させる場合もある。女性は、黒い綿製のサローン（Sarong）、銀製の装身具を身につけている。男性は、半ズボンやサローンなどを身につけている。

しかし、現在プータイ族の生活は現代的なものになってきた。そのため、特に若者がプータイ族の伝統的な衣装を着ることは少なくなり、観光客の歓迎時や金曜日だけに限られている。それ以外の日は、多くの村民は一般的な洋服を着ている。これに対して村の高齢者は、日常的にプータイ族の伝統服を着ている。

プータイ族の音楽や娯楽は、タイ東北地方のものと同じである。また、プータイ語の詩を話しながら、音楽を奏でる娯楽が独自にあり、これはパヤ（Paya）と呼ばれている。

プータイ族の伝統行事としては、東北タイの伝統的な一二ヶ月の行事、つまりヒートシップソーンと呼ばれる積徳行（タンブン）の行事が毎月行われる。

四　プータイ族における家族構造・親族システム

家族の関係性と家相続

コークコング村のプータイ族における家族関係は、タイ東北部の家族関係と同じである。つまり、「父」は家庭のリーダーで、家庭内で最も偉い立場にある。次に母、長男・長女と続き、その後は誕生の早い順に地位的レベルが付けられていく。

家の相続に際しては、プータイ族の場合、男性中心であり、財産は男性側が相続する。一方、女性は、結婚後に夫側の財産を夫婦で受け取り、夫と財産を共有する。(1)

プータイ族の家族構造は、一般的に拡大家族である。娘と娘の夫は、結婚後に娘の家族を離れて、核家族になる。約四〇年前には、産児制限や家庭計画がなかったために、一〇～一二人の子供を産んだ家族もいた。彼らの価値観では、子供が多ければ多いほど良いとされる。というのも、「子供」は家族を支える働き手となるし、両親が老人になると世話をしてくれる存在となるからである。

ところで、結婚に際しては、その直後に一定期間、妻方居住をする制度があった。つまり、結婚後、新しい夫婦は妻の家族と共に暮らすのである。その六年後、夫婦は妻の家族を離れて、核家族を形成する。しかし、現在、結婚後に妻の家族と同居する期間は、短期化の傾向にある。

プータイ族の社会では、男性が家長となり、尊敬されている。そのため、精霊信仰に関しても、男性側の精霊が信仰されるのであり、女性は結婚後に夫側の精霊を信仰するようにかわらなければならない。

さらに、プータイ族は、結婚したことによって一つの親戚関係が生まれる。これを「ポーラム(Pho Ram)」というが、その年長の男性は最も尊敬される親戚であり、新婚夫婦の義父のような役割を担う。新婚夫婦は、ポーラムに対して、両親にするのと同じように尊敬し、礼儀を尽くさなければならないとされる(2)。

プータイ族では、男性の地位が高く、夫にひれふす習慣がある。毎仏教祭日に、妻は夫にひれふす。しかし、最近はこの習慣が少なくなってきた。

昔、プータイは夫にひれふす習慣について厳しかった。女性は、夫と父を尊敬しなければならない。私が新婚の時には、毎仏教祭日に花一〇本を持って、夫にひれふすことを習慣にしていた。しかし、段々忙しくなって、夫が田畑で寝て家に帰ってこない日もあって、ひれふすことをしなくなった(スリラ、六八歳・女性)。

妻が夫にひれふす習慣は、妻の出産後にも行われる。これは夫が、妻の出産の間に、妻の代わりに仕事や家事を担うため、妻から夫への感謝の気持ちを示すために行われる。

食事については、夫婦一緒に食べる習慣があるが、夫の方から食べ始める。しかし、現在は、一緒に食べる時間や仕事などがあるために、この習慣は少なくなった。

子供の頃、ご飯を食べるときは、田畑から父が帰ってくるのを待たなければならなかった。父が帰宅して、水を浴びた後に、みんなで一緒にご飯を食べた。しかし現在は、みんな忙しいから待たずに食べてしまう。夫は早く田畑に行ってしまうので、先に夫が食べてしまい、私は寺院から帰宅してから食べる。夜も、夫の帰りは遅いので、私たちはお腹が空いているし、先に食べてしまう。夫の分は分けて置く（ウェン、四五歳・女性）。

以上のように、社会の変化の中によって、男女の平等化が進んだ。家庭内の夫・妻の役割が動揺する一方、夫婦共に働かなければならない状況がある。しかし現在でも、妻が夫を尊敬し礼儀を尽くすという価値観は残っているが、厳格な行動や習慣の規範は少なくなってきた。

家庭内における男女の役割と義務

農村生活を営むプータイ族の社会では、男女の役割分担がなされており、男女それぞれの特性に合った仕事が分担されている。男性は、夫や家長の役割を担い、畑仕事などの力を必要とする仕事を行う。そして、十分な家計を支え、妻や子供に安心を与え、扶養する義務を負う。一方、女性は妻として家事を行い、家族員の世話をする責任がある。例えば、料理や子育て、機織や刺繍などである。さらに妻は夫の手伝い、例えば、田植えや作物の収穫なども行わなければならず、夫の両親の世話をする役割も担っている。

以上のように、プータイ族の男女の役割と義務は、一般的なタイ東北部の習慣や生活様式と同じであり、男女はお互いに協力し合って家庭生活を支えている。

五　村の委員会と観光グループ

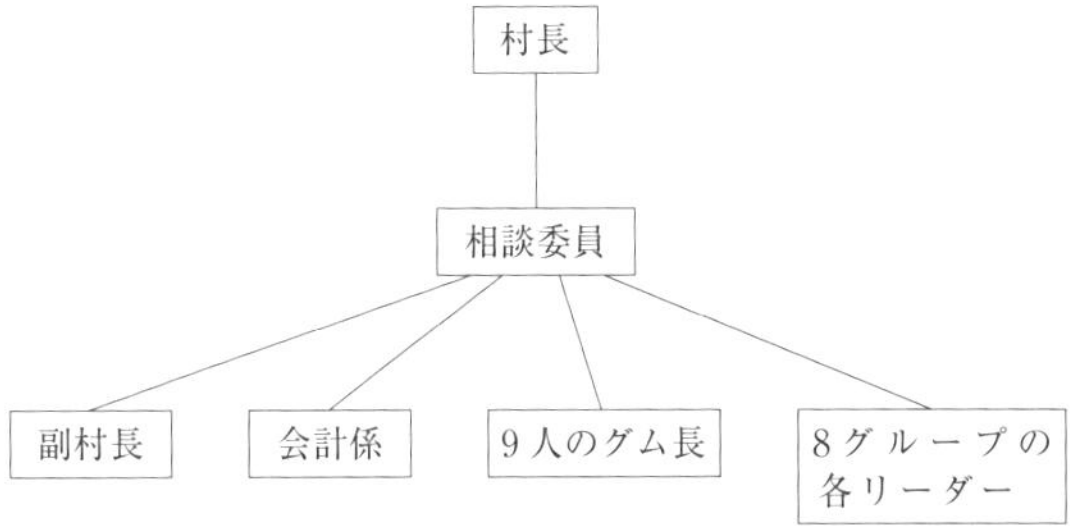

図6-2　観光委員会の構造

コークコング村の観光委員会の組織構造

観光委員会は、次の三グループによって構成されている。①相談委員、②村委員（村長・副村長・会計係、九グム長）、③観光に関する村委員（八グループ：伝統音楽グループ、舞踏グループ、ボクシンググループ、調理グループ、会場設営グループ、機織と刺繍グループ、土産販売グループ、伝統医療グループなど）である。

村にある全世帯一一八世帯のうち、二六世帯がホームステイ・プログラムに参加している。これらの世帯では、観光客を自宅に宿泊させるサービスを提供している。なお、ホームステイ・プログラムでは、一泊当たり最高で一二六人の観光客を受け入れることができる。

観光から得られる地域の利益

村民の収入が増加した。これは、土産販売、料理や宿泊場所の提供、村内観光などによって、新たに収入が得られるようになったためである。

以前は、農繁期が終ると村民は何もすることがなく収入が得られなかった。しかし、グループツアーが村に入るようになってからは、観光客一人を一泊受け入れて、一世帯当たり一〇〇バーツの収入を得ることができるようになった。七月から九月までの観光の盛んな時期には、村民は一月当たり約一〇〇〇バーツの収入を得ている。村の子供たちも、プータイ族の伝統衣装を着て観光客に挨拶することによって、一人当たり一〇バーツのお金を得ている（村長、四六歳・男性）。

村民が一緒に働くことによって、村内に思いやりや団結が見られるようになったという。村長は、観光活動のため、村民全員を約束の時間にスリプカン寺に集める。そこで、プータイ族の衣装を着た村民全員が、一緒になって観光客に挨拶をする。

プータイ族の文化を広く知らせるために、様々な文化について教えている。観光客もまた、プータイ族の文化に強い関心を持っているからこそ、この村を訪れるのである。

私たちの文化に興味を持った観光客が村に来ることは、嬉しいこと。観光客が村に来る度に、私は彼らに挨拶をしている。プータイ族の文化を知りたい人なら誰でも、私はすべて教えてあげる。特に、私の家に観光客が泊

表 6-5　観光によって得られる利益の配分

宿泊費用	40%
食事費用	30%
ショー費用	15%
村の基金	5%
村内の全世帯への分配	10%

表 6-6　観光プログラムのパッケージツアーの日程（一泊二日）

（一日目）	
15：30	コークコング村のスリプカン寺に到着。
16：30	自己紹介と説明会の後、グループ分けをして宿泊世帯の決定。
18：30	ホームステイする家の主人と共に宿泊先の家へ向かう。 スリプカン寺で村の歓迎会。
22：00	夕飯、ショー。 就寝。
（二日目）	
06：00	起床し、村民と共に僧侶への喜捨を行う。
07：00	朝食。
08：00	タドスング滝、村内の国立公園、広場などで遊ぶ。
12：00	昼食。
13：00	プータイ族的な日常生活や仕事に参加する。
16：00	スリプカン寺に集合。
17：00	送別会にて土産品を受け取り、ツアー終了。

＊このプログラムは、適宜変更可能である

まったときには、ついつい長い時間、話をしてしまう（クレア、六八歳・女性）。

次世代への地域文化の継承ができる。村での観光活動が、プータイ族の文化を保護するのに役立っている。もし、村にツアーがなく観光客が来なければ、私の娘はプータイ族の踊りを勉強することもなく、踊れるようにはならなかった。なぜなら、私自身もプータイ族の踊りができないからだ。今では、娘はうまく踊れる（ポーン、四一歳・女性）。

地域の青少年をはじめ村民が、プータイ族の芸術や観光の必要性に関心を寄せるようになった。例えば、ジョム（一六歳・女性）は踊りに関心があり、観光客の歓迎会で踊る役割を担っている。彼女によれば、「学校が終ると、私は友達と一緒に、私の家か友達の家で踊りの練習をする。時々、村の子供たちも、私たちが練習している間に関心を持ってやって来るので、その子達に踊りを教えることもある」という。

六　観光客の歓迎会における役割

男性の役割

観光客の歓迎、ショー会場の準備。歓迎グループは、季節の花や花輪を準備して、歓迎会のスピーチを行い、村の歴史などについて話す。歓迎に際して、村民はプータイ族の衣装を着て並ぶ。この場の責任者は、村長、副村長二人、小学校の校長である。

伝統的な楽器を用いた音楽の演奏。このグループには、約三〇人が属している。

バイシー（送別の時に木綿糸を腕に巻きつけクワン＝生霊を強化する）の儀式[3]。これは約三〇人の老人グループによって執行される。

女性の役割

食事の準備。料理の献立を考え、材料を準備する。観光客が料理メニューについて特に何も注文を付けない場合は、プータイ族の伝統的な料理を準備する。このグループは約三〇人が属しており、能力や各人の意思によって作業配分が行われる。

グループツアーがある時は、私は昼ぐらいに寺から戻ってきて、作業ごとにグループ分けをする。買い物に行くグループ、皿を洗うグループ、糯米を蒸かすグループなどである。買い物の後、私たちは一緒に料理を作る。その料理内容は、私たちが毎日食べる料理と同じだから簡単。例えば、ソムタム、ラーブプラー、キノコや筍のカレー、ナムプリックなどである。特に、辛い料理を食べられない人のために、玉子焼（カイ・チアオ）きは必ず用意するようにしている（ウェン、四五歳・女性）。

飲み物の準備。このグループには、約一〇人が属している。Porn によれば、このグループは、「水を沸かしておき、観光客が来た時に水を出す。客が飲んだ後には器を洗う。また、食事の時にも、水が足りるかどうかを見ていて、水が少なくなればすぐに水を足しに行く」という。

伝統舞踊のショー。この活動は子供から大人までの参加がある。このグループには、約五〇人が属している。

プータイ族の日常生活・生活習慣のショー。このグループには中年女性が多く、約一〇人が属している。

観光客の宿泊場所の準備。この仕事は、各世帯の妻をはじめ、女性の役割である。

観光活動の役割配分に対するプータイ族の男性と女性の意見

本調査の結果、コークコング村のプータイ族においては、女性の方が男性よりも深く観光活動に関与しているということが明らかになった。男性は、観光客の迎え入れと歓迎会場の準備だけに活動の範囲が限られている。

　男性は女性よりも、歓迎会の時に観光客と話をするのに適している。なぜなら、男性は女性よりも物事をよく知っているし、人と話をする機会が多いからだ。一方、女性は家の中にいることが多く、人と話をする機会が少ないので観光客に会っても恥ずかしがってしまう。女性は、食事の準備をする方が適していると思う（村長、四六歳・男性）。

村長はさらに、村の観光活動について、次のように付け足した。

　忙しくない時期には、村の全世帯の人が歓迎会に参加する。もし、夫が来られない場合には、妻が代表として来る。また、家の者が一人も来ない家は参加している他の村民がすぐわかってしまうので、欠席することは恥ずかしいことだ。だから、どんなに忙しくても、必ず参加しなければならない（村長）。

男性が観光活動に頻繁に参加することができない理由は、男性には他の仕事をする役割があるからである。例えば、田畑作り、水牛や牛の飼育などの仕事である。中には、夜まで働く人も多い。そういう場合は、妻と子供が夫の代わりに歓迎会に参加する。

私は家族の中で唯一の男手なので、私がしないと農業をする人がいない。私には時間がなく、妻は孫娘を育てているだけなので暇がある。孫は、話がわかる程度に大きいから、寺にいる他の子供たちと遊ばせ、妻も働くことができる。妻は料理作りグループに入っていて、調理の仕事をしている。私は重要なこと以外は全て妻に任せていて、村の委員会の会議など、どうしても必要な時だけ、私が参加する（ソム、五二歳・男性）。

一方、村の女性は、観光活動の仕事は簡単であり、男性の方が辛い畑の仕事をして大変だ、と考えている。

観光の仕事は私たちの毎日の仕事と同じだ。食事の準備も簡単。家庭料理と同じでお客さんが一〇〇人来ても大変ではない。私たちは皆一緒に働いていて、協力しあうからすぐに終えることができる。それに比べて、畑の仕事は一人でしなければならないし、日焼けもするし大変だ（サノーン、四一歳・女性）。

さらに、サービス的な仕事や家事的な仕事は、女性がすべき仕事であるとも考えられている。なぜなら、男性は清潔への配慮や細かい気配りがなく、サービス的な仕事には適していないからと考えられている。

調理、皿洗い、掃除は、きれいに細かくしなければならない仕事だ。男性は、家事をする時も、早く終りたい気持ちばかりで、そういうことを気にしない。男性は、力を使う仕事に向いている。例えば、テーブルや椅子、楽器などを運ぶ仕事が合っている。女性は、そういう力仕事をしたくないし、男性に任せるべきだ（スリ、四五歳・女性）。

女性は、観光客の世話だけでなく、従来どおり自分の家庭の家事もこなさなければならないため、全体として女性の役割が増加したことになる。しかし、女性にとって家事は簡単な仕事であるし、習慣でもある。

家事は女性の仕事だ。家事は、いつも女がやっていることで、男はやったことがない。それに難しくない。男性の仕事と比べてみると私たちの仕事の方が楽だ。時々、男の方に休憩時間が多くあるけれども、彼らの仕事は私たちのする仕事よりも力が必要だし、疲れる。男性の仕事と女性の仕事は、別々のものだ。男は力があるから、力を利用する仕事をするし、女は力が少ないので、軽い仕事をする（ウェン、四五歳・女性）。

村民の相互補助的な活動のあり方は、観光活動を順調なものにしている。村民は、会議を行って、村民の代表や委員を選出する。また、観光活動の目的や、人材や物資の適当な管理などについて決定する会議も行う。多くの村民の利益のために、委員会は協働して活動の目的を設定しなければならない。「私は観光グループのリーダーと参加者に、お金の分配について相談する。さらに、子供たちにも小遣いを与える」（村長、四六歳・男性）。適した人材と資源を確保する。「老人の場合は伝統的な歓迎方法（バイシー・スー・クワン）の実施を、主婦は食事や飲み物の準備をするように、仕事を配分する。私たち男性は、踊りの舞台の準備をする」（村長、四六歳・男性）。全メンバーは同じ目的を持ち、理解し合う。「ツアーがある時は、ホームステイの順番に従ってお客さんを宿泊させる。特に、グループのリーダーは直接メンバーと話をして、その日、誰の家にお客さんを泊まらせるかを決定する」（ウェン、四五歳・女性）。

メンバーは会議に参加することができる。観光の目的や計画などを、村民と村長とが共に決定する。「グループツアーがある時は、事前に私に連絡が来る。私は村民を集めて、情報を伝える。その後、それぞれのグループが自分の仕事に取り掛かる」（村長、四六歳・男性）。

観光活動への村民参加や協働による効果は、多様である。効果は、村民の収入が増加したことだけではない。コミュニティ内の村民組織が整理され、コミュニティ内のルールが強化されたことなどによって、村が清潔で美しく住みやすい場所になった。さらに、地域の利益を管理するため、村民は基金を設立した。また、観光活動をする中で、次世代にプータイ族の文化を伝承できるという効果も確認される。

七　コミュニティの外部、観光客、行政と企業の担当者の間の相互補助的な活動

女性も、コミュニティの活動に参加することがあり、また、コミュニティ外の人々と協働することもある。市の経済社会開発のスタッフ（公務員）は、女性の能力を向上させるために、職業訓練をさせたり、観光活動のやり方を教

えたりする。女性も、そうした訓練活動に対して関心が高い。ウェン（四五歳・女性）によれば、「コーンケーン大学の薬学の先生は、伝統的な料理を作る時に、安心な食材や無農薬野菜などを利用することを教えてくれた。他に、他の場所への見学旅行の機会もある」という。

さらに、最も印象的なことは、機織と刺繍の主婦グループが、グループ内に利益を分配することである。このグループは、文部省の国家文化委員会組織、社会福祉局、総務省の地域開発局から予算・知識を支援してもらっており、さらに、クシナライ市の農業組合銀行から七五万バーツの支援を受けて、建物と必要な用具の提供を受けている。なお、この事業の目的は、観光を通じて、村民の収入を増加させることである。

また、このグループは、職業訓練や、見学旅行も行っている。

私とウェンは、一緒に機織と刺繍のグループに入っている。ウェンは服を作った後、グループに二五〇バーツで売る。その後、グループはお客さんに三〇〇バーツで売る。全ての売り上げを集めて、一年に一回、利益を分配する（スリラ、六八歳・女性）。

最初の頃は、私と元のグループリーダーが訓練をしたり、グループの会計の勉強をしたりした。時々、行政が交通費を負担してくれて、村の模様を展示販売しに行き、何万バーツもの利益を得た。その時は、何日間かかけて品物を売った。さらに帰りの交通費も、行政が提供してくれた（スリ、四五歳・女性）。

この点について社会開発スタッフにインタビューを行うと、以下のような答えが得られた。

コミュニティの女性は非常に熱心だ。スタッフによる訓練の時、彼女たちは一所懸命に勉強した。しかし、彼女たちは、外部へ出て行って知識を得る機会が少ない。当初、彼女たちは、訓練によって身につけた能力を活動のために発展させることができなかった。それで、結局は予算の無駄使いになってしまった。そのため、行政はこのグループの指導者となり、会計や売上金の分配方法、品質の向上などについて指導した。また、グループの発展のために、村以外の場所へ出て行き、知識や技術を身につける機会を与えた。スタッフは様々な指導を行い、予算面でも多様に支援している（社会開発スタッフ）。

八　エンパワーメントとプータイ族の女性

男女関係の変化は、各世帯の水準によって異なる。例えば、家族の人数、収入、教育機会、性別平等の価値観などは、男女関係の変化に関係する要因である。

コークコング村の独自文化を活かした観光産業には、女性の方が頻繁に参加している。女性が村の観光活動で働くことによって、世帯収入が増えた一方、女性は従来の家事に加えて観光サービスへの従事が求められるようになった。だが一方で、職業訓練や見学旅行については、男性の方が女性よりも多く機会を与えられている。村長によれば、「村の外で見学や訓練活動については、多くの参加者は男性だ。なぜなら、女性は子供や孫の育児のために家を出られないからだ（村長）」という。

さらに、性別平等の価値観についても、依然として男性の地位の方が女性よりも高いという価値観がある。これは、経済的な価値は男性の方が女性よりも未だ高い状況にあるからだと見受けられる。

訓練がある時は夫の方が行くけど、これは良いこと。私が行っても、その知識を活かすことはできないから。私はずっと家にいるから、家事の知識だけで十分。それに、夫は村長だから知識がなければ村民や他の人に話ができず、恥ずかしいから（サノーン、四一歳・女性）。

家族は、家庭内の労働力として必要であり、性別によって役割が区別される。つまり、家族の人数が違う場合は、観光活動に参加する女性の数も違ってくる。家族の数の少ない女性は、多い女性よりも、より頻繁に観光に参加することができる。なぜなら、家族の数が多ければ、女性は自分の家族を世話する仕事や役割を多く担わなければならないからである。

私は夫と二人だけで住んでいる。子供は大きくなって、バンコクに移り住んでいる。家には世話を必要とする人がいなくて暇だから、いつもお寺での観光活動に参加することができる（スリ、四五歳・女性）。

私の夫は健康が悪く、足も痛いので、私が世話をしなければならない。孫もまだ小さいし、時々、孫の両親が日雇いで働くため、代わりに私が孫の世話をしている。観光活動に参加できるのは、孫の母親が暇な時だけ（カム、五五歳・女性）。

現在、プータイ族は、サービス産業システムを取り入れ、独自文化を活かした観光活動を運営している。その結果、女性は産業活動に参加する機会が多くなり、男性と同等の機会がある。また、女性は世帯収入を増加させたため、女性の役割は財産の管理や獲得にまで拡大している。例えば、職業訓練に参加したスリさんの場合、常にスタッフと活動を共にしたことによって、知識を身につけ経験を重ねて、自ら判断する自信がついた。

私は、カオ・ウォーン村から仕入れた織物を家に置いていて、観光客が私の家に宿泊した時に売っている。村のグループで作った織物や刺繍が足りない場合もあって、その時には、用意しておいたそれらの品物を売る。また、お金が得られない時期のために、宿泊の利益や織物販売の利益を集めてとっておくようにしている（スリ、四五歳・女性）。

以上のように、女性は判断の機会を得て、家庭やコミュニティの資源を利用する機会も多くなった。女性は、教育を受け、知識を得る機会を得たために、資源を利用する自信や資源利用の決定に影響力を持つようになったのである。性別平等の価値観についても変化が見られた。女性に、男性と同等の産業活動への参加の機会が与えられ、自ら判断する機会が増したことによって、女性と男性は同等の重要性を持った働き手となっているように見受けられる。

九　おわりに

コークコング村のプータイ族の観光運営においては、性別役割の状態は依然として変わらない状態である。なぜなら、女性は従来どおり家庭の責任を負っているからである。しかし、変化したことは、女性が家族への世話だけではなく、観光客へのサービスも担うようになったことである。その結果、以前と比較して、女性の社会的な役割は増加した。伝統的な文化では、女性の担当する仕事は家族内の私的な範囲に限られ、世帯の生産力の増加とは関係がなく、収入にならなかった。一方、観光産業の開始によって、女性の担当する仕事は、村という公的な範囲に活動場所を拡大させた。それと同時に、女性の観光活動への参加によって世帯収入も増加したのである。

資本主義的な開発計画が入って来たことにより、村は観光のための村に変化し、プータイ族の文化的なアイデンティティは、経済的な利益を得るために表現されるようになった。また、家族や村における女性の経済的な役割も拡大した。さらに、村の観光産業を、人材開発計画として利用することも可能である。特に、女性のエンパワーメントにおける可能性が期待される。観光活動は女性に新しいことを学ぶ機会を与えた。観光客や外部の人々、行政や企業の担当者と知識を交流することによって、女性に対する社会の見方が拡大してきたのである。それと同時に、女性が自らに自信を持って自己の役割について判断し、自立することができるようになることも期待される。

註

(1) プータイ族と異なり、東北タイの多数民であるラーオ系の人々は、成長順に男子は家を離れ、女子は実家の周辺に所帯を持ち、末娘が同居して老いた両親の面倒を見るのが一般的である。姓は男系であるが、居住形態が妻方であり、資産の配分は均等を原則として両親の面倒を見るものに多くというのが一般的な相続慣行である（櫻井　註）。

(2) カトリックでは代父（名付け親）の慣行がイタリア、或いは日本の五島列島のキリシタン村落にも見られ、地域の有力者、村の長老格のものに庇護を求めることができた。資源に乏しく、生業に恵まれない地域において相互扶助のシステムを擬制的な親子関係に仕立てたものである。東北タイにおいて代父の慣行は珍しい（櫻井　註）。

（3）　バイシー・スー・クワン。バナナの葉でメルー山（須弥山）を模ったお飾りをお盆の上にのせ、それを前に、プーク・クワンの儀礼を行うこと。クワンとは人間の生霊のようなもので、それが抜けると病気になったり生命力が弱まったりすると考えられている。そのクワンを木綿糸で腕に巻き付けることで、クワンを結び留めておく。これは送別の儀式や、年長者や僧侶が若者や一般人の魂を強化する際にも行われる。東北タイの慣行である（櫻井　註）。

第Ⅳ部　ＮＧＯ地域行政による包摂

ここでは、ストリート・チルドレンとゴミ収集人というタイではスティグマを与えられた人達をどのように地域社会に包摂していくのか、その施策を支援するNGOや地域行政・タイの社会福祉政策を考察する。タイでは児童労働も児童虐待も法律で禁止されているが、家族や福祉行政により保護されていない子供達が観光地や都市部でグループをなして生活している。彼等は学校に行く代わりに生活の糧を稼ぐために、物乞い、物売り、売春、麻薬密売、マフィア組織の使い走りを行う。コミュニティは厄介な子供・若者連中と認識している。ゴミ収集人は自ら集めた資源回収品をリサイクル業者に売って生活費を稼ぐ人達であるが、彼等がスラムに居住し、不衛生・危険な作業をすることから、都市住民に見下されている。ストリート・チルドレンは児童福祉上保護され、社会復帰の訓練がなされるべきであり、ゴミ収集人の仕事は都市の環境保全に必要な職種であるから、都市衛生やリサイクル事業に適切に位置づけられ安全と相応の報酬が保障されるべきである。

第七章「ストリート・チルドレン——行政・NGOのサポート」では、タイのストリート・チルドレンの実態と地域行政・NGOによる社会復帰支援プログラムについて、タイの地方中核都市であるチェンマイ市（北タイ）、コーンケーン市（東北タイ）、プーケット市（南タイ）の事例を比較検討する。第八章「ゴミ収集人——包括的ごみ管理体制の構築」では、東北タイにあるコーンケーン市とナコーンラーチャシーマー（コーラート）市におけるゴミ収集人達の生業と都市行政、リサイクル業者との関係を比較検討する。

NGO、地域行政による包摂には限界があることを認めた上で、タイ社会が現状で投入できる人的資源や社会福祉資源、自治体や民間業者の力をどのように活用していけば、少しでもストリート・チルドレンとゴミ収集人の状況改善につながるのかを、タイの二人の研究者達が現場から提言する。

第七章　ストリート・チルドレン
——行政・NGOのサポート

ジュタティップ・スチャリクル

一　はじめに

近年、タイの社会状況は刻々と変化している。人口も急速に増加し、タイの工業国化にしたがい経済水準が向上した。その結果、市民生活も大きく変化し、様々な社会問題が発生してきた。貧困問題、不平等な所得分配、文化や伝統、慣習の変容や衰退が見られるようになった。便利な製品や金銭に興味を持つ人が増え、家族関係も変化し、社会的緊張が増大した。特に子供は社会的な立場が弱いため、変化の波を直接受けることとなり、その影響は特に深刻である。

本研究では、タイにおけるストリート・チルドレンの事例を中心に取り上げながら、タイの子供たちが直面する問題の一端を明らかにしたい。タイのストリート・チルドレンの数は約二万人に上り、行政・NGOがこの問題を課題に取り上げ、解決を模索している。タイでは、児童問題を解決したり支援したりするために、行政や市民によって、児童福祉に関する活動が行われている。また、ストリート・チルドレンを援助する制度や、彼らへの生活保障をするセーフティーネットが徐々に構築されてきている。

筆者は、問題を抱える子供のための児童福祉対策や児童福祉施設が拡充されるべきと考えている。児童福祉とは、生存し、発達し、自立しようとする子供の環境を整え、人間における尊厳性の原則、平等の原則、自己実現の原則を理念として、子供が幸福になるように国、地方公共団体、法人、私人等が協力する実践および法制度であると考えられる。

既に述べたように、経済の急速な変化が、社会や地域、家族の安全を不安定にし、それらの影響を受けたタイの子供たちは、各自の年齢において当然与えられるべき成長の機会を失うという状況にさらされている。タイ社会では、子供ですら麻薬や売春に関わるというストリート・チルドレンの問題がある。これらの問題を未解決のままにしたタイ社会の発展を考えることはできない。こうした児童問題を解決するために行政やＮＧＯは支援活動を開始したが、抱える問題は多い。

本研究では、ストリート・チルドレン問題に対する行政とＮＧＯの支援活動を比較しながら、それらの施策がストリート・チルドレンの状況改善にどれほどの効果があったのか、何が未解決の問題として残されているのかを明らかにしたい。

二　ストリート・チルドレンの定義

ストリート・チルドレンはマイノリティである。二〇〇三年の児童保護法において、(1)「ストリート・チルドレンの定義は一八歳未満で、まだ結婚していない子供であり、両親・保護者がいない者である。遺棄され、保護されない状況があるために、子供は様々な所やストリートを移動して生活する。その結果、子供の成長に悪い影響がある」とされている。(2)

彼らには特徴的なアイデンティティがある。彼らのグループ内での学習・文化の役割、実際の活動を明らかにすることで、なぜストリート・チルドレンがストリートに出て行くのかが理解される。なぜ子供たちはグループに属するか、グループの役割に何があるか。またグループはメンバーにどのような利益を与えるのか。

ストリート・チルドレンは、社会の本流から離れ、自分たちの生活様式や価値という下位文化を作り出している。彼らの社会はギャング、警察、人身売買業者といった人間や、売春、麻薬、犯罪といった環境に囲まれており、一般の子供にとって決していいものではない。

また、ストリート・チルドレンはどのような場所でも生活することができる。例えば、観光客が集まる地域、宗教施設の近く、NGOの施設、警察がいない場所などが知られている。しかし、彼らはまず、その場所や施設に入りやすいかどうかを考える。その結果、彼らは施設やセンターに入居することよりも、路上で生活することの方を選ぶのである。

社会福祉局がバンコクと大都市で調査した統計を見ると、一九九六年に児童施設に入居しているストリート・チルドレンの人数は一三一四人、一九九七年には一三七二人、一九九八年には一二五〇人がいた。しかし、このデータは、保護されている者の数であり、それ以外のストリート・チルドレンを含んではいない。一方、NGOと研究者によると、一九九六年におけるストリート・チルドレンの数は約一万四〇〇〇人から一万六〇〇〇人であった。(3)また、現在、ストリート・チルドレンを援助しているNGOの統計では、バンコクのみで四〇〇〇人、全国では約二万人がいるとされ、特に大都市と観光地に多い。二〇〇九年には、ストリート・チルドレンの数は約三万人に上ると推測される[4]。さらに、ストリート・チルドレンの全国的な統計はない（Tamarat Karnphisit 1997）。なぜなら、彼らを調査する制度や機関がなかったからである。またストリート・チルドレンは住む場所や仕事を頻繁に変える特徴があるため、彼らを見守り続けることは困難である。さらに、多くのストリート・チルドレンはいくつもの施設に名前を登録しているので、その正式な数を把握するための統計は採りにくい。

また、タイのストリート・チルドレンの定義には①家族と住んでいるストリート・チルドレン、②自立したストリート・チルドレンという二つの類型がある。

①　家族と住んでいるストリート・チルドレン。「一時的ストリート・チルドレン」と本稿では呼ぶことにする。マヒドン大学の調査報告によると、家族と住んでいるストリート・チルドレンはスラム街に住んでいる場合が多く、家族の職業は肉体労働者、不完全雇用、移動の必要のある仕事などが多い。また、八〇パーセントのストリート・チルドレンの家族は貧困層である。子供の昼の生活には二つの形態があり、一つには、労働者の職場に連れ添っていく子供、もう一つは連れ添って行かずに別の場所で家族の生活のために新聞や花などを売ったり、道や公園や観光地などで働いたりする子供である。特に、肉体労働者の子供は学校に入学せず、安定した住居もなく、子供とその家族に対する公的な支援がない。そのため、子供は家族の生活を助けるために自ら肉体労働者になる可能性が高い。

②　自立したストリート・チルドレン。本稿では「永続的ストリート・チルドレン」と呼ぶことにする。これに該当する子供は、家庭・家族において問題を抱えている。例えば、貧困、暴力、虐待などである。そのため家族か

ら離れて自立的な生活を選ぶ。

三　児童福祉に関するサービス――行政・NGOの役割

ジョセフ・H・リードは「児童福祉サービスは一つの社会制度であり、子供のケア、保護、扶養することを保証しなければならない。親が子供のニーズに応えられない場合、児童福祉サービスが採用されるべきである。」と述べている（Joseph H.Reid 1979: 15）。

また、児童福祉の権威とされるカデュシン（Kadusin, A 1974=2003: 23）は、「児童福祉サービスの範囲には三つのSがあるという。

① 支援（supportive）。子供の発達上の障害や問題の軽減・除去のための養育を支援すること。例えば、子供相談所における相談等。

② 補完（supplementary）。発達上の障害や問題のある子供の生活や養育を補完すること。例えば、保育所におけるケア等。

③ 代替（substitutive）。子供に対して非常に要保護性の高い事例は、入所施設におけるケア等である。特に子供の一時保護など生命・生活を守る福祉活動は公的責任がもっとも重く、障害や問題を抱える子供を家庭に代わって養育する」としている。

以上のように、行政やNGOなどは児童福祉に関する役割を担っている。ではそれはどのような中身であろうか。まず、行政の児童福祉に対する役割、次いでNGOの児童福祉に関する役割について具体的に説明してみよう。

行政の役割として、児童福祉サービスを運営することで子供の生活の質を向上させる。子供を中心として、子供の家族と協働し、子供の学校と協働し、また子供の住んでいる地域と協働して社会環境を改善することなどが重要になる。

また、児童福祉を実施するため、行政は様々な施設や政策などを策定した。

①　家族があっても援助を必要としている児童への援助。例えば、困難な状況を抱える家族を選定し、援助することを決め、様々な援助をする。行政から給付を得て子供の教育を奨学金などでサポートする。

②　里親による世話。例えば、孤児、捨て子などに対しては、里親を見つけ、毎月の給付を受けて世話を頼む。社会福祉専門の専門家が、子供たちと里親との関係を監視する。

③　養子縁組を支援。例えば里親が孤児院に行き、養子縁組の希望を伝え、専門員が子供を選抜し紹介する。しかし、すぐに養子に行かせるのではなく、様々な段階を踏むようにする。すなわち、里親は子供に会う前に、子育ての学習をしたり、子供と里親とが一緒に面会したりするなどの体験期間を設けることがある。そして、問題がなければ、養子縁組が成立する。

④　ケア施設の設置。すなわちこの場所では、孤児、捨て子、ストリート・チルドレン、不良児、非行少年などが入所する。さらに、子供たちの性別、年齢によって分けられる。

⑤　児童福祉の推進と保護。例えば、ストリート・チルドレンを調査し、ケア施設に入所させたり、親を呼んで保

護させたりする。不良児の場合、更正に際して非行が強いケースでは施設に入所させ、弱いケースでは、子供と両親を呼び保護させる。

次に、ＮＧＯの役割である。以下のように四つに分類することができる。

①　政策立案支援の役割。すなわち、ＮＧＯはいろいろな政策をアドバイスしたり紹介したりして、児童問題を解決し、子供の発達を支援する。この協働に際しては、行政や中央官庁が参加する。例えば、子供と少年の発達計画に参加する、少年問題の委員会にメンバーとして入る。さらに、ＮＧＯは行政に政策を提言する。また、市民に対して現在の児童問題を紹介する。その結果、周囲の市民は児童問題解決に関心を示す。

②　監視者の役割。すなわち、ＮＧＯは児童問題の状況を見守る。例えば、児童労働者、児童売春、そしてストリート・チルドレンを調査し、会議やシンポジウムを開いて行政に連絡する。

③　援助と福祉サービス提供の役割。ＮＧＯは貧しく恵まれない子供のために様々な支援をする。例えば、奨学金を提供すること、昼食サービス・消費財を援助すること、勉強道具を増やして、設備・物資・寮などを全般的に援助すること。勉強面、子供の行動、家族問題などの相談を受けること。保護者や子供に職業に関する資金を援助すること。スポーツ用品・娯楽所・娯楽的読み物などを支援すること。児童買春の場所から脱出するよう援助すること。条件の劣悪な児童労働の工場から脱出できるよう援助すること。治療をして健康（身体・精神）を回復すること。子供に麻薬・エイズに対する教育をすること。アルコールやギャンブルをやめるよう援助することなど、極めて多くの支援事業を行う。

④　問題を解決する役割。ＮＧＯは児童問題を解決する役割を担う。例えば、社会に広く児童問題を考えるよう情報を公開する。あるいは、私的援助を募り、児童問題のために協働するように促す。具体的には、不良少年、子供の道徳の問題、単身親世帯、ストリート・チルドレン、児童労働、児童売春、児童虐待、孤児などの問題がある（Soponkanaporn 2001: 5–9）。

四　研究対象と研究方法

本研究ではまず、タイの各地域において、ストリート・チルドレンがどのような状況にあるのかを明らかにする。さらに、ストリート・チルドレンのための行政・ＮＧＯの援助活動が、実際にどのようにこの問題に対処しているのかについて述べる。

調査対象としては、五つのＮＧＯ組織を取り上げた（表七―一）。そして、一一人のＮＧＯスタッフと三五人のストリート・チルドレンに対して面接調査を行った（表七―二）。ストリート・チルドレンに関しては、ＮＧＯのスタッフから直接紹介を受けて、あるいはストリート・チルドレン等からの紹介によって行った。ランダムなサンプリングではないので、ここで調査したストリート・チルドレンがタイの代表的なストリート・チルドレンの事例とはいえないが、事例から問題を考察するには十分な数である。

ストリート・チルドレンといっても、実際は子供よりもストリート・ギャングの手先になっている若者達が多い。直接彼等が活動している場所や、彼等が従事している仕事の場所に赴き、インタビューするのは調査者（筆者のような女性）が対応しきれない不測の事態に陥るリスクがある。このような現実的な理由から、紹介を受けたものだけに

表 7-1　調査対象とした NGO

	VGCD[1]	YMCA[2]	BRL[3]	BTNJ[4]	WVF[5]
場所	チェンマイ	チェンマイ	コーンケーン	コーラート	プーケット
参加人数	300 人	115 人	50 人	70 人	25 人
NGO の種類	民間 NGO	民間 NGO	民間 NGO	行政 ＋ ボランティア	民間 NGO
プログラム	路上生活経験者を指導する	仕事の援助	児童福祉	児童福祉	ビーチ学校
子供の年齢	25 歳迄	20 歳迄	25 歳迄	18 歳迄	20 歳迄
プログラムの担当者	スタッフ２人 路上生活経験者のスタッフ１人	スタッフ２人	スタッフ５人 非常勤スタッフ２人	スタッフ２人 ボランティア１人	スタッフ３人 ボランティア１人
活動の内容	ライフスキルの習得：AIDS や麻薬の予防、社会化など	①安定した仕事を提供すること ②識字能力	①ノンフォーマル教育の学校制度 ②ノンフォーマル教育の習得：識字、ライフスキル、職業訓練	①モラルを教える ②ライフスキルの習得	ノンフォーマル教育の習得：識字、ライフスキル、職業訓練

注）[1] The Volunteer Group for Children Development、Chiang Mai
[2] YMCA Thailand, Chiang Mai
[3] Baan Ruk Luk, Khon kean
[4] Ban Tan Nam Jai Project, Korat
[5] World Vision Foundation Thailand, Phuket

サンプルが限定されている。

　対象者の属性は次のような特徴がある。ストリート・チルドレンへのインタビュー調査の結果を見ると、①男子の方が多い（二七人）。②年齢は八〜二一歳である。(5) ③学歴は未就学から高校卒業者（中退者を含む）までだが、小学校卒業者が一番多い。またノンフォーマル教育学校制度(6)に在学しているストリート・チルドレンは六人いる。④ストリート生活期間は半年から一二年間までばらつきがある。⑤家族の形態については、親が離婚か死亡している状態が多い。一方、一時的ストリート・チルドレンの場合は家族と同居している。⑥一時的ストリート・チルドレンは一二人、永続的ストリート・チルドレンは二三人である。⑥ストリート・チルドレンの仕事は物売りが多く、次いで売春である。⑦収入については、不安定であり、一日の収入は約ゼロから一〇〇〇バーツまで、ばらつきがある。ストリート・チルドレンが従事

家出の理由	NGOの参加理由	NGO に参加する前の状態[3]	NGO に参加した後の変化[4]	子供の将来[5]	働きたい職業
義理と不和	居場所がない、警察	①～⑤	①②③⑤⑥⑦⑧	③	商売
義父と不和	居場所がない、警察	①～⑥	①②③⑤⑥⑦⑧	③	お坊さん
親戚と不和	居場所がない、警察	①～⑤	①②③⑤⑥⑦⑧⑩	③	農民
家計を援助	親戚が入居させた	①④⑤	①②③⑤⑥⑦⑩	①②	先生
友人の呼び出し	親戚が入居させた	②④⑤	①③⑤⑥	①②③	会社員
不和、友人の呼び出し	貧困	①②④⑤	①②③⑤⑥⑧	①②③	労働者
保護者がいない	入居させた	①④⑤	①②⑤⑥	②③	労働者
暴力・不和	スタッフの勧誘	①～⑥	①②③	-	-
貧困	スタッフの勧誘	①⑤	②③⑤	①②③	商売
貧困	スタッフの勧誘	①⑤	①②⑤	①②③	商売
貧困	スタッフの勧誘	①⑤	①②⑤	①②③	商売
貧困	スタッフの勧誘	①⑤	①②⑤	①②③	商売
貧困	スタッフの勧誘	①②⑤	①②⑤	①②③	商売
貧困	スタッフの勧誘	①②⑤	①②⑤	①②③	商売
親戚と不和	スタッフの勧誘	①～⑥	①②⑩	-	無
親戚と不和	スタッフの勧誘	①～⑥	①～⑩	③	なし
遊びたい、母と不和	スタッフの勧誘	②～⑥	①②③⑤⑤⑦⑩	②③	商売・絵を描く者
暴力・不和	スタッフの勧誘	①～⑤	①②③	-	労働者
友人の呼び出し	スタッフの勧誘	①～⑥	①②③⑥⑧⑨	③	無
親戚と不和	スタッフの勧誘	①～⑥	①②③⑥	-	商売
家計を援助	友人の勧誘	②④⑤⑥	①②③④⑤⑥⑦⑩	②	レストラン
親戚と不和	スタッフの勧誘	①～⑥	①②③④⑤⑥⑦⑧⑨	②	なし
友人の呼び出し	スタッフの勧誘	①～⑥	①②⑥⑨	③	商売
不和	スタッフの勧誘	①～⑥	①②⑥⑨	②	無
親戚と不和	友人の勧誘	①～⑥	①②⑤⑥⑧⑨	-	無
親戚と不和	スタッフの勧誘	①～⑥	①②⑤⑥⑧⑨	-	無
親戚と不和	スタッフ・友人の勧誘	①～⑥	①②⑤⑥⑧⑨	①②③	商売
友人の呼び出し	スタッフの勧誘	①～⑥	①②⑤⑥⑧⑨	-	無

表7-2　ストリート・チルドレンの状態

例	性別	年齢	学歴	地区[1]	期間	家族の形	状態[2]	現在の仕事	収入（バーツ）
1	男	17	NFE[6]の中	K	5年	いない	永続	物売り、日雇い	100-150/日
2	男	18	NFEの中	K	5年	父死亡	永続	物売り、日雇い	100-150/日
3	男	17	NFEの中	K	6年	いない	永続	物売り、日雇い	100-150/日
4	男	8	BLRの小	K	1年	母死亡	一時	物乞い・物売り	200-300/日
5	男	18	高卒	K	2年	再婚	永続	無	-
6	男	15	小	K	1年	離婚	一時	無	-
7	男	12	無	K	1年	親死亡	永続	無	-
8	男	14	無	C	3年	親死亡	永続	物乞い	100/日
9	女	12	小6	C	6年	同居	一時	花売り	200-300/日
10	男	12	小6	C	6年	同居	一時	花売り	200-300/日
11	女	13	小5	C	6年	同居	一時	花売り	200-300/日
12	女	15	小6	C	5年	同居	一時	花売り	200-300/日
13	女	10	小4	C	5年	同居	一時	花売り	200-300/日
14	女	14	小卒	C	2年	同居	一時	花売り	200-300/日
15	男	14	無	C	3年	離婚	永続	物乞い	100/日
16	男	21	無	C	12年	親死亡	永続	物乞い、麻薬売買	150/日
17	男	18	NFEの高校	C	8年	父死亡	永続	ウエーター・CD売り	100-300/回
18	男	14	無	C	2年	親死亡	永続	物乞い・売春	100-300/日
19	男	19	小卒	C	7年	母死亡	永続	物売り、売春	300-500/日
20	男	18	小5	P	6年	父死亡	永続	売春	500-1000/日
21	女	15	中2中退	P	半年	父死亡	一時	物売り	100/日
22	女	17	NFEの中	P	4年	離婚	永続	物売り	100-200/日
23	男	19	小4	P	9年	親死亡	永続	売春	500-1000/日
24	男	17	小4	P	3年	離婚	永続	売春	500-1000/日
25	男	19	小卒	P	9年	離婚	永続	ウエーター・売春	200/日
26	男	18	小卒	P	6年	父死亡	永続	売春	500-1000/日
27	女	16	小卒	P	4年	離婚	永続	売春	300-500/日
28	男	19	小4	P	6年	親死亡	永続	売春	500-1000/日

家出の理由	NGOの参加理由	NGOに参加する前の状態[3]	NGOに参加した後の変化[4]	子供の将来[5]	働きたい職業
義理と不和	入居させた	①⑤	①②③⑤⑥⑦⑧	①②	軍人
保護者がいない	入居させた	①～⑥	①②③④⑥⑦⑧⑨	②	無
親戚と不和	裁判で入居させられた	①～⑤	①～⑩	③	農民
お爺さんと一緒に	裁判で入居させられた	①④⑤	①②③⑤⑥⑦⑩	①②	軍人
母が探す	裁判で入居させられた	①②③④⑤	①②③④⑤⑥⑦⑧⑩	①②③	会社員
不和、友人の呼び出し	裁判で入居させられた	①②③④⑤	①②③④⑤⑥⑧⑩	①②③	警察
保護者がいない	裁判で入居させられた	①④⑤	①②⑤⑥⑩	②③	軍人

出典）筆者の調査による。

注）1. 地区については、「K」はコーンケーン県、「KR」はコーラート県、「C」はチェンマイ県、「P」はプーケット県とする。

2. ストリート・チルドレンの状態については、一時的ストリート・チルドレン「一時」、または永続的ストリート・チルドレン「永続」であることを表す。

3. NGOに参加する前のストリート・チルドレンの状態は、6つのグループを分類する。①健康問題、②精神問題、③麻薬依存、④無識字・中退、⑤リスク行動、⑥AIDSのリスクを表す。

4. NGOに参加した後のストリート・チルドレンの変化は、10の変化に分類する。①十分な基本的なニーズを与えること、②健康が良くなったこと、③精神が良くなったこと、④麻薬を予防したこと、⑤読み書き・進学できること、⑥行動・礼儀が良くなったこと、⑦路上を離れたい気持ちを持ったこと・家族と同居、⑧身分証明書・住民票・健康保険証明書、⑨AIDS・妊娠／流産の問題に関する知識をえること、⑩職業に関する能力の向上があったことを表す。

5. 子供の将来の希望については、子供本人の答えで、①家族と同居すること、②進学をしたい、③職業に就きたいを表す。

6. NFEはノンフォーマル教育制度（Non Formal Education）、あるいは学校外教育である。小･中の表記はそれぞれ小学校、中等学校卒程度の意味である。

写真1　チェンマイ県のナイトバザール

例	性別	年齢	学歴	地区[1]	期間	家族の形	SC 状態[2]	現在の仕事	収入（バーツ）
29	男	12	中退	P	1年	離婚	一時	-	-
30	男	12	無	P	5年	親死亡	永続	物乞い	0-150/日
31	男	17	小卒	KR	6年	離婚	一時	-	-
32	男	10	小3	KR	1年	母死亡	永続	-	-
33	男	15	小卒	KR	2年	再婚	永続	-	-
34	男	15	小卒	KR	1年	離婚	一時	-	-
35	男	12	小3	KR	1年	親死亡	永続	-	-

写真２　プーケット県のバートーンビーチの盛り場

写真３　コーンケーンのバスターミナル

する仕事によって収入に差が出てくる。

五　ストリート・チルドレンの生活構造

以下ではまず、ストリート・チルドレンを理解することを目的として、ストリートに入る前とストリートに入った後の状態について示す。次に、ストリート・チルドレンの問題を解決するための行政・NGOの方法や活動の違いを紹介し、行政・NGOの活動の成果について示す。そして最後に、残されているストリート・チルドレンの問題について論じる。まず、子供がストリート・チルドレンになってしまった典型的な事例を紹介しよう。

私の家族は、山からチェンマイ市内に移動してきた。しかし父は麻薬を売った罪で、刑務所に入ってしまった。母はお金が無かったため、私を働かせている。母はマーケットで花と花輪を買って、五時から花が売り切れるまで、私と妹と一緒に花と花輪を売る。一日に一〇〇～一五〇バーツぐらい売れる。（中略）私は学校に通っているけれど、夜まで働くので、朝早起きができない。宿題・復習もしていないし、学校に行っても授業中は眠くて、寝てしまう場合が多い。そういうときは、先生に罰を与えられてしまう。成績もよくない。寝る時間が足りなくて、勉強時間も不足していて、試験を受けても点数が低かったから路上で生活するようになった（9の話）。

僕は四人兄弟だ。五歳の時、両親が死亡したので、伯母さんと同居していた。伯母さんは優しかったけれど、伯父さんとその家の子供は僕を好きではなかった。それは、両親の死亡原因がエイズだったからだ。皆は僕に近づきたくなかったし、話したくもなかった。僕は嫌われた。でも僕は小さかったので、両親の死亡原因はわからなかった。学校に入っても同級生がそのことを言った。僕は同級生とケンカし、学校へ行きたくなかった。また、僕のお姉さんはチェンマイ県で働いていたから、寂しかった。さらに、伯母さんの子供が僕をいじめたとき、その子の後ろには伯父さんがいたが、伯父さんは何も言わなかった。本当は伯父さんは僕と同居したくなかったけれど、僕のお姉さんが送金してくれたから僕を家に住まわせなければならなかった。僕は学校に行きたくないから、昼は一五歳ぐらいの子供と一緒に遊んでいた。その子は、僕に麻薬を勧めてきたから、僕も始めた。伯父さんは僕に日常的に暴力をふるった。伯父さんは僕が麻薬に依存していることを知っていたし、僕は従兄弟とケンカをしてひどい罰をうけた。それで家を出てチェンマイ県に移った（16の話）。

僕は六年間ぐらいストリート・チルドレンだった。路上に入る前なぜ僕は生まれたのか、生まれた意味がわからなかった。僕が生まれる前に両親は既に離婚し、母親はいるが、父の行方について全く知らなかった。僕の実家はコーラート県ダンクンドだが、母親の再婚によって幼い時から母方の祖母の畑で仕事を手伝い、毎日は学校に行けなかった。祖母は優しくて大好きだった。しかし、七歳になって祖母が死んだ後、僕は母親と同居した。しかし、義父はアルコール依存症で毎日お酒を飲んでいたから、僕に虐待を加えたり、ひどいことを言ったりした。だから義父が大嫌いだ。僕は学校に行っても友人にいじめられたから、自分を守るために彼らとけんかしたり、いじめたりした。だから、学校内の他の学生は僕を怖がっていた。当時は僕が偉いと思っていた。ところが、僕は小学五年生まで勉強したけど、読み書きが上手ではない。特に僕は麻薬をしていたから、勉強中にも休憩時間にも学校内で友達と麻薬（シンナー、グリー）をしていた。そして、一日の小遣いが一〇バーツだったので、麻薬を買うために学校でギャンブルなどをやって多い時は一〇〇バーツ以上お金を手に入れていた。僕のグループは学校内で大きいグループだったので、先生と生徒は僕たちを相手にしなくなった。そして、僕たちに罰を与え、また警察署にも送るつもりだったから、僕たち三人は学校内で校長先生に暴力をふるって報復した。校長先生は大けがをして入院した。僕は家にいると逮捕されるかもしれないと思った。また義父はアルコール依存症で、毎日僕や弟、母に暴力をふるい僕は家を出たくなった。当時母が他県で働いていたが、今母はどこにいるかがわからないし、母についての情報がない（3の話）。

路上に入る原因

なぜ子供が路上での生活を選ぶのか、あるいは家族や学校での生活を選ぶのか。これは重要な問題である。しかし、ストリート・チルドレンになった子供達は、路上での生活の方を選んでしまった。

その原因は二つ考えられる。

① 家族の要因。家庭内関係が悪く、離婚問題、暴力・虐待などの原因があった。その結果、家族の要因がプッシュ要因となり、子供達は家族との同居よりも路上生活の方を選んでしまう。

② 学校の要因。多くの子供は、授業中に勉強することが苦手であることや、同級生の年齢が違うこと、あるいは授業の科目が楽しくないことなどの問題を抱え、学校へ行きたくなくなって学校の時間帯に外で遊んでしまうことが多くなった。

すなわち、家族と学校にはプッシュ要因がある。また一方で、多くのストリート・チルドレンには、路上に入る以前からストリート・チルドレンの友人がいる。そのため彼らはストリート・チルドレンの生活に楽しさや自由、交友関係を見つける。さらに彼らは問題があるときに、家族・親戚・学校の友人よりもストリート・チルドレンの友人の方に真剣に援助を求める傾向がある。つまり、ストリート・チルドレンの友人はプル要因となる。

一時的ストリート・チルドレンは、家族と共に移動してきた。その原因は、出身地では職業が無く、生活費が足りないために移動しなければならなかったということがある。さらに、すでに移動した近隣住民から話を聞いて、大都市に行けば仕事があると思い、移動したのである。しかし、現実には子供とその家族は大都市へ移動してきたにもかかわらず、仕事を見つけることは依然として難しく、たとえあったとしても一時的な仕事であり、収入は不安定で家族の家計も足りない。そうした状況の中で、子供は家族の家計を援助しなければならない。特に移動先にある職業としては、路上での物売り（花輪、花、新聞など）がある。実際に移動先の大都市ではその仕事に従事する他の家族や子供達が多くいるため、両親はその仕事をさせても良いと判断して子供に仕事を任せてしまうのである。家族の収入を補填するために子供達は働かされる。

さらに、この調査で一時的ストリート・チルドレンは永続的ストリート・チルドレンになる可能性が高いことがわかった。彼らは家庭内の問題を抱えている上に、自立できる能力さえあれば、路上の生活が容易であるために家を出て路上生活に取り込まれてしまうのである。

僕は小学校を卒業したが、中学校に入学しなかった。最初に二―三泊の外泊を経験し、そこで新しい友達に会って一三歳でストリート・チルドレンになった。お金がない時には、物乞いやバーの手伝いとして働いた。お金があるときには麻薬を買って、ゲームをし、レンタルバイクで遊ぶ。僕の友達グループは、二人いて、ライフ・スタイルが似ている。朝まで遊んだり働いたり、昼間にワールドビジョン財団（ＷＶＦ）の事務所に行って遊んだりする（28の話）。

路上生活への適応と依存

子供は路上に入ってストリート・チルドレンの生活を習得し、生きるために他人に依存している。彼らにはグループ内の相互関係がある。まず、路上に入ると友人の役割を学ぶことが必要である。子供は路上に入る時に寂しさ、不安感を持っている、また、一人でいると他のストリート・チルドレンや大人からいじめや暴力を受けることがあるので、友人がいると安心感を得られ、互いに助け合える。

次に、路上生活について知ることも必要である。泊まる所、仕事を見つけること、遊ぶ所、援助しているＮＧＯ・行政などについて知ること。その間にストリート・チルドレンはグループ内に尊敬する先輩を見つけて、その先輩のようになりたいと考えることがある。先輩のやり方はストリート・チルドレンに、大変大きな影響を与える。なぜなら、子供たちの社会が、グループ内や仕事仲間、住んでいる周辺に限られているためにモデルとなる大人がいない、あるいは、多くの子供が親の暴力行為にさらされ、親のアルコール依存症の姿などを見て世間の大人を嫌悪しているためである。その結果、ストリート・チルドレンは問題や困ることがあると尊敬している先輩に援助を求め、また、他の子供も先輩に信頼や尊敬を寄せているため、先輩のようになりたいと思う子供が多くなる。その過程において、ストリート・チルドレンは路上で互いに彼ら自身の社会化を進める。路上生活に適応するため、彼らの性格や考え方を次第に変えていく。麻薬を使うこと、泥棒をすることにも慣れ、グループで行動することを身につける。

ストリート・チルドレンの下位文化には、路上社会ならではの問題を解決し、彼らを冷遇する社会の中で生存していくための戦略が含まれている。簡単に言えば、彼らは個々の子供のままでは弱者に過ぎないために、グループを形成し、グループに自分を埋め込んで集団としてのサバイバルを行う。そのために、あの連中、非行少年、犯罪者、汚い子供というような、負のイメージを集合的にラベリングされるようになってしまった。

路上での日常生活と変化

まず、ストリート・チルドレンの仕事について見てみよう。アヌチョン・ホーンソン他が言うように、観光政策の影響の下でチェンマイの他市周辺や他県から、家族と不和な状態の子供や山岳少数民族の子供たちが、チェンマイ市内へ新しい生活を求めて移住してきている（Hounsong 2001: 41）。

ストリート・チルドレンの仕事は次の四つに分類できる。

① 物乞い。ストリート・チルドレンがこの仕事をする理由は、年齢が低い（一一歳以下）こと、及びストリート生活が短期間であることなどであり、生活のためにこの仕事をしている。しかし、年齢が上がると物乞い行動は変化する。なぜならば、年齢が上がると、恥ずかしさや性格の問題（自信や自尊心が強いためにやりたがらない）などが出てくるからである。

② 児童労働者。このグループはストリートを離れる可能性が高い。なぜならば、彼らの希望は仕事に就いて、家族に送金することだからである。しかし、このグループは容易に仕事を変えてしまう。その理由としては、給料が低い、仕事の量が多い、特に仲間同士で仕事の情報を交換し合うということが挙げられる。

③　ギャング。ストリート生活が長い子供はギャングのリーダーとなり、年少のストリート・チルドレンを探してきて、グループに入れて利用する。その仕事は物乞いや泥棒である。また、その多くは大人に利用されている場合が多い。

④　売春。女性のストリート・チルドレンはストリートに入って恋人と性的関係を持つようになり、あるいは性的虐待を受けるなどの問題を抱えている。そのように性的経験がすでにあるため、売春の仕事に参入することにも抵抗感があまりない。

また、調査事例から大きく二種類に分類してもよい。①サービス産業（バー、レストラン、物売り、売春など）、②日雇い・肉体労働者（工場、建築、警備など）である。どのような仕事を選ぶかはストリート・チルドレン本人の考え方、友人の影響、住んでいる場所によって決められる。また、ストリート・チルドレンの仕事の変遷は年齢に左右されることが多い。つまり、客の呼び込みの効果、恥ずかしさ、他の仕事への関心などの理由のために、年齢を追うごとに仕事を変えるのである。例えば、一五歳までなら、移動して物売り、物乞いなどの仕事は出来るが、一五歳以上なら物売り、物乞いは難しくなってくる。それは、客はより小さい子供を選んで買ってあげるため、年長の子供は物売りの収入が少なくなる。さらに、一五歳になると他の仕事が出来るようになる。男性は肉体労働者、ガソリンスタンド、商店・レストランなどで働くようになり、女性はサービス産業、屋台、手伝いなどとして働くことができるようになる。また、彼らは若いストリート・チルドレンの見本や手本となり、指導力を見せている。

現在、ストリート・チルドレンの仕事は変容している。永続的ストリート・チルドレンは、路上に一人で生活しているため、指導者や保護者がいない。そのため、彼らの仕事は物売りと売春の仕事が多い。観光産業には、様々な種類の産業があるので、その中の一つとして性的サービスの需要がある。ストリート・チルドレンは仕事がないために、働きやすく、高収入、短期間、自由な仕事を選ぶ傾向があり、児童売春をする可能性が高い。また彼らがいる場所は主に観光地であり、プーケット県のパートン・ビーチやカータビーチ、チェンマイ県のナイトプラザがそれに該当する。それらの地域の特徴は、仕事が得られやすいことである。さらに、彼らは麻薬を買ったり、ゲームやレンタルバイクなどで遊びたいため、お金が必要である。しかし、子供はいくらお金があっても、すぐにお金を使いきってしまう。

本研究においても、性的サービスで働いているストリート・チルドレンがいる。性的サービスに従事するストリート・チルドレンの年齢は一三～一五歳が多い。性的サービスによる平均的な収入は、一回あたり約三〇〇バーツであり、高い場合で一五〇〇～三〇〇〇バーツである。一ヶ月のうちに性的サービスは一～一〇回まで行われている。

一方、ストリート・チルドレンの宿泊場所について、かつての彼らはストリートで寝泊りしていたが、現在は子供の収入が一定程度あることや、安心という理由のために、友人と一緒にアパートや安いホテルを借りることが多い。さらに、警察の取り締まりが厳しくなったことが原因でストリート・チルドレンの居場所が狭まり、NGOに入所する者もいる（三人）。また、両親や保護者と一緒にストリートで生活しているストリート・チルドレンがいるが、スタッフが両親・保護者と話した後に、両親・保護者の方から彼らの入所を求めるケースもある（五人）。

ストリートの生活に関するストリート・チルドレンの影響

一時的ストリート・チルドレンの場合、ストリート・チルドレンになった原因には貧困問題が主に関係している。ストリート・チルドレンは物売りの仕事に従事することが多い。子供は普通、朝は学校に通わなければならない。だが、ストリート・チルドレンの場合は、学校を終わってすぐに家に帰り、午後五時から一〇時まで、売る物がなくなるまで花・花輪売りをすることが求められる。そのためにこのストリート・チルドレングループは次のような問題を抱えている。

① 寝る時間が足りない。朝早く起きて、学校に行き、帰宅後、夜まで働く。さらに仕事が終わって家に帰ると、宿題のため遅くまで勉強をしなければならない。

② 学力不足。授業中に眠いため、勉強がわからなくなる。また復習や宿題もやらない子供が多い。そのため学力レベルが低く、彼らは学校へ行きたくなくなる。

③ 危険な状態。ストリート・チルドレンが物売りする場所は、ストリートであるため、車やバイクなどの事故に遭う場合がある。

④ 逮捕される。ストリートでの物売りは不法であるため、警察がストリート・チルドレンや彼らの両親を逮捕する場合もある。

一方、永続的ストリート・チルドレンの場合、ストリート・チルドレンになった原因は、家族・親戚との不和が一番多い。その次に、貧困の問題が続く。また他の問題としては、性的虐待やストリート・チルドレンの友達との関係の問題などがあり、永続的ストリート・チルドレンは様々な問題を抱えているということができる。

① 健康問題（三二人）。ストリート・チルドレンは、健康状態が良くない。それは、汚い服を身につけ、泊まる

場所がなく、不十分な食事、麻薬依存、ケンカなどのためである。

②　精神的問題（二五人）。ストリートで生活する間、寝泊りの場所が決まっておらず、ストリート・チルドレン同士や他の人とのケンカ、大人からのいじめ・虐待などがあったためである。また、家族と同居しているストリート・チルドレンは、家族からの虐待、不和、家庭内暴力などを受けたため、頼るべき人がいない。さらに、麻薬依存の状態にあるものには幻聴等の症状が現れ、恐怖感や不安感を抱いている。

③　麻薬依存（二一人）。ストリート・チルドレンが麻薬依存になる原因は、友人の影響、寂しさ、手に入りやすい環境などである。その影響によって、彼らの行動は変化した。麻薬に依存する前は平静を保ち、問題があっても気持ちや気分をコントロールできた。しかし、麻薬を使用してからは、暴力を振るいやすくなり、すぐにケンカをしてしまう。

④　非識字。学校を中退、あるいは全く学校へ行かない子供が多い。また、ストリート生活によって字を忘れてしまうストリート・チルドレンが多い（二八人）。

⑤　リスク的な行動（全員）。ストリート・チルドレンは、指導者や保護者がいないので、友人から学んでストリート生活について習得する。その一方、彼らの行動と社会的な行動は異なっているため、社会から差別されてしまう。

⑥　現在、ストリート・チルドレンは売春や性的行動を行っている。しかし、健康管理や防御方法の知識が十分ではないため、HIV/AIDS・淋菌感染症、妊娠・流産などのリスクが高い（一六人）。ストリート・チルドレンは仕事（売春）をする時にコンドームを使っていない。もし客が持っていればそれを使うが、客が持っていないならば使わない。またグループ内のメンバーとセックスをする時にもコンドームを使ってない。それは、グループ内だから

安心で信用できると思っているからである。しかし、現在、特にストリート・チルドレンの女性の間では性的虐待によるエイズの感染が広がりつつある。エイズに感染した者は病院に行かず、ストリート内で性交渉を持ち続け、他の人への感染を拡大させている。

六　ストリート・チルドレンに対する行政・NGOの支援

事例のように、ストリート・チルドレンは様々な問題を抱えた状態にあり、特に永続的ストリート・チルドレンの状態は深刻な問題である。しかしながら、二つのストリート・チルドレンのタイプには類似点がある。それは家族あるいは自分の生活のために、彼らはストリートで働きながらストリートの生活を学んできたということである。さらに永続的ストリート・チルドレンの場合は、家族もなく家族に連絡を取ることができず、自分自身が自立して生活しなければならない状態にある。

ストリート・チルドレンは、社会を離れて、生活や社会的能力などを教える支援者もいなかった結果、自分や友人グループに依存の対象が偏っているのである。ストリート・チルドレンがストリートを離れるように促すには、彼らに対する社会保障や児童の権利を与えることが必要になる。行政・NGOは、ストリート・チルドレンがノーマルライフに戻ることができるように対策やプログラムを講じている。多くの活動は、ストリート・チルドレンになって生じる問題、つまり①健康問題、②精神問題、③麻薬依存、④非識字・学校中退、⑤リスク行動、⑥エイズや性的関係などを解決することを目的とする。

活動内容については、ストリート・チルドレンがストリートを離れて、進学し、家族との生活に戻ること、組織労働者となり、安定した仕事に就くことが目指されている。活動の事例としては、ストリート・エデュケーター計画に基づき、スタッフが自らストリート・チルドレンの場所へ赴いて、教育をし、社会化について教えることが挙げられる。他には、シェルターに入居させ、教育、健康、保護、児童の権利を与える活動、あるいは、オープンハウスに入居させ、宿泊、食事、服の提供など、一時的な援助する活動などもある。

行政の活動

それぞれの地域が、ストリート・チルドレンを支援する活動を行っている。例えば、バンコク都における活動は、青少年センター、ストリート・エデュケーター、健康指導のサービスなどである。パッタヤー市の活動では、文部省のパッタヤー市支部と総務省のパッタヤー自治体とともに、ストリート・チルドレンのための教育サービスが行われている。ストリート・チルドレンの居場所や働く場所であるストリートに、ボランティアの先生が入り込み、ストリート・チルドレンに教育を与え彼らの状態を調査する。この活動には、ストリート・チルドレンを学校に進学させる目的がある。

一方、地域での活動を主とした政策は中央行政が目指している活動であり、次のようなものがある。

①　ノンフォーマル教育局は、ストリート・チルドレンのために、学校外教育（学位を取れるカリキュラム）と職業教育を提供する活動を行っている。さらに、ノンフォーマル教育局のレポート（二〇〇〇）によると、ストリート・チルドレンのニーズと日常生活に対応できるカリキュラムを設定する。カリキュラムには二つの方法があり、まず、基礎教育として学校教育と学校外教育によってストリート・チルドレンが読み書きや算数をできるように

写真 4　NGO 事務所で子供と遊ぶボランティア

写真 5　NGO 事務所の一階部分

写真 6　NGO 事務所の二階部分　パソコンを用いてタイ語・英語の学習を促す

写真7　チェンマイのナイトバザールでパトロールするワーカー達

写真8　ナイトバザールにおいて絵画きとして稼ぐ元ストリート・チルドレン

させることが目的である。学歴レベルは三つに分け、小学校教育、中学校教育、高校教育である。具体的な内容としては、自分の価値、健康保護、社会化・社会価値観、社会の生活、タイ語の読み書き、性教育、法律・児童権利などが教えられる。次に、短期間の職業訓練：裁縫、料理・お菓子作り、バイク・自転車の修理、歌・音楽、農業などが教えられる。ストリート・エデュケーターによる教育や、バンコク都自治体のストリート・チルドレンのためのオープンハウスを用いて移動図書館の活動をするなどがある。以上をまとめると、ストリート・チルドレンのための教育は四つ方法がある。①スタッフがストリートに入ってストリート・チルドレンに会うこと、②学校に進学させること、③ストリート・チルドレンの家で教育をすること、④企業・施設においてストリート・チルドレンに職業訓練させることである。

② 社会福祉局は、行政の中心的な機関となって、ストリート・チルドレンの援助・サービスを運営している組織である。ストリート・チルドレンのための基本的なニーズに応え、児童施設・児童保護センターに入居しているストリート・チルドレンに対して教育活動を行っている。また、家族福祉、例えば、援助金、職業訓練、母子家庭への手当てなどの支援を行っている。

つまり、中央行政からの政策に従い、地方のスタッフが実行しているのである。さらに、教育と施設、基本的なニーズという福祉の提供に関する活動も中心的に行われている。

NGOの活動

NGOの活動については、次の二つに方法を分類できる。①ストリートでストリート・チルドレンを援助する活動。

スタッフやストリートエデュケーター（夜廻り先生）がストリートに入って、ストリート・チルドレンの状態・問題を調査して収集する。ストリートでストリート・チルドレンを支援して問題を解決する。②施設の活動。ストリート・チルドレンのための施設を運営する。例えば、オープンハウス、シェルターなどを運営してストリート・チルドレンに入居させる。さらに、ストリート・チルドレンとの活動の間に、NGOは行政と協働してこの問題を解決するなどがある。

上表に示したように、NGOの活動は以下にまとめることができる。

①　インフォーマルなサービスを行っている。事務所のみで活動するのではなく、ストリート・チルドレンの居る場所に行き、彼らの日常生活にとって必要な物資や能力を提供する。これによりストリート・チルドレンはNGOとの間に自由で安心な感情を持つようになり、NGOのプログラムに参加する。そのため、NGOの活動はケースバイケースであり、全員に対して同様のサービスを提供することはできない。サービスの範囲は広くなければならない。

②　NGOが中心とする活動は、「基本的なニーズ」の充足に関わるものである。例えば、食事や衣服を提供し、病気やケンカでの怪我の時に、薬を与え、病院に入院させることなどである。状況に応じたストリート・チルドレンへの支援をしている。

③　ストリート・チルドレンの関心と満足感に応じてNGOの活動に参加させるために、自発的でフォーマルではないサービスの内容を発展させ、質を向上させること。ストリート・エデュケーターは、ストリート・チルドレンの居場所へ赴く際、予約をしている場合でも、その時に彼らの状態が良くないとき（例えば、寝ている、麻薬

表 7-3　NGO の活動に関する組織、活動、ストリート・チルドレンのグループの事例

場所	組織	活動	ストリート・チルドレンのグループ
チェンマイ	YMCA	1. ストリートに入る前の保護：奨学金、教育の具品、歌・音楽、スポース等を援助する。	家族と同居している子供。
		2. 両親の仕事を援助：基本金、両親の職業訓練など。	
チェンマイ	VGCD	1. オープンハウス：事務所でカウンセリング、ライフスキルを教えること、職業訓練、AIDS 予防、NFE などを提供する。	物乞い、物売りの子供、児童買春、スラム街に住んでいる子供。
		2. ストリート・エデュケーター：ストリート・チルドレンの居場所に行って、授業、ゲーム、音楽などを行う。AIDS 予防のために、ストリート・チルドレンの働く場所へ赴き、コンドームを与え、AIDS の知識を教える。	永続的ストリート・チルドレン。
		2. 入居施設：入所、学校・NFE の学校に進学して、NFE の教育を教えるプログラム、農業、職業訓練、カウンセリング、他の施設に入居・身分証明書を整理すること。	ストリートを離れたい子供。
コーンケーン	BRL	1. ストリート・エデュケーター	バスターミナル・公園にいる永続的ストリート・チルドレン、外国人・不法外国人のストリート・チルドレン。
		2. 入居施設	ストリートを離れたい子供、貧困、孤児。
プーケット	WVF	1. ビーチ学校	パートン・ビーチ にいるストリート・チルドレン、スラム街に住んでいる子供、ゴミ収集の子供。
		2. 入居施設	貧困、ストリート・チルドレン。
コーラート	BTNJ	児童施設：逮捕された 18 歳未満の子供が入居している。両親が子供のしつけや不良行為を解決するために、入居させる。また学校教育に進学できる子供を進学させる。進学できる子供は非常に強い刑罰を受けることはないが、保護者がいないためにストリート・チルドレンになっている。彼らを学校に進学させ、学校教育制度の年齢に合わせるなどの活動がある。また、大学卒業までの奨学金を探してやり、紹介する。	コーラートや東北部内の 18 歳未満の子供に対し、児童裁判所が判断して入居させる。実際に子供は児童施設に入所するが、子供の刑罰は児童施設への入所ではなく、BTNJ という施設への入所である。なお、多くの子供の保護期間は短く、強い罰でもなく、ストリート・チルドレンのグループを離れることが目的である。

で酔っている、友人とケンカしているなどのとき）には、スタッフはその状態を理解して、強制しようとはしない。

④入居する場合は、NGOはストリート・チルドレン本人の主体性に応じて入居させる。一方、行政の場合は、権力を用いてストリート・チルドレンを入居させる。すなわち彼らを逮捕し、児童院・児童施設に入居させる。だが、これは、ストリート・チルドレンにとっては好ましくないやり方である。その結果、彼らは行政の施設から逃げる問題を度々起こしているとされる（Sompong 1995）。

七　行政・NGOによる支援活動の差異

ワンロップ・ターンカナヌラック（Wanrob Tankananurak 1998）によると、ストリート・チルドレンの問題解決方法は三つある。①保護方法として、地域と共に家族との協働を発展させ、子供の行動・考え方を理解し、社会が子供を支援すること。②援助方法として、ストリートにいるストリート・チルドレンの状態に応じて支援しながら、保護すること。ストリート・チルドレンにストリートが悪い影響を与えることを教えること。ストリートを離れるために、行政・NGO・担当者と共に協働すること。③社会復帰方法には、ストリートを離れたい子供を支援して、彼らの健康・精神問題を解決して、自己発達の機会を与え、子供の権利を実現させることがある。

ワンロップが指摘しているように、多くの行政・NGOの活動はストリート・チルドレンへの援助と社会復帰を中心的な活動としている。行政の場合は児童権利政策に対応するために、児童施設や家族・児童福祉を提供している。行政は子供に手当てを支援して、例えば、家族に援助金を支援し、教育の権利を提供するために奨学金や無料な学費などを支援する。ストリートで生活している子供の問題を解決する方法、特に永続的なストリート・チルドレンの場合、児童施設に入るには、警察に逮捕され、児童裁判所から保護されるという経過を経るため、彼らは行政の児童施設に入所する際にストレスを感じている。ストリート・チルドレンは児童施設に入所したくないので逃げ出してしまうこともある。彼らは行政のスタッフに出会うことに対して恐怖感を持っており、行政の支援を欲していない。そのために、行政はNGOと協働し、援助する工夫を行った。

例えば、チェンマイでは、行政がNGOと連携をとっている。「児童教育のためのボランティア（VGCD）」による、オープンハウスの活動では、ストリート・チルドレンの相談相手になり、昼間や行く場所がない場合の遊び場として気軽に遊びに来られるようにすること、仕事や日常生活、エイズなどのリスクの情報や簡単なタイ語の読み書きという能力を提供する活動を行う。また行政と協働して、ストリート・チルドレンの家族に連絡し、必要な書類を準備し、彼らが家族の元へ戻ったり、行政の施設へ入所したり、学校に進学したりすることを支援する。

さらに、ストリート・チルドレンがNGOの施設に入居したい場合は、ストリート・チルドレンの生活に合うように、「子どもを愛する家（BRL）」の活動ではストリート・チルドレンのための特別な家を設立して、自由に生活できるようにする。しかし、入所する前に、NGOとストリート・チルドレンとの間で話し合いをし、彼らが十分な自己責任や気持ちがある場合に限って施設へ入居させる。そこでは、ストリート・チルドレンはNGOの規則を守らなければならず、また、NGOでの用務（掃除や他の子供の面倒をみることなど）を手伝わなければならない。特に、施設で麻薬を利用したりすることはできない。また、施設を出たい場合は、スタッフに連絡をすることになるが、ケースや条件によって認められるかどうかが決定される。またその一方で、ストリート・チルドレンがスタッフに連絡をしないままに施設を出てしまった場合は、施設へ戻ってくることはできないきまりになっている。

そして、多くのＮＧＯのスタッフがいうように、ストリート・チルドレンの問題を解決することは難しい。なぜなら、スタッフがストリート・チルドレンに出会っても、彼らはすでに十分にストリートでの生活やストリートでの経験などを学んでしまっており、行政やＮＧＯの支援を欲しがらない。一般的に、ストリート・チルドレンがＮＧＯの活動に参加するのは、ワーカーからではなく、彼らのグループ内のメンバーから誘われたり、紹介されたりするからである。このことからもわかるように、ストリート・チルドレンは友人やグループの方をより強く信頼している。さらに、彼らの生活状況を改善するように支援することはできても、ストリートを離れる状態まで導くことは難しい。

僕は九年間、ストリート・チルドレンとしての生活を続けている。僕の両親はすでに死亡している。父親が亡くなった後、母親は外国人と再婚したけれど、八歳の時に母親は亡くなって、僕は義父と同居していた。九歳に義父が再婚して、僕は義父の再婚相手と不和な関係にあったため、家を出たり、友人の家や寺院に住んだりした。学校にも行かなかった。しかし、義父が僕の状態を理解してくれず、強い罰を与えたので、僕は家を出てしまった。両親の親戚は誰も知らなかったため、行く場所がなかった。その時にストリート・チルドレンの友人と知り合って、その友人がするような生活を選んだ。僕らは何回も警察に見つかって義父の家へ戻されたが、僕は家から逃げた。

一五歳になって初めて児童施設に入居させられた原因は、麻薬（覚醒剤）を所持して利用したからだ。六ヶ月後に施設を出て、ストリート・チルドレンの友人と再会した。一六歳のとき、二回目の保護を受けて、チュムポン県の児童福祉学校に入学させられた。この学校は、保護されている子供たちに勉強をさせる施設である。さらに、この学校は入所から卒業まで、ずっといなければならないきまりがあった。僕は、この学校のルールの厳しさや、同級生によるいじめ、僕の性格に合わないなどの理由のために、僕は入所から二～三日後に逃げ出した。チュムポン県からプーケットに戻ってきた。僕は最初、パートン・ビーチに戻ることができず、知り合いの家に住んでいた。しかし、他の場所は自分の場所ではなく、寂しかった。また、収入もないために、パートン・ビーチに戻った。でも、警察や行政のスタッフに会わないように、昼間は眠って夜に出て働くように気を付けていた。さらに、心配なのでＮＧＯの施設にも遊びに行かなかった。

三回目に逮捕された理由は、麻薬の利用だった。良くない経歴があるために、一八歳まで一年間、児童施設に保護されることになった。だけど、僕は一年間ずっと保護されることはなく、六ヶ月後に施設を出ることができた。施設は義父と相談して、僕を義父の家へ戻らせて、毎月一回だけ児童施設に連絡することになった。現在、僕は義父の家から出たり、戻ったりしている（23の話）。

以上のように、ストリート・チルドレンの問題解決に関して、行政は「施設の整備」という児童福祉サービスを重視している。しかし、彼らへの支援は、短期間の活動だけで、彼らの非行を止めさせることができない（事例23）。さらに、施設を整備するだけでは不十分である。

実際に、ストリート・チルドレンへの支援は主にＮＧＯによって行われており、ＮＧＯはそれぞれの地域におけるストリート・チルドレンの問題に焦点を定めて解決を試みている。一方で、ＮＧＯに参加しているストリート・チルドレンの状態は次の三つのグループに分類できる。①ＮＧＯ活動に参加しながら自立しているストリート・チルドレン、②ＮＧＯ施設に入居しているストリート・チルドレン、③ＮＧＯ活動に参加しながら家族と同居しているストリート・チルドレン。このように多様な状態にあるストリート・チルドレンに対応するために、ＮＧＯは、それぞれ

表7-4　行政とNGOによるストリート・チルドレンへの対応における差異

	行政の活動	NGO活動
ストリート・チルドレンに出会う方法	逮捕、住民の情報	ストリート・チルドレンのいる場所への訪問、知り合いの紹介
ストリート・チルドレンの入居方法	強制的な入居、児童裁判所による判断を受けて	ストリート・チルドレン自身の意思で、自由に入居
活動の多様性	入居施設を中心に	施設、相談、訪問、行政と情報を交換
規則の厳しさ	重要性の強い規則	柔軟性のある規則
問題の解決時間	短期間に路上生活・非行を止めさせること	長期間の問題を解決すること

のグループが直面している問題に注意を向けなければならない。さらに、行政と協働しながら支援を行う役割が求められる。

これまで、ストリート・チルドレンは、次の六つの深刻な問題を抱えてきた。①健康問題（不十分な食事、寝る時間や住む場所の欠如、麻薬依存、エイズ、ケンカ）、②精神問題（恐怖、暴力、単身生活）、③問題行動（盗難、非行、道徳、性的関係のリスク）、④教育問題（非識字、中退）、⑤行動リスク問題（グループのアイデンティティ、ギャング）、⑥エイズのリスク問題（性的サービス、グループ内の性的関係）、である。また、ストリート・チルドレンは、NGOに連絡しないままに移動し、居場所を離れていなくなってしまうことがある。例えば、友人に誘われて移動する、逮捕される、仕事の変化に伴って居場所を変えるなどである。その結果、NGOが彼らの情報を把握できなくなってしまうということが現実的に多く、この問題の解決に向けた持続的な活動ができなくなってしまい、NGOに参加しているストリート・チルドレンを援助することでの成果もまた、厳しいものとなってしまうのである。

八　NGOの活動における限界

麻薬予防

事例からみたように、NGOの活動において残されている問題は、ストリート・チルドレンがＮＧＯに参加した後の変化に関するものであり、麻薬依存、進学や学校に戻る状態、エイズなどに関する問題が挙げられる。それは、彼らの現実的な日常生活の状態に関わるものである。麻薬依存の原因では、①友人の多くが利用しており、もしも利用しないとグループに入ることができない。また、グループの中でポジションを上げるために、強い麻薬（例えば、ティンナ、ヤーバー（覚醒剤の一種）、マリファナ、ヘロイン）を利用する。②仕事にも関連しており、ストリート・チルドレンの中には麻薬を利用するだけでなく、麻薬を売買したりする者もいる。③麻薬依存の状態にあるため、麻薬をやめることが難しい。

バンコクにいるストリート・チルドレンが扱う麻薬については、次のようなことがわかっている。ファランポーン駅（Hua Lam Pong Station）にいるストリート・チルドレンの場合はタバコ、シンナー、ハシシであり、サパーンプー（Sapan Phu）ではタバコ、シンナー、ヤーバーであり、パッポン（Pat Pong）ではヘロイン、ヤーバー、タバコを使っている。その結果、ストリート・チルドレンは健康状態が悪く、麻薬を利用する時間とその量が多すぎたために、死亡してしまう者も多い。さらに、ストリート・チルドレンは麻薬利用の現場にいる限りは麻薬を予防できないので、彼らがグループを離れて、行政・ＮＧＯの麻薬予防施設に入居すれば、麻薬予防ができる可能性があるという（Somphong 2007）。

一方で、本研究で調査を行ったＮＧＯについては、ストリート・チルドレンの麻薬依存問題の解決は依然として難しい状況に直面している。それは、以下のような理由に基づいている。

① ストリート・チルドレンにとって麻薬を手に入れることは容易であるということ。特に、シンナーやタバコの値段は安価であり、一般の店で販売しているため、彼らでも簡単に買うことができる。

② 友人やグループを模倣してしまう。友人が利用しているのに、自分一人が麻薬を使わないでいると、グループの仲間に入れない。
③ ストリート・チルドレンは自分に自信がなく、頼りにできる人や安心感を与えてくれる人がいないので、自分の不幸や寂しさを忘れるために、麻薬を利用する。また一方で、ストリート・チルドレンには麻薬予防の意志がないために、麻薬患者の施設に何度入居しても麻薬を止めることは難しい。

僕は一二歳から麻薬を利用し続けてきた。家を出てストリート・チルドレンになって、最初は麻薬の使い方がわからなかったけれど、親友から麻薬の使い方を教えてもらった。友人の間で流行すると友人と同じように使わなければならないと言われた。また、その時に、頼れる人は誰もいなくて友人を信じた。寂しくて、困難なことを忘れたいので、僕はシンナーを使った。使うほどに止められなくなって、麻薬の量が増えてきた。最初僕はタバコを吸った。次にシンナーは安くて簡単に買えるので、シンナーの方を使った。また、長くストリートにいるために、様々な麻薬（ヤーバー、マリファナ、ヘロイン）にもチャレンジした。その麻薬は強いし、値段も高くて、手に入りにくいので、現金が必要になった。でも、僕は収入が少なく、お金がない時にはお金を持っている友人と利用することができなくなった。それで、僕は麻薬の売人、仲介者などとして働いた。でも、その仕事では長く働けない。警察は僕を監視しているようだし、他の麻薬の売人が逮捕されたり、死んだり、いなくなったりしたことがあったので、僕は麻薬の仲介・売買を辞めた。

そして、僕は、NGOの宿舎に入居した。NGOは、麻薬を止める施設に僕を何度も入居させたが、麻薬を止められないでいる。僕は長い間麻薬を使ってきたし、麻薬を使わない時には、苦しくなってしまう。自分は心が弱いし、自分の価値がないと思っている。死んでもいいし、麻薬で酔払った時に、いっぱいきれいな星を見られると、楽しくて幸せだ。それで、麻薬を止められないので、安い麻薬（シンナー）を使っている（1の話）。

HIV/AIDS のリスク

チュラローンコーン大学の社会的調査施設と国家経済社会開発の報告（一九九二、二—四三）によると、現在、ストリート生活を行うストリート・チルドレンは、児童売春や性的サービスに従事する傾向が高くなったという。その影響で、彼らがHIV/AIDSになるリスクもまた増加してきている。また、アヌチョン・ホーンソン他によると、高収入を求めたり、観光業関連のマーケットの要求が高くなったりするために、転職をして売春を行うようになるストリート・チルドレンの数が拡大しているという（Anuchon 2001: 41）。

本研究の事例からも、多くのストリート・チルドレンの職業が売春に関わるものであることがわかった。彼らが性病に罹ると、薬があれば薬を飲むが、病院に行って診断を受けるようなことはしない。さらに、彼らが働く店では、エイズを予防する方法を教えておらず、健康診断・エイズの診断を受けに行かせることもしないので、エイズになっているかどうかはわからない状況にある。さらに、ストリート・チルドレンはグループ内でも性的関係があり、また、相手を変えることが頻繁であるので、不十分なエイズの予防知識のために彼らがエイズになる可能性は高いのである。

しかし、実際にＮＧＯの活動の問題は、ストリート・チルドレンがエイズの診断を受けることの困難さにある。それは、本人は診断の結果が怖いので彼ら自身が健康診断を望まない。民間の店、病院・クリニック、行政（公衆衛生客）との協働が不十分な状態にある。さらに、エイズに感染したストリート・チルドレンは、依然として売春の仕事を行っているので客にエイズをうつすリスクもまたある。

NGOも規律をストリート・チルドレンに求める

表七―三に示した「子どもを愛する家」の活動のように、他の恵まれない子供へも援助しているため、他の子供からストリート・チルドレンは、差別されている場合がある。ストリート・チルドレンは他の子供と同居しているが、他の子供は彼らの行動や話し方を理解できないため、話したり遊んだりしたくない。また、彼らはそれまで自分で働いて多少の収入を得ていたが、施設に入所した後は働けないために収入がない。その結果、彼らは混乱した気持ちを抱えており、施設を出たいという希望があるが、現在自分たちには他に居場所がなく、警察の厳しさもあるので、施設を出られないでいる（事例1、2、3）。

また、思いやろうプロジェクト（BTNJ）は行政とボランティア活動を併せた形態であり、ストリート・チルドレンの問題を解決するために、彼らをつかまえ、彼らのグループやストリートから離れさせて、一時的に施設に入居させている。また、この施設は行政制度のように、厳しい規則・罰があり、施設を自由に出入りすることができないし、また家族や友人に会う時間もまた制限されている。この施設の目的は、ストリート・チルドレンが入居している間に、不良行為を矯正し、規則を教えて支援することにある。また、この活動は行政の施設や行政の援助金などの支援を受けている一方で、ボランティアの寄付で運営しているため、運営の方針に一貫性がない。

ストリートを離れた後に関する準備が不十分

ストリート・チルドレンと家族との関係は一般に弱い状態にあるが、両親がいない状況の中で、彼らを家族や親戚の元に戻らせることがある。ストリートから離脱させるために、行政はストリート・チルドレンを逮捕し、児童施設に入居させる。その結果、彼らは施設から逃げ出して、警察や行政のスタッフが見つけにくい場所を選んで住んでしまう。多くの対象者は、行政の施設に一回以上入所した経験があり、三～四回の入所経験がある者もいる。

貧困問題の存在

ストリート・チルドレンがストリートで働く理由は主に、家計を支えることであるが、行政・NGOは彼らの家族に対して援助する具体的な方法・政策を見出していない。YMCA の活動のように両親に安定した仕事を提供するプログラムもあったが、ストリート・チルドレンの両親の職業能力は不十分であり、訓練期間が長い上にその間利益が出ない。その結果、そのプログラムを途中で止めてしまう両親も多かった。また、家族と同居しているが、両親が失業の状態にあるため、子供自身が家計を援助しなければならないという場合もある。特に、母子家庭では子供がストリートで働かない場合に家計の問題を解決する方法がない。さらに、親が就いている仕事で得られる収入が不十分なものであるために、子供がストリートで働かなければならないケースもある。

また、貧困のためにストリートで働く子供は、学校に行くことができず、成績も低く、勉強するための時間や寝る時間が不十分であるために、学校を中退してしまう。特に、永続的なストリート・チルドレンの場合は、ストリートにいる間に、支援者や保護者がいなく、孤立している。また彼らは、様々な、精神的問題を抱えているので、刹那的な行動に走りやすく、自分の将来をどのようにすればいいのかということを考えることは難しい。また、ストリート・チルドレンの生活を保障するセーフティーネットのレベルは低い状態にある。その結果、彼らは、現在と将来それぞれにおいて、貧困問題を抱えていると考えることができる。

九　ＮＧＯ活動の成果

ストリート・チルドレンがＮＧＯのプログラムに参加した後、彼らの状態に変化が見られることは確かである。多くは「十分な基本的ニーズが与えられた」、「健康・精神・行動がよくなった」、「読み書き能力の回復、進学、宿題や授業に関する知識が提供された」状態にある。さらに、ＮＧＯの活動に参加した後で、「自分の将来」について考えるようになったストリート・チルドレンは多い。特に進学することへの希望が持たれるようになり、また職業に就くという希望についても持つことができるようになった。以下に示すように、ストリート・チルドレンの状態に応じて、ＮＧＯは様々な活動を行っているので紹介しよう。

日常生活をサポート

ＮＧＯの活動は、基本的ニーズを支援している。そのため、多くのストリート・チルドレンにとって、ＮＧＯの活動に参加する目的は、ＮＧＯの援助を受けることであると考えられる。例えば、食事・衣服・薬の提供、一時的な休憩場所などである。援助を得た後、ストリート・チルドレンはまた自分たちの自由な生活に戻り、困難な時にだけＮＧＯに頼み、支援を受ける。すなわち、彼らにとってＮＧＯの基本的な役割は、日常生活に直接関わるものである。さらに、ストリート・チルドレンが抱える問題は多様であり、解決方法も違う。そのため、ＮＧＯは、彼らの相談相手になり、連帯保証人になり、仲介者になるという役割を担う。

タイ語・知識の提供

ストリート・チルドレンの中には、タイ語の読み書きとタイ語での会話ができない状態にある者もおり、そうした能力を退化させてしまった者もいる。なぜなら、彼らの両親は非識字であったり、不法滞在外国人や少数民族であったり、幼い時から両親・保護者と離れていたというような状態にあったため、読み書きやタイ語の会話を子供に教えることができなかった。そのため、彼らの言語能力や認識を高めるために、タイ語の読み書き、あるいは彼らの仕事に必要な知識を教える。例えば、英語、職業訓練、社会化（マナー・社会的な規則）に関するものなどである。その目的は、ストリート・チルドレンが必要な情報を取り入れ、彼らの選択肢を広げることである。

自尊心を高める

ＮＧＯの活動の最も初歩的なものは、ストリート・チルドレンの健康を支援することである。その次の段階としては、彼らがストリートを離れられるように、職種、能力、本人の希望など彼らの希望に沿って支援することが必要である。彼らが自分を理解すれば、自信を増し、ストリートを離れることが可能となる。そのために、ＮＧＯは、ストリート・チルドレンにカウンセリングを施し、彼らの精神問題を解決しながら、麻薬に走らないように予防する。

ＮＧＯがストリート・チルドレンを援助する場合、マニュアルは存在しない。彼らを取り巻く問題の原因は一人一人違うものである。また、彼らがストリートで生活している期間の長さによっても、問題の解決に要する期間が異なる。ＮＧＯの活動にとって、継続は何よりも重要である。ＮＧＯの活動は、子供本人の希望に沿って、ＮＧＯの活動に参加するかどうかを自由に選択させる。多くのストリート・チルドレンには、ＮＧＯの活動に参加している友人がいるため、ＮＧＯに参加することを望んでいる。また、スタッフは、ストリート・チルドレンを見つけると、当人の経歴を調べて対応方法を検討する。例えば、当人の過去や家を出た理由などを聞き、さらにストリート生活の様々な危険・不便などを説明する。その時点で子供が家に帰るか、ストリートに残るかについて考えさせる。あるいは、子供が家族と同居できないと言った場合は、子供の希望（例えば、誰と同居したいか、何を勉強したいか、どこに行きたいかなど）を聞いて、その希望にあったプログラムを提供する。さらに、他のネットワーク、例えば、家族、行政、学校、専門家、ボランティアなどと連携する。この柔軟な方法は、ストリート・チルドレンの問題を解決する可能性が高い。

身分を証明してやる

多くのストリート・チルドレンは、幼い頃から家を出ており、さらに、両親と連絡をとっていない。そのため、彼らは身分を証明するような文書を何も持っていない。そのため、彼らは、福祉や学校教育などを受けることができないでいた。ＮＧＯはストリート・チルドレンの条件を調査し、彼らに関するデータを収集したうえで、行政に連絡をし、必要な資料を作成する。具体的には、身分証明書、住民票、卒業証明書、外国人の場合は滞在許可証や労働許可証などを作らなければならない。

ストリート・チルドレンの状態については、以下のようにまとめることができる。①ストリート・チルドレンにとってストリートは、単に仲間と集まるための場所ではなく、生活のための場所であり、彼ら自身か家族のために働くための場所である。②ストリート・チルドレンは、ストリートで多くの時間を費やしている。なぜならば、彼らが就いている職業は収入が低く、また不安定であるため、長い時間働くほど収入が多くなるからである。あるいは、家へ帰りたくないという理由のために、ストリートで生活してしまう者もいる。③ストリート・チルドレンの仕事はほとんどがインフォーマル・セクターである。例えば、物売り、廃品回収業者、あるいは物乞い、児童売春、泥棒などである。④実際、彼らの生活や仕事について、両親や保護者は保護を行っていない。

一〇　おわりに

児童福祉は健康や生活の快適さ、十分な保護という子供の権利を保証し、社会政策におけるセーフティーネットは子供の最低限の生活を保障するべきものである。行政やＮＧＯはストリート・チルドレンが生活保障を受けられるよう政策を実行している。

本章では、ストリート・チルドレンに対する行政・ＮＧＯのサポートの内容と効果について、比較検討した。ＮＧＯが行う活動は、ストリート・チルドレンの日常生活に深く関わり、彼らと接する時間も長いので、子供たちとＮＧＯの関係は、行政よりも強いものが形成される。また、ＮＧＯは、行政のパートナーとして認められ、近年、ストリート・チルドレンの問題を解決し、彼らの権利を保護するために、行政がＮＧＯの活動に補助金を支援するプログラムが増加してきている。また、入居施設、ノンフォーマル教育のプログラムなどにおいても協働が見られる。行政とＮＧＯが協働している事業は、彼らの必要な証明書（例えば、身分証明書、住民表など）の作成、行政・ＮＧＯの施設への入居、ＮＧＯへの予算支援などがあり、成功している事例も多い。このように、ＮＧＯが活動できない場合は、行政が支援を行い、ストリート・チルドレンの問題を解決する可能性が期待される。

写真9　コーラートの Ban Tran Nam Jai プログラム
ストリートチルドレンの少年達

写真10　プーケットの NGO による職業教育

本研究の調査の結果、ＮＧＯの活動に参加したことで、ストリート・チルドレンの状況に変化が見られることが明らかとなった。①ストリート・チルドレンにとって十分な基本的ニーズを与えること、②ストリート・チルドレンの健康状態が良くなったこと、③ストリート・チルドレンの精神状態が良くなったこと、④ストリート・チルドレンの識字能力が向上し、タイ語の読み書きや、ノンフォーマル教育の教育制度に進学できるようになったこと、⑥行動が改善し、礼儀を身につけたことなどである。

ＮＧＯの活動のなかで成果が見られるものとしては、「基本的なニーズ」と「心のケア」に集中していることがわかる。だが一方で、「麻薬依存」「ストリートからの離脱」「安全な性」については、いまだ成果が認められない。ストリート・チルドレンの麻薬依存は深刻であり、性行動は売春、同性愛、アナルセックスが多く、エイズのリスクが高い。そのため、ＮＧＯは今後、問題行動の減少を目指して、精神問題の解決、カウンセリングや指導などを中心とした活動を行うことが必要である。また、エイズの予防には、民間の店や顧客、専門家などが互いに協働することもまた求められる。

最後に、行政やＮＧＯの支援プログラムにもかかわらず、貧困問題を解決できないストリート・チルドレンの現実的な状態があることを指摘しておかなければならない。彼ら自身の問題だけではなく、家族の問題も含めて、ストリート・チルドレンを取り巻く根本的な問題の解決には相当の困難が予想される。彼らは自分の将来について人生の選択肢が少なく、人生を切り開き、社会に安定した生活の基盤を築く能力が不足している。ストリート・チルドレンの人生の選択肢を拡大させるために、彼らのケイパビリティを伸張させるためにどのような施策が可能か、今後とも調査研究が継続されるべきである。

註

（1）http://www.cm.ago.go.th/SKSH/ActChildY2546.htm

（2）本研究のストリートの定義については、路上という意味だけではなく、公的な場所、例えば、公園、広場、橋の下、暗い場所、使わない古い建物など、彼らが働いたり生活をしたりする場所を広く含めている。

（3）http://oppy.opp.go.th/about/doc/youthrep46-47.doc

（4）http://www.nidambe11.net/ekonomiz/2006q4/2006november05p1.htm

（5）本研究の対象者の年齢は二五歳未満である。それは以下のような理由に基づく。多くのＮＧＯの活動では、一八歳未満のストリート・チルドレンを支援するだけでは不十分だと言われている。なぜならば、多くのストリート・チルドレンは一八歳になってもすぐにストリートを離れないことが多く、それ以上の年齢の者に対しての保護も必要となるからである。そのために、本研究ではストリート・チルドレン（Street Children）とストリート・ユース（Street Youth）の両方を対象にしている。

（6）タイに関する学位教育制度は、フォーマル教育（学校教育制度）とノンフォーマル教育（学校外教育制度）に分類できる。また、インフォーマル教育では、子供が自由に勉強に取り組むことが可能で、学校教育制度の能力向上のためにも、その役割は大切だと言われている。本稿で扱うストリート・チルドレンの教育においても、ノンフォーマル教育が中心となる。なぜならば、ストリート・チルドレンの多くが、年齢差の問題や、学校の勉強時間の問題、健康や精神の状態の問題などを抱えているため、一般の学校教育に進学することが難しいからである。

第八章　ゴミ収集人
――包括的ごみ管理体制の構築

ソムキッド・タップティム
（訳・構成 清川梢・櫻井義秀）

一　はじめに

タイにおいても近年他の発展途上国と同様に、ゴミ処理事業にゴミ収集人の積極的参加が進められるようになった。ここでいうゴミとは、リサイクル資源に転用可能な固形廃棄物（solid waste management の訳）であるが、以下、ゴミと簡便に表記する。行政が行うゴミ処理事業とは別に、私的にゴミ収集活動を行っている発展途上国のゴミ収集人を調査するためにどのような研究方法が最も適しているのかについて明確な答えはない。しかし、地域間の比較研究や、実際に活動しているゴミ収集人の聞き取り調査がまず進められるべきだろう。その際、ゴミ収集人の基本属性、彼等に関わる社会、経済、心理、法律、衛生、経済、環境とゴミ処理事業というような様々な要素について、総合的に考察していくホーリスティック・アプローチが有効である。

「行政機関や専門家による協力とアドバイスを受けた地域企業による資源ゴミサービスとの協同」は、環境の持続可能性を実現するための良いモデルになる。これは、ゴミ収集人の、地位や職業的役割の向上、世評の改善、資源ゴミ価格の保証、人権および健康と安全性の確保を目指すための一つの方法である。さらにこの方法によって、ゴミ収集人に関わる偏見やネガティブな認識を脱却できるだろう。タイでは、ゴミ収集人をゴミ処理事業へ組み入れるという方向転換を行って、ゴミ収集人を取り巻く問題を改善しようとしてきた。その際、ゴミ収集人や利害関係者、該当地域の住民の声を聞き取り、現実的状況を把握することを本研究では重視している。さらに、様々な機関が進歩的な技術を導入することによって、この官民複合型のモデルを発展させ、ゴミ収集人の地位を高めていくことが期待される。

タイのゴミ処理事業は、貧困層が従事するゴミ収集というインフォーマル・セクターが関わっている。多くの研究ではゴミ収集人を人的資源の一つになぞらえているが、ゴミ収集人自身が公的機関の活動に参加するようなことはない。ゴミ収集人は、不潔さや無能さ、現代的な交渉力の欠如、危険の伴う職業というイメージのために、社会的地位の低い人々が従事するものとみなされている。貧困、不平等、行政によるゴミ処理事業の未整備から、タイではゴミ収集人が生み出されているといえる（Bunthawat 2001; Medina 1997b）。

世界銀行が明らかにしたように、現在、第三世界の人口の二パーセントが、ゴミから得られる資源を再生することで生活している。ゴミ収集人の社会的役割が途上国の中で拡大していっているにもかかわらず、彼らについて十分な調査が行われているとはいいがたい。

タイにおけるゴミ収集人の数について、公的な統計記録は未だとられていない。しかし、バンコクには六万二〇〇〇人のゴミ収集人がいるという推計がある。彼らのごく一部の者だけが環境や健康についての保護的なプログラムをわずかに受けており、大半の者はその恩恵に預かれない。彼らにも、人権や職業、健康、経済の保障、社会的地位、法的平等性、社会福祉が与えられるべきである。しかし、彼らを取り巻く多くの問題に対して行政機関は快く思っていないし、対処もされていない。それゆえ、ゴミ収集人はゴミが豊富にある都市部のいたるところを仕事場とするのであるが、彼等によるゴミ処理事業ではわずか六パーセントの処理場だけが環境衛生基準を満たした状況で操業している（MoNRE and World Bank 2004: 15）。タイにおいて現在、ゴミとゴミ収集人が増加していることは、上記のようにゴミ処理事業がうまく機能していないことを物語っている。

筆者が調査を行ったコーンケーン市とナコーンラーチャシーマー（コーラート）市は東北部にある地方都市で、近年経済発展してきた地域として知られている。両地域の行政機関もまた、ゴミ収集人の問題を解決しようと努力してきた。そのプログラムには、行政的統括、ゴミ収集人の公的参加、環境プログラム、進歩的技術の活用などを含んでいた。しかし、両地域には資源ゴミのリサイクルに関わる法律がなく、資金不足からインフラ整備も遅れている。本研究では、この二つの地方都市のゴミ収集人を対象とし、彼等の労働実態と職業志向を分析することから、彼等が官民複合型の持続可能な資源リサイクルシステムのなかで仕事を継続するためには、どのような社会的条件が必要であるのかを論じてみたい。

二　研究方法

本章は、文献調査とサーベイ調査から得たデータを用いている。最初に、ゴミ収集人の活動に関わる概括的なレビューを行う。次いで、ゴミ収集人に重点をおいて二都市の特徴について述べ、ゴミ収集人へのインタビューによって得られたデータを統計的に分析した。この調査票は、多くの文献研究と専門家チームの協力によって作成されたものであり、ゴミ収集人の基本属性、彼等に関わる社会、経済、心理、法律、衛生、経済、環境とゴミ処理事業という八点についてゴミ収集人の考えを問う項目によって構成されている。そして最後に、調査結果を元に調査チームによって考案されたゴミ収集人の適切な参加モデルについて提案したい。

三　ゴミ収集人の参加とホーリスティック・アプローチに関わる研究視角

ゴミ収集人がゴミ処理事業に参加していくためには、彼らが抱える様々な問題を見渡す相互に関連した学問分野について考察することが必要である。このことに関して、スパカワデーは、ゴミ収集人の生活は行動心理学、機能主義人類学、功利主義的経済学によって説明可能であると論じている（Supakawadee 2002）。ホーリスティック・アプローチは、ゴミ収集人の性質とコミュニティを考察するものであり、ヘレンの説が応用できる。「政策レベルで協同するためには、コミュニティに参加を求める際、『下層階級の機会』を奪ってはならない（Heren 2002）。そして、コミュニティの協同は草の根的に行わなければならないのであり、トップダウン方式の押し付けであってはならない」というものである。さらに、シャレーネによれば、数多くの環境問題は貧困の問題と大きく関わっているので何よりも都市の貧困状況の改善が必要であるという（Charlene 2000: 21-23）。こうした見方は、コミュニティと草の根活動の融合の必要性に焦点が当てられている。言い換えれば、適切なモデルの姿として、ゴミ収集人と彼等のコミュニティは行政機関と協同できるという提言でなくてはならない。

ゴミ処理事業に関して、ジョージ他は、ゴミ処理事業を、政治科学、都市および地域計画、地理学、経済学、公共衛生学、社会学、人口学、コミュニケーション学、保護管理、工学、マテリアル科学が相互に複雑に絡み合った学際的な制度であると定義している（George et al. 1993）。ヴァサナー他は、ゴミ処理事業が技術的問題のみならず、政治的、法的、社会文化的、環境的、経済的要因の強い影響を受けていると論じている（Veasna et al. 2005: 101）。したがって、コミュニティ、利害関係者、行政機関、専門家が、共に参加してゴミ処理事業を実施する必要がある。ゴミ収集人と協同するコミュニティを扱った研究は極めて少ないが、一方でエスノグラフィックに書かれた研究の数は多い。(1) これらの論文は、ゴミ収集人を「福祉が必要な集団」、「マージナルな集団」「自立的な貧困集団」、「排除された集団」といった言葉で示している。確かにその通りなのだが、心理学的な分析が強い傾向にある。

環境学の分野に関しては、メラ他とS・K・アンポンサー他が分析している（Mera et al. 2005; S.K.Amponsah et al. 2004）。それらによると、発展途上国の都市におけるゴミの大半が、高い有機物を含んでいるという。一方、フォーシスによれば、ゴミ管理には複数の要素があり、科学的な環境改善だけではなく、地域生活の改善も含んでいるということである（Forsyth 2005: 430）。これらの視点は、それぞれの地域の特性、および環境の持続可能性を宣言したアジェンダ21（Agenda21）のようなグローバルな環境管理に関連している。

ゴミ収集人は、貧しいマイノリティの人々である。彼らは、環境的リスクの中で生活しているが、このことは健康の分野に直接関わっている。ゴミ収集人たちは、自分自身の力で健康を維持する十分な知識を持ち合わせていないため、リスクにさらされた集団である（Medina 1997a. 1997b; Michale 2001; Wampen 2004）。こうした見解に沿う形で、ロバート（Robert V）他は、ゴミ収集人のコミュニティは「実際のところ、環境的リスクが貧しいマイノリティのコミュニティに不平等な形で集中している確固たる証拠がある」と強調している（Robert V et al. 1997: 101）。健康や環境に関わる問題を考えれば、我々がいつ彼らに協力するべきなのかは自明である。

近年、行政機関、ゴミ収集人、コミュニティ、利害関係者の境界線を越える形で、協同活動を行うゴミ収集人の数が増加している。なぜならば、インフォーマル・セクターは都市の資源ゴミの再利用を行う上での重要な構成要素であり、ゴミの再利用とリサイクル活動との間の協同作業が必要だからである（Furedy 1993; Giles and Kristian 2000; Gladwin et al. 1995; Jitti 1999; Lucie 2004; Karen et al. 1997; Medina 1997a）。この見方は、国連開発計画／世界銀行が採用するアプローチに見出すことが出来る（Schubeler, Wehrle.& Christen 1996）が、それはゴミ処理事業内のインフォーマル部門とコミュニティ部門の両方の参加を提示している。つまり、我々は、地方自治体レベルでの資源ゴミ管理に責任を持つと同時に、権力的な集中管理をやめることが必要である。

具体的に言えば、効率的なゴミ管理サービスを可能とする民間部門（フォーマルおよびインフォーマル）を全体のシステムに取り込み、ゴミ処理事業に対する競争を行い、互いの効率性を向上させる。そして、地域のゴミ管理におけるコミュニティとサービス使用者の参加を通して、ゴミ管理の効率性を向上させるのである。しかしながら、多くの参加型プログラムは、プログラムに参加する成員の参加意識が不十分であるために失敗に終わっていると主張する研究者もいる。したがって、参加型アプローチの実施に際しては、決定、立案、実行、利用、利潤獲得、評価という全ての段階への参加を組み込むべきである（Jitti 1999; Jan 2001）。これらの視点は、インフォーマル・セクターもまたゴミ管理への参加が可能であるということを示している。

これらの主題と、その鍵となる概念は、ゴミ収集人の参加には多くの要素とアクターが関係しており、ホーリスティック・アプローチの文脈においても、それらは非常に重要なことである。適切なモデル構築のために、それらの関係要素はそれぞれの地域で独自な様相を示すし、見えにくいものであるが、発見され分析の対象にせねばならない。

写真１　線路沿にあるスラム地区への調査

写真２　ナーコーンラーチャシーマー（左）とバンコク（右）においてゴミ収集人とグループ・ディスカッションを行う

写真３　ゴミ収集人への面接調査

写真４　ゴミ収集、仕分け、分別、洗浄などの工程を調査

写真５　ゴミ収集車に同乗

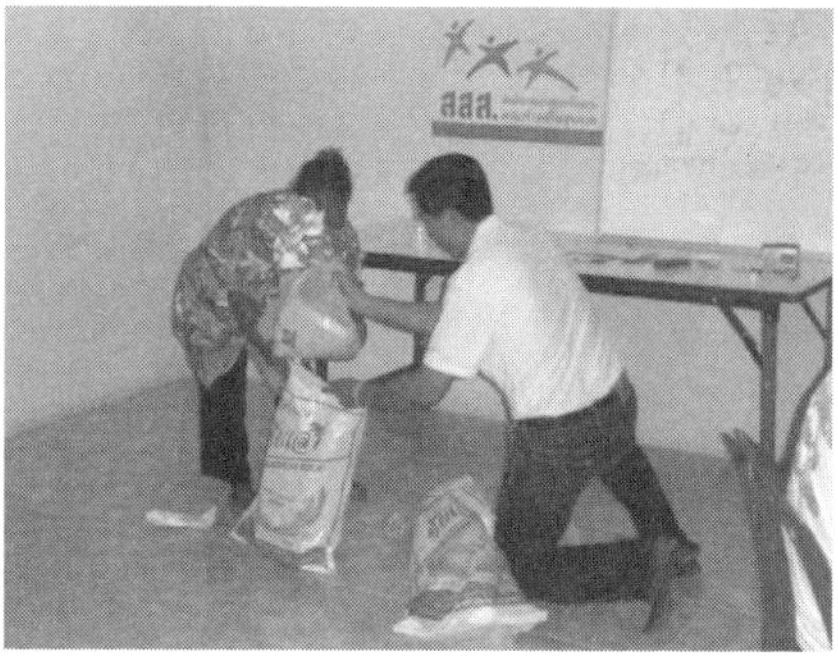

写真６　ゴミ収集人のために分別の仕方を指導

四　調査都市の特徴

コーンケーン市

コーンケーン県は、タイ東北部の中央部に位置する県であり（バンコクから四五〇キロ）、観光や教育・文化の中心地である。コーンケーン県には、二二郡、一九八副郡、二一五五村があり、県庁があるコーンケーン市（四六平方キロ平米）は、この県で最も発展している地域である。県の総人口は、一七五万人（二〇〇〇年）。人口密度は一平方キロ平米当たり三二二四人である。なお、市の総人口は、一七万九一五三人である（二〇〇一年）(2)。

コーンケーン市のゴミ処理事業は、以下のようになっている。都市部で一日に二七七トンのゴミが生じ、一日に一六〇トンが収集されている。これらの収集されたゴミは、ゴミ収集人によって運ばれる。彼らは、ピックアップ車に乗り、三―四人の乗員と一緒に、二交代制で働いている（五時―一二時、一三時―一七時）。都市部のゴミ処理場は、都市の中心部から一七キロ離れた場所にあり、一六万平方メートルの地域のゴミが集められている。ゴミの三〇パーセントは、集められることがなかったり、焼却されたり、様々な場所へ投棄されている。ゴミ収集人の中には、地域組合（Saha Chomchon）と呼ばれる活動へ参加している者もいる。この活動は、彼らが集めた様々な物資を、売買したりリサイクルしたりするもので、一九九八年の二月から実施されている。一日当たり、七〇―八〇人のゴミ収集人が参加する。この活動に際しては、都市コミュニティ開発活動（Urban Community Development Action）により、一部の資金援助がなされている。

ナコーンラーチャシーマー（コーラート）市

ナコーンラーチャシーマー県は、タイ東北部への入り口にあり（バンコクから二五〇キロ）、二六郡、六支郡によって構成されている。県庁郡（三八平方キロ平米）であるコーラート市は、県で最も発展している地域である。県庁郡の総人口は、一七万四三二二人（二〇〇一年）であり、人口密度は一平方キロ平米当たり四六二七人である。

コーラートにおいても、ゴミ処理事業のプログラムはコーンケーンと同様にいくつか実施されている。ゴミは、都市部郊外の処理場へと持ち込まれており、その一部は軍用地にあるゴミ捨て場へ持ち込まれる。これらの場所には、三〇万二四〇〇平方メートルの地域のゴミが集められている。コーラートにも多くのゴミ収集人がいるが、彼らはコーンケーンのゴミ収集人のようには組織化されていない。

五　調査結果と考察

データの記述的説明および統計的分析

サレーン（Sa-Leng）と呼ばれるゴミ収集人たちは、ゴミ捨て場や路上で資源ゴミを集め、またあるいは、一般家庭から直接的に資源ゴミを買い上げている。これらの資源ゴミのうち、約二四パーセントは、路上やゴミ捨て場から来ていると推定される（Worapan 1997: Yongsak 1997）。彼らゴミ収集人は、それらのゴミを古物売買店（Ran Rub Sue Khong Kao）と呼ばれるリサイクルショップに売る。リサイクルショップは、ゴミのタイプや質によって、ゴミの買取価格を決める。ゴミ収集人の大半が、二つから四つの車輪と荷台の付いた手押し車を使用している。彼らは、顔と身体を覆い隠し、サ・ガオ・メェ（Sa Gao Muea）と呼ばれる小さな棒だけをゴミ収集用の道具として使用している。

表 8-1　地域と学歴水準の関係

（χ2＝12.992, p<.001）

		学歴水準		
		無就学・初等教育	中等教育以上	合計
地域	コーンケーン	53 76.80％	16 23.20％	69 100％
	コーラート	59 98.30％	1 1.70％	60 100％
	合計	112 86.80％	17 13％	129 100％

調査対象者の基本属性

本研究の調査対象者は一二九人で、コーンケーンでは六九人（男性四〇人、女性二九人）、コーラートでは六〇人（男性二四人、女性三六人）の人々から話を聞いた。三九・五パーセントの人が世帯主であり、三〇・二パーセントが世帯主の妻であった。年齢は、一二歳から七一歳までであり、平均年齢は三九・七五歳であった。八七・六パーセントの人が家族を持っており、五〇・四パーセントが三―五人世帯、二〇・九パーセントが六―八人世帯であった。なお、単身者は三・九パーセントである。学歴は、無就学と初等教育が八六・八パーセント、中等教育以上の教育を受けている人は一三・二パーセントであった。コーンケーンのゴミ収集人の方がコーラートのゴミ収集人よりも教育水準が高いものが多い（表八―一）。

経済的要素

調査対象者の四分の三以上（六一・二パーセント）が住居を持っているが、残りの三八・八パーセントは住居を持っていない。対象者のうち、ゴミ収集を主な職業とする人は八一・五パーセントで、七〇パーセントの人が副業を持っていない。大半の人（七三・六パーセント）が、前職として、農業、商売、建設労働、賃金労働などのゴミ収集以外の職業に就いていたことがある。五〇・四パーセントの人が、

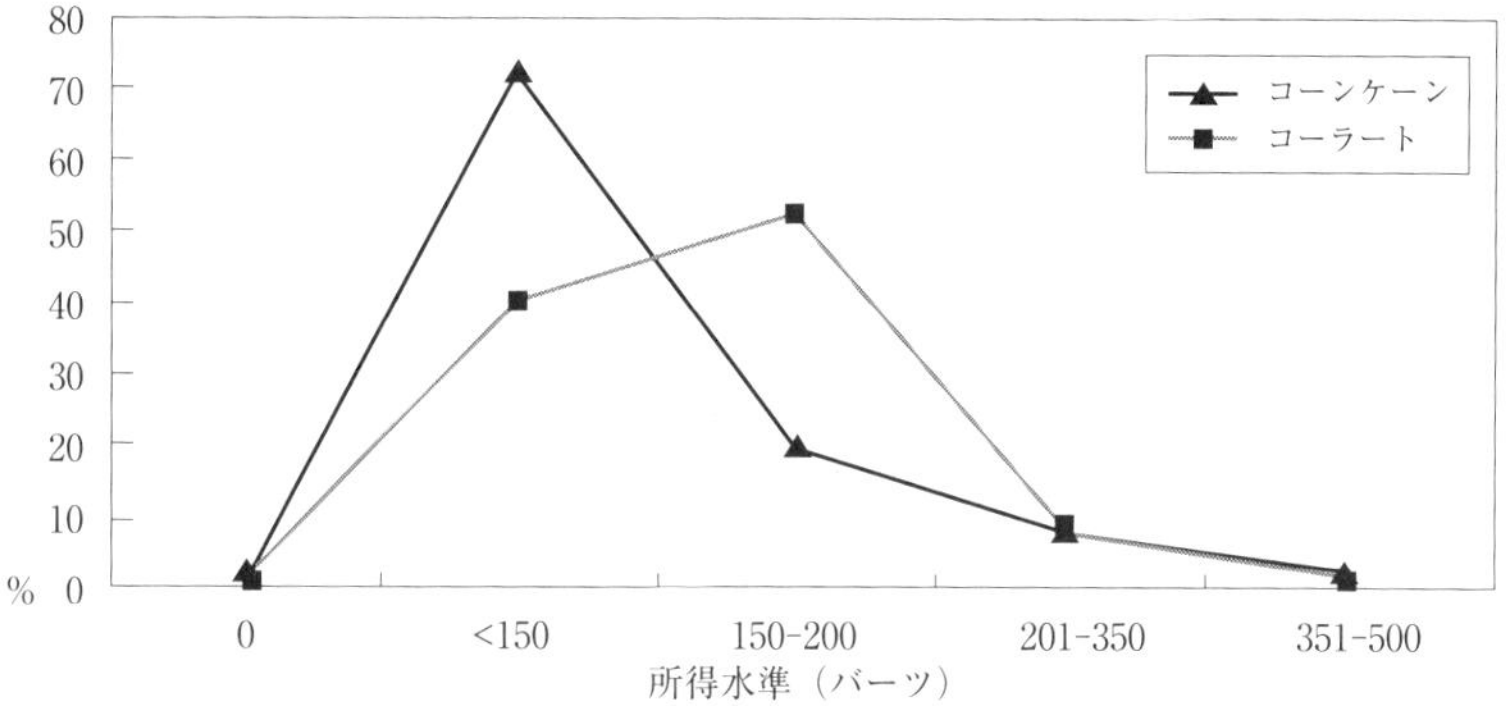

図８-１　コーンケーンおよびコーラートのゴミ収集人の所得水準

今後もずっとゴミ収集人を続けたいと言う。その理由は、「生活のため」「ゴミ収集は立派な仕事だから」「十分な収入になるから」「人に付き合って」などである。

彼らの収入は、一日当たり五〇―五〇〇バーツ、平均で一三三・六バーツになる。しかし、ほとんどの人（九三パーセント）が一日二〇〇バーツ以下の収入を得ているに過ぎない。図八―一を見ると明らかなように、コーラートの対象者のうち五〇パーセント以上の人が一日当たり一五〇―二〇〇バーツの収入を得ているのに対して、コーンケーンの対象者のうち七〇パーセント以上もの人が一五〇バーツ以下の収入を得ているに過ぎない。彼らはあまり多くの収入を得ていないにもかかわらず、大半の人（四七・三パーセント）は、良い収入を得ていると考えている。ゴミ収集人の収入はゴミ収集の範囲と時間帯、総量に関わっており、コーラートの方が自由度が高いことが、表八―二からわかる。

社会的要素

対象者のほとんど（九三パーセント）が、同じエリアで他のゴミ収集人に出くわした時に、相手を無視するようにしている。十分にゴミを集めることができるかどうかについてみた場合、この二つの地域では著しい相違がある

表 8-2　地域とごみを集めることができるかどうかの関係

（$\chi 2=24.135$, $p<.001$）

		十分ごみをあつめることができるかどうか			
		できる	できない	わからない	合計
地域	コーンケーン	18 26.1%	35 50.7%	16 23.2%	69 100.0%
	コーラート	30 50.8%	6 10.2%	23 39.0%	59 100.0%
	合計	48 37.5%	41 32%	39 30.5%	128 100.0%

ことがわかる。表八―二は、その関係性についてのカイ二乗検定の分析結果である。コーラートのゴミ収集人の方がゴミ収集の見込みありと答えている。おそらくこれがコーラートのゴミ収集人の方がコーンケーンのゴミ収集人よりも所得水準が高い理由であろう。

心理的要素

対象者の九〇パーセント以上の人が、ゴミ収集を「役に立つ」と感じ、「貧しく」生活していても「良い収入」のグループに属していると言う。その一方、七・八パーセントの人びとだけが、自分たちは「惨め」で「不快」なグループであると考えている。

対象者の四分の三（七五・二パーセント）の人が、リサイクルショップは、特に優越的な立場にはないと言っている。ゆえに、「ゴミ収集人は、リサイクルショップに搾取されている」という一般に受け入れられている考えは、本調査におけるゴミ収集人の回答によって否定される。さらに、リサイクルショップは、ゴミ収集人に対して貸し付けも行っている。なぜなら、リサイクルショップは、ビジネスのために、ゴミ収集人を必要としているからである。リサイクルショップはゴミ収集人と個別契約を緩やかに結んでフレキシブルな経営をなしているのだが、彼等の労働力を安く利用しているとみなすか、共存共栄というゴミ収集人やショップ側の見方

表 8-3　地域と作業妨害との関係

（χ2＝26．038，p<.001）

		作業中の妨害			
		権威的立場の人から	その他の人から	妨害されない	合計
地域	コーンケーン	7 10.1%	7 10.1%	55 79.7%	69 100.0%
	コーラート	30 50.0%	6 10.0%	24 40.0%	60 100.0%
	合計	37 28.7%	13 10.1%	79 61.2%	129 100.0%

をとるか、微妙な問題である。

表八―三は、地方と作業中の妨害との関係についての、カイ二乗検定による分析結果である。分析結果からは、二つの変数が関係していることと、作業中の妨害についての考えで、二つの都市の対象者の間に著しい相違があることがわかる。「作業中の妨害」についてのゴミ収集人の考えについては、コーラートでは六〇パーセントの人が「妨害されたことがある」と言っているのに対して、コーンケーンでは二〇パーセント近くの人がそう答えている。しかも、コーラートの場合、権威的立場の人からの妨害があるという答えが際だって多い。コーラートの方が、ゴミ収集に関してある種の業者間の縄張りができているようにみえ、役所・業者のコネクションに入らずにゴミ収集を行うことが難しいことを示しているのではないか。それに対して、コーラートのゴミ収集人達は興味深い対応をとっている。

ゴミ収集人の作業時間についての調査の結果、興味深いデータが得られた。コーンケーンでは、わずか九分の一の対象者が夜間に作業していると答えたのに対して、コーラートでは三分の一もの対象者が「夜間」に作業していると答えた（表八―四）。この地域間の相違が示すものは、作業に対する妨害を避けて夜間の収集を行うというゴミ収集人の対処策である。しかし、夜間の収集は法令に違反する要素があるとともに、ゴミ収集の縄張りを侵すことでゴミ収集量を上げる戦略でもあることから、

表 8-4　地域とごみ収集の作業時間帯の関係

（$\chi 2 = 10.427$，$p<.01$）

		作業時間帯		
		昼間	夜間	合計
地域	コーンケーン	62 89.9%	7 10.1%	69 100%
	コーラート	40 66.7%	20 33.3%	60 100%
	合計	102 79.0%	27 21.0%	129 100%

行政・ゴミ収集業者間との軋轢も生じるであろう。作業時間帯の問題は、「法律に関する職業意識」などの別の変数とも関係する（$\chi 2=7.732$, $p<0.5$）ものであるが、この関係性への言及は主題からそれたものになるため、この程度の指摘にとどめる。

法律的要素

対象者のほとんどが、「ゴミを集めることは合法である」と言っている（表八―五）。しかし、コーラートの対象者の半数近く（二二人）が、「あなたは自分の職業が合法だと思うか、非合法だと思うか」という質問に対して「わからない」と回答している。この回答は夜間収集が法律に違反しているかどうか不明であるということを指すのか、彼等が法律に対する意識が低いために夜間収集という戦略に出たのか定かではないが、コーラートのゴミ収集人の所得が違法な活動により支えられているとすれば問題である。

環境的要素

対象者の九三・八パーセントが、手製の道具やシンプルな道具を使っている。ほとんどの人（七九・八パーセント）が、〇・八キロから八キロまでの距離を回って一日に四〇キロ以下のゴミを集めることしかできない。七二・一パーセントの人は、一定の場所でゴミ収集の作業をするが、残りの二七・九パーセントの人がゴミ収集

表８-５　地域と法律に関する職業意識の関係

（χ２＝26．120，p<.001）

		法律に関する職業意識			
		合法	非合法	わからない	合計
地域	コーンケーン	60 87.0%	7 10.1%	2 2.9%	69 100.0%
	コーラート	37 61.7%	1 1.7%	22 36.7%	60 100.0%
	合計	97 75.2%	8 6.2%	24 18.6%	129 100.0%

の作業をするのは、決まった場所ではない。八九・一パーセントの人は、手袋や鍵棒、作業着、手押し車といった道具を必要としているが、残りの一〇・九パーセントの人はそれらの道具を必要としていない。また、ほんの一四・七パーセントの人が、ゴミ収集作業の地域区分を必要とすると答えているのに対して、大半の人（四八・八パーセント）は、これを必要としていない。しかし一方で、三六・四パーセントの人は地域区分の必要性について「わからない」と答えている。

ゴミ収集に関して行政が関われる問題がこれである。収集エリアを業者ごと、収集人ごとにある程度の割当制にすることで不要な競争や軋轢を避けることができる。行政と民間業者、ゴミ収集人の協同が必要とされる所以である。

健康的要素

対象者の四分の三（六六・七パーセント）は、作業中にゴミ（手で扱うには危険な廃棄物もある）で負傷したことがあるが、そのほとんどが経済的な理由から、医療的措置を受けに行っていない。四三・四パーセントの人は、ゴミの危険性から身を守ることについて、どの機関からも知識を得たことがない。同時に、七四・四パーセント以上の人が支援を求めているにもかかわらず、四五・七パーセント以上の人が、彼らの活動エリアに行政が介入してくるのを見たことがないと言う。

表 8-6　地域とゴミ処理事業参加の必要性

（$\chi 2 = 9.646$,　$p<.01$）

		参加の必要性			
		ある	ない	わからない	合計
地域	コーンケーン	15 21.7%	39 56.50%	15 21.7%	69 100%
	コーラート	2 3.3%	40 66.7%	18 30.0%	60 100%
	合計	17 13.20%	79 61.2%	33 25.6%	129 100%

ゴミ処理事業への参加についてのゴミ収集人の意見

本稿では、ゴミ処理事業への参加に関する二つの変数に注目する。それらの変数は、ゴミ収集人のゴミ処理事業への参加の状態を映し出し、彼らの活動地域に主眼点を置くものである。一つの変数は「参加の必要性」であり、もう一つの変数は「参加アプローチ」である。表八―六は、「参加の必要性」と「地域」との深い関係性について示している。この検定結果は、二都市のゴミ収集人が、ゴミ処理事業への参加について異なる考えを持っていることを示している。コーラートのゴミ収集人の方がコーンケーンのゴミ収集人よりも参加の必要性がないと考えている。しかし、参加の必要性ありと答えているのが両市とも低いことの方が問題であり、ゴミ処理事業における官民の連携という考え方自体がゴミ収集人には知られていないことがわかる。

「参加アプローチ」という変数については、表八―七が示すように、ほとんどの対象者（七九・八パーセント）が「提携する」かたちでのゴミ処理事業への参加アプローチを求めている。先に示した表のように必要性を感じないものが多いのに、参加型アプローチが望ましいというのは矛盾しているようにも思えるが、現状を変えることへの期待を反映していると読むこともできよう。また、ゴミ処理事業への参加アプローチについて、二都市の対象者が異なる考えを持っていることも明らかである。コーラートのゴミ収集人の方がコーンケーンのゴミ収集人よりも提携に熱

表 8-7　地域とゴミ処理事業への参加アプローチとの関係

（$\chi 2 = 10.040$,　$p<.01$）

		参加アプローチ			
		提携する	補助する	躊躇する	合計
地域	コーンケーン	48 69.6%	9 13.0%	12 17.4%	69 100.0%
	コーラート	55 91.7%	3 5.0%	2 3.3%	60 100.0%
	合計	103 79.8%	12 9.3%	14 10.9%	129 100.0%

心である。この背景には、違法なゴミ収集を行わざるをえない状況を行政との提携により解消していきたいという彼等の意志を読むことができるのではないだろうか。

いずれにしても、資源ゴミのリサイクル事業においては、行政がガイドラインを策定し、一定の枠の中でゴミ収集業者やゴミ収集人に活動してもらうことはタイを含め、この事業が未発達な地域では必要なことと考えられる。

ゴミ収集人の適正な参加モデル

調査結果は、多くの分野にまたがる変数について意義深い関連を示している。ゴミ処理事業は、各地域においてそれぞれ特有のものであり、関係する学問的専門家や行政機関の専門家を含めて、多くのステークホルダーによって最適なシステムを構築すべきである。

タイのゴミ処理事業へのゴミ収集人の適正な参加モデルは、「行政機関や専門家による協力とアドバイスを受けた地域企業による資源ゴミサービスとの協同」と考えてよい。この協同形態によって、ゴミ収集人への利益配分、法的・健康的安全、地位向上にもつながるだろう。このモデルは、ゴミ収集人や関係者の地域における権限を作り出すものである。また、行政機関や専門家によるエンパワーメントや援助、アドバイスを受けることにより、長期にわたって、ゴミ収集人の生活を質の高いものへと変えていくことが期待される。

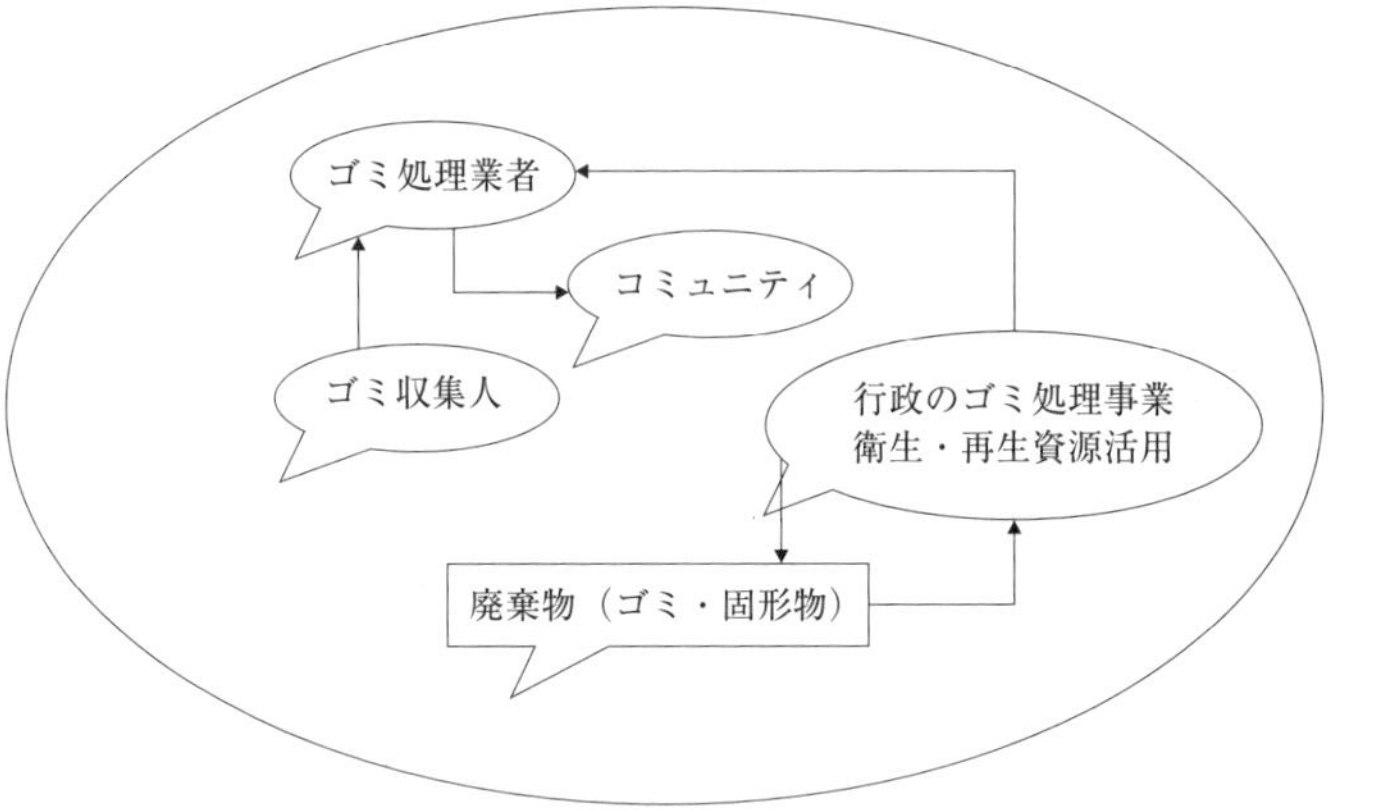

図8-2　ゴミ収集人の適正な参加モデル

六　おわりに

事例の提示と分析により、ゴミ収集人の活動地域の区分、ゴミ収集人がゴミ処理事業システムに参加する必要性、ゴミ処理事業への参加型アプローチは互いに関連すべきものであることがわかった。ゴミ収集人の状況としては、具体的に、「学歴」、「十分にゴミを集めることができること」、「作業中の妨害」、「法律に関する意識」、「作業時間」を見てきた。

他方で、地域性は所得水準も含めて上記の問題と大きく関わっていることが、コーンケーン市とナコーンラーチャシーマー市の比較で明らかになったが、環境や健康の問題に地域性はほとんど関係がなかった。東北タイの市街地でゴミ収集を生業とする人達がおかれた環境とそこから発生する健康問題は、ほとんど同じものであることがわかる。

さらに、いくつかの調査結果は先行研究のものと異なっていたり、相反するものであったりした。特に重要なことは、ゴミ収集人のほとんどが、ゴミ買い付け・リサイクル業者によって搾取されているとは考えていないことである。このことは、先行研究の視角とは異なるものであり、新たな視角として提示できる。ただし、これは東北タイの都市に特有のことなのか、タイにおけるリサイクル業者とゴミ収集人のパトロン－クライアント関係に一般的に観察される関係なのかどうかは判断が保留される。おそらくは、フィリピンのマニラ市周辺のゴミ収集人達よりもタイのゴミ収集人の方が、自由度が高いのであろう。ゴミ収集から別の職種に移ることも可能な人達であるために、業者が関係を悪化させない可能性もある。

とはいえ、それぞれの地域は地域独自の問題を抱えており、リサイクル業者のみならず、コミュニティとゴミ収集人の関係も異なる。したがって、ゴミ収集人をゴミ処理事業システムに組み入れようとする際にも、このことをよく考慮し、当事者の声を聞く、あるいは二つの都市のゴミ収集人についての異なる社会条件について知る必要がある。また一方で、多くの場合、資金援助や教育・訓練活動などによって、ゴミ収集人の活動を改善するための支援が有効であり、行政が彼等の生業の安定・健康の確保に果たす役割は大きい。

ゴミ収集人の積極的な参加を想定したゴミ処理事業システム作りはモデルの域を出ていないが、今後進むべき道と考えられる。本研究を通して、タイの地域研究においてもあまり注目されてこなかったゴミ収集人の生業と、地方自治体のゴミ処理事業について観察することができ、地域コミュニティにおける望ましい資源リサイクル型の発展を構想することができた。この点は成果としてあげてよいだろう。

しかし、本調査はサーベイ調査であり、質問紙による質問内容が限定されていたために、個々のゴミ収集人の生活実態についてはあまり情報を得ることができなかったし、ゴミリサイクル業者とゴミ収集人との関係も内省的な分析に至ることができなかった。おそらく、民族誌的調査を行えば、これらの諸点についても深い観察ができたかもしれない。それはまた別の機会、あるいは別の研究者に委ねたいと思う。

ともあれ、自然と共生しているように描かれてきた東北タイでも、農村部はともかくとして、市民の日常生活で排出されるプラスチック・ゴミや自動車の排気ガス、工場や大規模店舗の排水によって市街地は汚染されてきている。環境汚染への対策を急がねばならないが、政府の対応は極めて遅く、地域住民の意識も高いとは言えない。辛うじて、ゴミ収集は資源ゴミのリサイクルという経済効果が期待できるために貧困層の生業となり、環境の浄化がなされているわけである。それでいてゴミ収集人はタイで最も下層な仕事と認識されている。このような状態をいつまでも継続させるべきではないし、彼等の環境保全に対する社会的貢献を正当に評価し、彼等の健康・衛生状態に十分な配慮を行うことが求められる。

付記

この論文は、Suitable Solid Waste Management by Participatory Scavengers, Model from Holistic Approach: Comparative Study between Two Cities in Thailand (By Somkid Tubtim, Somsak Srisontisuk, Sakurai Yoshihide, Somchai Virunhaphol and Pisit Chareonsudjai) を清川梢が翻訳し、櫻井義秀が加筆修正したものである。

註

（1）例えば、Bunthawat 2001; Prarittra 2001; Christian 2002; Daniel 1992; Hector 2003; Medina 1997a・1997b; Michale et al. 2001などである。

（2）タイの地方自治は、七二の県と一三二の自治市町村（テッサバーン）、パタヤー特別市、バンコク特別都から成り立っており、県の下に六五六の郡があり、郡の市街地は八二六の衛生区（スカピバーン）、郡の村落地域は六六六二の行政区（タンボン）とその下位に位置する六万五三六の村からなる（タイ事典　一九九三、三八五）。東北タイの諸県においては、県の中に郡と自治市町（県都である市街地域）があり、コーンケーン市という表記は、コーンケーン市街地域を指す。

第V部　公共的社会組織による包摂

タイで操業する日系企業の労働衛生と、大学で学び直しをする職業人の学習環境という二つの主題を取り上げ、経済のグローバル化や高等教育の多様化によって生じている人びとの生活の変化に、企業や大学はどのような役割を果たすことができるのかを考える。日系企業の労働者や大学で学び直しをする職業人は、外国企業での雇用や高等教育の機会を利用して、親世代とは異なる社会的地位の達成を目指している。しかし、そこにはこれまで経験しなかった課題、つまり安定した就労や教育の機会を得てはじめて直面するような課題があった。企業も大学もそのような課題に対してさまざまな対策を講じている。国や国際機関だけではなく、企業や大学も人々を社会的に包摂し公正な社会を築くための役割を担っている。

第九章「グローバル企業による公衆衛生——企業の安全衛生管理責任という観点から」では、若年女性の労働市場への参入によって生まれている健康課題に対して企業と国際ＮＧＯが協働で行なっている対策を紹介し、その意義や効果についても検討する。第一〇章「タイにおける継続型高等教育の現状と評価」では、タイの国立大学大学院で学ぶ修士課程学生の学習環境調査に基づき、タイの継続型高等教育の現状と課題を論じる。タイにおける生涯学習の歴史と特徴をふまえて、継続型高等教育の果たす役割について社会的包摂と社会的公正の観点から考察する。

第九章　グローバル企業による公衆衛生
――企業の安全衛生管理責任という観点から

道信良子

一　はじめに

企業には利益を上げるだけではなく、従業員の健康を管理する義務があり、グローバルに展開する場合には、現地の政府や非政府組織と連携し、地域の環境保護や地域住民の健康を守る社会的責任がある。世界各地で、環境保護活動におけるグローバル企業の社会的責任が問われるようになって久しいが、エイズやマラリアなど、アジアやアフリカ諸国を中心として、地域住民の健康を脅かす課題に対しても、企業の貢献が期待されるようになってきている。このような動向の背景には、世界保健機関（ＷＨＯ：World Health Organization）をはじめ、世界の保健医療対策を牽引してきた国際機関が、経済的な力をもつ企業と協働し、世界の保健医療対策を強化する方法を探っていることがある（Buse and Walt 2000; Walt, Brugha, and Haines 2002）。

企業が進出する地域には、企業が従業員として雇用する人びとが生活しているため、職場における健康管理が地域住民の健康を守ることにつながっていく。言い換えれば、地域住民の健康を守る責任を企業が果たすには、まず、職場の健康管理を徹底する必要がある。このような地域住民の健康を視野に入れた職場の健康管理は、「企業による公衆衛生」ともいえるものである。そして、このような健康管理には進出先の国におけるさまざまな組織（企業にとっての「外部組織」）との連携が欠かせない。

しかし、WHOが先に述べたような政策転換をするまでは、企業が外部組織と連携し、職場の健康管理を行うという慣例はほとんどなく、企業はその方法を模索している。こうしたなか、いくつかの重要な問いが提起される。つまり、「企業の方針と外部組織の方針は一致しているか」「企業はどのように外部組織との連携を進めていくか」「企業と外部組織との連携による健康対策は、企業のみで行うものと比べて、どのような効果があるか」という問いである。本章では、タイで操業する日系企業の健康対策を事例としてこれらの問いを検討する。そして、企業と外部組織との連携による健康対策——ここではそれを「安全衛生管理の新しい仕組み」とする——が、従業員の健康を包括的に保護するような社会的包摂の仕組みになることを論じる。

本章の構成は次の通りである。第一に、グローバル企業において安全衛生管理の新しい仕組みを整えることが、従業員にとっての社会的包摂となることの論拠を述べる。それをふまえて、旧来の安全衛生とは異なる新しい仕組みを整えるために、国際機関や国や企業が行われなければならない制度的改革について述べる。第二に、タイ北部の日系多国籍企業における安全衛生管理を事例として、安全衛生管理の新しい仕組みを整えるための道筋を検討する。第三に、タイ北部において企業の健康教育を支援している外部組織の事例を紹介する。最後に、これらの検討をふまえて、企業が外部組織と連携し、安全衛生管理の新しい仕組みを推進することの意義をまとめる。

二　安全衛生管理の新しい仕組み

途上国において現地の人びとを雇用し生産活動を行う多国籍企業には、職場の事故や災害に限定された安全衛生管理だけではなく、従業員の健康全体に目を配るような包括的な健康対策を安全衛生管理のなかに組み込む必要がある。このように述べるのは、企業が雇用する人びとの多くは農村からの出稼ぎ者であるため、移動元の地域からの十分な医療サービスを受けられず、移動先の地域においても長時間の労働に従事しているために、職場の医療サービスを除けば、地域の医療サービスを活用する機会は限られているからである。さらに、企業の生産現場の従業員の多くは女性であり、妊娠、出産、子育てにかかわる医療サービスやエイズを含む性感染症の予防対策など、女性のリプロダクティブ・ヘルスにかかわるサービスを提供することが、雇用の安定のために必然となる。

ところが、多国籍企業が進出する途上国において、このような包括的な健康対策を企業に求めることはこれまでなかった。国の保健医療行政に優秀な人材を投入し、国の保健医療制度を先進国並みに整えてきたタイにおいても、このことは例外ではない。第二章で述べたように、国家の社会経済開発計画が人間中心の開発へと転換されたことで保健医療政策の見直しも行われ、新たにリプロダクティブ・ヘルスが保健医療政策の重点課題に加えられた。しかし、保健医療と労働安全衛生はそれぞれ保健省と労働省の管轄であり、労働省のなかでは職場の安全衛生管理と地域の保健医療政策とは結びついていない。そのため、労働省の方針として、職場の安全衛生管理にリプロダクティブ・ヘルスを導入することは考えられていない(1)。

タイでは、他の途上国と同じく、多国籍企業の従業員は地元の企業に比べて安定した就労の機会が保障されてい

写真１　Ｎ工業団地の企業においてエイズ予防の活動を行う NGO のスタッフ

る。しかし、特に女性の従業員の場合、就労の機会を得たためにリプロダクティブ・ヘルスの健康課題が生じているが、企業においても、国の機関においても、女性従業員の健康課題に対する具体的な対策が取られていない。これは、国家のレベルでは、グローバル化する資本主義経済の発展により新たに生み出される社会的排除の一例であり、女性の従業員の立場からは、就労の機会と、ある程度の経済的安定を得た後に経験する「包括的な医療資源」からの排除と言える。こうした状況のなか、企業が地域住民の健康を守るという社会的責任を果たすには、従業員の健康課題に対処する仕組みを早急に整えることであり、それが従業員を地域医療の資源のなかに包摂する仕組みともなる。

　企業が包括的な安全衛生管理のための新しい仕組みをつくるには、国際機関、企業、地域社会の三つの領域における次のような制度的改革が必要である。

　第一に、国際機関は、グローバル・ガイドラインの整備が進められている職場の安全衛生管理にリプロダクティブ・ヘルスの項目を組み込み、企業が従業員のリプロダクティブ・ヘルスに正式に取り組むことのできる制度的環境を整えることである。一般に、リプロダクティブ・ヘルスを推進するための最小限の対策は、家族計画、母子保健、感染症対策と言われている（Murray and Lopez 1998）。この三つを職場の安全衛生管理のなかで行えるようなガイドラインの制定が望まれる。

第二に、グローバルに展開する企業は、企業グループ全体の安全衛生管理の方針を立て、そのなかで、進出先の地域の保健衛生や従業員の健康状態に応じて、家族計画、母子保健、感染症対策を行うことを推進することである。グローバル企業では、本社と現地事業所の間には従業員の健康管理に対する認識のずれがあり、本社では現地で必要な健康対策の内容がつかみにくい。基本的に、現地事業所の健康管理は、進出先の国の制度に準じ、また、現地の状況に適するというのが一般的な認識であるが、リプロダクティブ・ヘルスに関しては制度が整っていない場合がある。国の対策の遅れを補うためにも、現地事業所が適切に健康対策を実施できるような企業グループ全体の仕組みが必要となる。

第三に、地域社会のなかで、企業が従業員の健康管理のために地域の政府機関やＮＧＯと連携することである。企業活動がグローバルに展開するなかで、企業の地域社会に及ぼす影響については国際社会だけではなく地域社会からの監視も強まっている。それと同時に、企業には地域社会への何らかの貢献が期待されている。

次節では、具体的に、企業は進出先の地域の政府機関やＮＧＯとどのように連携できるかについて、筆者が一九九七年から現在まで調査を行ってきたタイ北部の日系多国籍企業の事例をもとに検討することとしたい(2)。

三　タイ北部の日系多国籍企業における安全衛生管理

調査地の概要と調査対象企業の特徴

調査地は、タイ北部ランプーン県ランプーン市に位置する工業団地（以下、Ｎ工業団地）である。この工業団地はラ

表 9-1　調査対象企業

会社	主要製品	全従業員数	日本人[a]（人数）	タイ人（人数）	
				男性	女性
A	電子機器	1380	13	260	1107
B	電子機器	3022	22	450	2550
C	電子機器	1710	10	255	1445
D	機械	1390	10	630	750
E	電子機器	3111	20	216	2875
F	電子機器	3522	30	439	3053
G	ガラス	715	10	78	627
H	衣類	136	1	67	68
I	木製品	429	2	202	225
J	電子機器	293	3	17	273

資料）調査対象企業 10 社の人事部資料（2002 年現在）
[a] 日本人女性が勤務する会社ＦとＪ以外では、日本人は全て男性である。

ンプーン市の隣に位置する北部最大の都市で、国際空港もあるチェンマイ市への交通の利便性を考慮して建設された。Ｎ工業団地では二〇〇二年現在、六二社の企業が操業しており、団地全体で雇用されている従業員は合わせて約三万七〇〇〇人である（NRIE 2003）。企業の大半は半導体や電子・電気機器を製造する企業であり、団地の従業員のおよそ七割がこれらの企業に雇用されている。日系企業による投資はこの団地における投資額全体（二〇〇二年の累積投資額は五六〇億バーツ）の約半分を占めている（NRIE 2003）。

本研究の対象企業は、六二社のうち、企業規模や業種を考慮して選別された日系多国籍企業一〇社であり、Ｎ工業団地のなかで比較的規模の大きい会社Ｂ・Ｅ・Ｆ、中規模の会社Ａ・Ｃ・Ｄ、小規模の会社Ｇ・Ｈ・Ｉ・Ｊとなっている（表九―一参照）。

この一〇社はどれも表九―二に示したような職位階層に基づいて従業員を配置していた。つまり、上・中級管理職には日本人男性、中・下級管理職には大卒以上のタイ人男性または女性、事務職および技術職には短大卒以上のタイ人男性または女性、メンテナンスや運搬業務を行う一般作業員には中卒以上のタイ人男性、

表9-2　N工業団地の企業における職位階層と従業員の人数

管理職の職位	全従業員数	日本人男性（人数）	タイ人男性（人数）	タイ人女性（人数）	学歴
上級	社長・工場長	1	0	0	
上級	部長	4	0	0	
中級	課長	8	3	0	大学
中級	係長	(6)	9 (4)	2	大学
下級	班長	(2)	17	8	大学・教育大学
	秘書・事務職員	0	2	41	大学・教育大学・専門学校
	技術職員		37	9	教育大学・専門学校・高校
	一般作業員	0	196	1047	高校・中学

出典）某日系企業人事部資料，2000年度
*（　）内の数字は兼務の場合を示す。

そして組立作業を行う一般作業員には中卒以上のタイ人女性を配置していた。

従業員の健康状態

調査参加企業一〇社では、医務室の看護師または人事部の担当者が患者の疾患別統計を毎月人事部長に報告していた。会社Bの医務室の統計資料（一九九六年八月から二〇〇二年七月）と会社Eの医務室の統計資料（一九九八年七月から一九九九年六月）によると、頭痛、腹痛、生理痛が医務室に掛かる従業員の三大疾患であった。[3]

女性のリプロダクティブ・ヘルスについては、望まない妊娠、人工妊娠中絶、性感染症（STD: Sexual Transmitted Disease）の問題が指摘されている。[4] また、N工業団地に隣接する私立病院の産婦人科外来の資料によると、外来患者の最も多い疾患は膣トリコモナス症と膀胱炎であり、続いて膣炎とカンジダ症である。[5] この病院の外来患者の多くはN工業団地の従業員であることから、女性従業員に性感染症（STD）が広がっていることが推測される。

また、ランプーン県衛生局によるエイズサーベイランスによると、県内の工場労働者の推定HIV感染率は一九九九年に三・九パーセントであっ

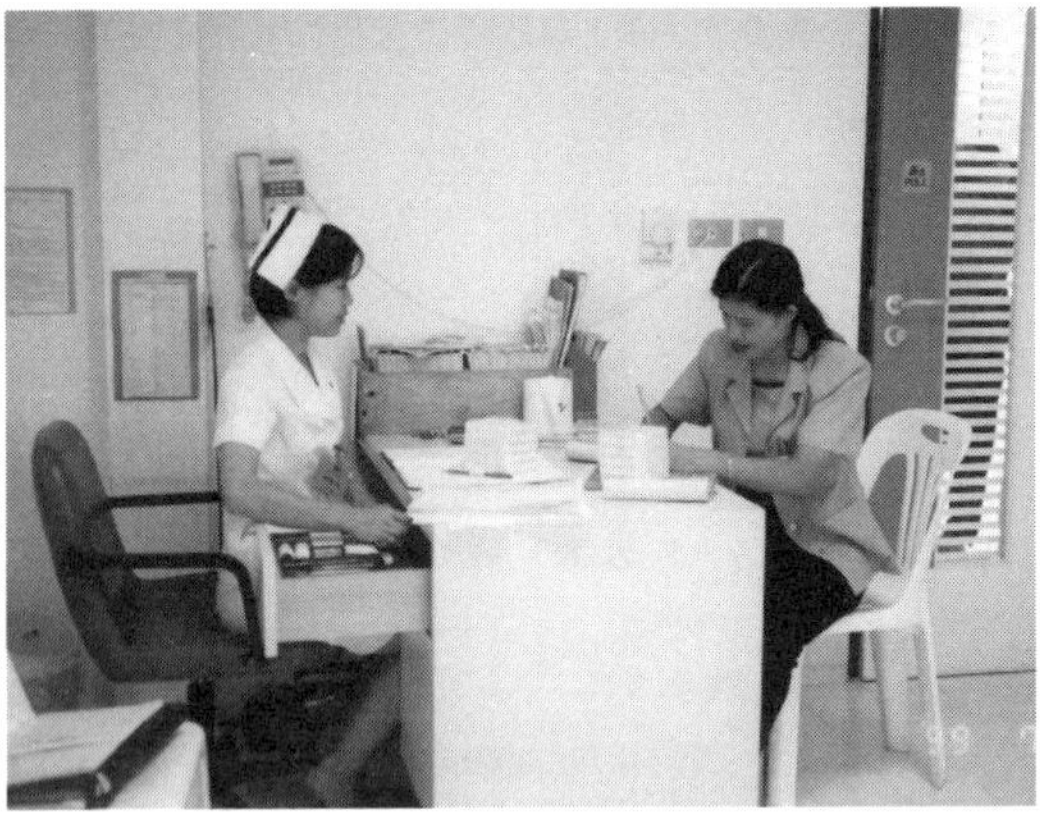

写真2　N工業団地の企業の医務室

た（LPH 1999）。三・九パーセントという数字はセックス・ワーカーや麻薬常用者などのハイ・リスク集団に属さない一般の男女の感染率としては高く、N工業団地の従業員にHIVリスクが潜在していると言える。この団地が位置するタイ北部では、一九八〇年代後半に、女性セックス・ワーカーの間にエイズが蔓延し、一九九〇年代に入っても、女性セックス・ワーカーのHIV感染率は六〇パーセントと高い。一般女性の感染率を把握するための妊産婦検診では、HIV感染率は九パーセントを超えていた（UNAIDS 1998; UNAIDS/WHO 2004, 2006）。女性セックス・ワーカーと妊産婦検診参加者の感染率はいずれも一九九七年をピークに下降し、二〇〇四年にはそれぞれ一二・四パーセントと〇・九パーセントまで下がった（UNAIDS/WHO 2006）。しかし、依然としてタイ北部のエイズ累積件数は、全国のエイズ累積件数の二三パーセントを占めている。

N工業団地の調査対象企業の従業員に対して筆者が行ったヘルス・サーベイでは、男女ともに胃腸障害や頭痛、腰痛、ストレスが比較的高い割合で見られ、女性に限っては、ピルの副作用、生理痛、生理不順、下腹部痛に悩む人も多いことが明らかになった（表九―三参照）。エイズとその他の性感染症は本人が自覚していないこともあり、このヘルス・サーベイでは実態を正確に把握できていない。

インタビューのなかで、女性作業員はこれらの身体不調について次のような説明をした。「長時間、同じ姿勢で仕

表9-3　ヘルス・サーベイの結果

項目 (1)	女性 n＝497		男性 n＝421	
	n (2)	%	n (2)	%
胃腸障害　rook krapho (3)	291	58.6	194	46.1
膀胱炎　patsaawa akseep	120	24.1	58	13.8
便秘　thoongphuuk	217	43.7	131	31.1
下痢　thoongsia	176	35.4	191	45.4
頭痛　puat hua	321	64.6	212	50.4
腰痛　puat lang	288	57.9	228	54.2
心臓病　rook huacai	13	2.6	5	1.2
貧血　loohit caang	52	10.5	10	2.4
ストレス　khwaam khriat	166	33.4	153	36.3
STD (4)　rooktitoo thaang pheetsamphan	7	1.4	3	0.7
HIV/AIDS　rook et	3	0.6	0	0
ピルの副作用 (5)	150	30.3	-	-
不妊　penman	16	3.2	-	-
帯下　tokkhaau	87	17.5	-	-
子宮内膜炎　motluuk akseep	34	6.8	-	-
生理痛　puat pracamduan	208	41.9	-	-
生理不順　pracamduan maipakati	108	21.7	-	-
下腹部痛　puat thoong	101	20.8	-	-

(1) この項目はインタビュー・データから抽出された疾患・症状に基づいて構成された。
(2) 複数回答
(3) タイ語の表記はMary Haas (1964) の方式に従っている。
(4) 梅毒 sifilit,　淋病 noongnai
(5) アレルギー phee yaakhumkamneet,　体重増加 namnaktua pheemkhun caak yaakhumkamneet, 肌荒れ pensiufaa caak kaanchai yaakhumkamneet

事をすると、腰が痛くなり、生理痛が強まる」「勤務中にトイレに行く時間がないので、膀胱炎になる」「トイレに行くことができないので、生理の時には不潔になり炎症が起こりやすくなる」「夜勤で食事が不規則になり、生理が止まる。」このように、彼女たちは自分たちの身体不調を、工場の勤務体制や規律にうまく適応できないために起こる「工場労働への適応不良」と考えているようであった。そのため、彼女たちは、専門の医師による治療を受けようとはせず、医務室で看護師から処方される痛み止めを服用し、工場労働のリズムに身体が慣れるまで様子をみる。例えば、生理痛では、不調を感じて最初にとる行動として「医務室の看護師に診てもらった」と答えた人は、生理痛のある二〇八人のうち一三二人（六三・五パーセント）を占めた。生理不順と下腹部痛に関しても、最初の受療行動として医務室の看護師による手当を受けるという人の割合が最も高かった。

身体不調のほかに、望まない妊娠も女性従業員にとっての重要な問題となっている。本調査では、女性のヘルス・サーベイ対象者四九七人のうち二三人、女性のインタビュー対象者三〇人のうち六人は、人工妊娠中絶を経験していた。この六人によると、中絶の理由は「出産や子育ての準備はできていないので、今は仕事を優先したい」という気持ちであった。しかし、中絶は法律で禁止されているため、女性たちは、妊娠していることを上司に隠して夜勤や残業をし、不規則な食生活を続け、自然流産が起こるのを待つ。それでも流産しなければサイトテック（Cytotec®）やミソプロストール（misoprostol）という子宮収縮剤や薬草を飲むか、時には棒を挿入して自然流産を誘発する。会社Bの医務室に勤務する看護師によると、寮の部屋でサイトテックを飲んで中絶を試み、出血が続いているにもかかわらず仕事にきた女性もいるという。彼女は中絶した直後に勤務し、具合が悪くなり医務室に行き、そこで初めて看護師に中絶したことを話したという。別の例では、敗血症になり病院に運ばれる人もいるなど、中絶は生命にかかわる危険を伴う重要な問題であることが明らかである。

しかし、女性たちにとって、中絶は会社工場社会で生き延びるための選択である。インタビューによると、女性たちの多くは、両親の借金や自分の借金、弟や妹の学費の支援などの経済的負担に加えて、不規則な生活や栄養不良、疲労、ストレスなどの健康問題を抱えており、そうしたなかで、子育てはできず、妊娠すれば中絶するしかないという。例えば、家族の借金の返済期日が迫り、仕事を休むわけにはいかないのに、妊娠してしまったら、健康リスクがあっても中絶するということであった。

また、インタビューに答えた女性たちは、中絶について深く考えていないという。中絶は、生れてくる子の命の尊さや、中絶することの罪深さなどについて深く考えて行えるものではなく、彼女たちはむしろ与えられた選択肢のなかから実行可能なことを選び、最悪の結果（彼女たちにとっては解雇）を防ごうとしていた。ある女性（中絶経験一回）は、「中絶について深く考えない（mai khit maak）。まだ若いので子どもは欲しくない」と述べた。またある女性（中絶経験三回）は、「流れたものが血の塊ならば何も感じない。寺に参りタンブン（徳を積むこと）をすれば、それで解決される。中絶をする私たちが悪いのではない。男に騙される、準備ができていない、子どもの面倒を見てくれる両親がいない、そんな場合には中絶するほかない。子どもは準備ができてから生まれる方がよい」と述べた。

職場における健康対策

一般に、製造業における安全衛生管理の最優先課題は事故や怪我の防止である。事故・怪我の防止は工場運営の基本であり、企業の管理責任を問われるからである。一方、リプロダクティブ・ヘルスは具体的な対策の対象となることはこれまでなかった。一九九八年に労働条件の保護を法律で規律するための試みが「労働保護法」の制定となって実現し、労働者の生活や健康の保護が一歩前進した（吉田　二〇〇七）。しかし、リプロダクティブ・ヘルスに関しては、妊娠している女性労働者の深夜残業や時間外労働および危険業務に携わることを禁止することや、妊娠を理由とする解雇およびセクシュアル・ハラスメントの禁止以外は、特に述べられていない。そのため、職場の安全衛生管理にリプロダクティブ・ヘルスが必要なものという認識は企業側にもないままである。

こうしたなか、企業が行っている健康対策は、重要なものでは、医務室における応急処置や、全従業員を対象とする年一回の健康診断、健康教育などがある。本調査では、会社Ｉを除く全ての会社には医務室があり、看護師が交替

写真3　N工業団地の企業におけるエイズ教育

で勤務し、職場で発生した急性疾患や怪我に対する応急処置を行っていた。従業員数が多い会社EとFでは、医師が月に一、二回定期的に訪問し診察を行っていた。医師は会社と契約を結んでおり、従業員の健康診断も兼務していた。健康教育としては、新入社員を対象とする入社時の安全衛生教育と全従業員を対象とする不定期の安全衛生教育・社会教育があった。安全衛生教育・社会教育のテーマは、エイズや麻薬、母子保健、交通事故など多様である。講師は県衛生局や母子保健センター、警察、地域NGO（地域を基盤として活動するNGO）から派遣されていた。

　リプロダクティブ・ヘルスにかかわるサービスとしては、医務室の看護師が家族計画の相談や妊産婦に対する栄養指導、性感染症予防のためのコンドームや避妊用ピルの配布を行っていた。会社Eでは妊婦教育も行われていた。しかし、これらはリプロダクティブ・ヘルスに特化したサービスというよりも、基本的な健康支援の一環として行われていた。

　この他に、いくつかの外部組織がN工業団地の企業を対象にリプロダクティブ・ヘルス教育を行っており、その内容は、エイズとその他の性感染症、麻薬、望まない妊娠の予防など多様である。具体的には、ランプーン県の衛生局と労働福祉管理局がCARE/ラックス・タイ財団と協働し、一九九五―一九九九年に、エイズ予防教育を実施した。二〇〇〇―二〇〇三年には、労働福祉管理局と警察局が「白い工場プロジェクト」という工場内の麻薬対策を実施した。二〇〇一―二〇〇三年には、CARE/ラックス・タイ財団によるリプロダクティブ・ヘルス教育が行われた。工業団地周辺の地域では、ランプーンを基盤に活動する地域NGO「労働者の友」と女性労働者支援センターが教育啓蒙活動を行っていた。労働者の友はチュラロンコーン大学とチェンマイ大学の教員によって組織された労働者支援組織である。女性労働者支援センターはチェンマイ大学ランナー女性センターが運営していた。

これらの活動をするにあたり、外部組織は人事部のタイ人マネジャーと連絡を取り、活動への理解と協力を得ている。タイ人マネジャーは、日本人マネジャーとタイ人従業員との間に入り、会社にとって有益なことと、従業員にとって有益なこととのバランスをとる役割を果たしている。これまで外部組織によるさまざまな活動を許可したのも、それが会社にとっても、従業員にとっても有益であると考えたからであった。

四　非政府機関の役割と地域連携

タイでは、地域の健康課題に対するNGOの役割が大きく、本事例においても、CARE/ラックス・タイ財団というNGOが企業の健康対策の一部を支えてきた。ここでは、日系多国籍企業における職場の安全衛生管理は今後どのような方向性に向かい、そのために企業と外部組織はどのように連携すべきかということについて、CARE/ラックス・タイ財団の活動方針、組織構造、事業内容を吟味することによって考えていく。

財団設立の経緯と活動方針

一九九六年、CARE/ラックス・タイ財団の前身であるラックス・タイ財団がCARE Thailandという国内NGO

の下位組織として設立された。CARE Thailand は、途上国で支援活動を行う国際NGO、CARE International の地域事務所として一九七九年に設立され、タイ国境のカンボジア難民への救急援助を行っていた。その後、CARE Thailand は、環境保護、自然資源管理、教育、健康、エイズなど多領域に活動を拡大することとなる（RTF, 2004）。これらの活動は、「全ての人びとに質の高い生活・基本的人権・公平を保障する市民社会を構築する」という方針に基づいて立案・実施された。

一九九七年、ラックス・タイ財団は、CARE Thailand の職員、事業および活動方針をすべて引き継ぎ、CARE International から独立した。二〇〇三年には、CARE International の傘下に再び入り、CARE/ラックス・タイ財団という名称で現在まで活動を行っている（RTF 2004）。CARE/ラックス・タイ財団の使命は、CARE International の全ての組織が共有する使命でもあり、社会において最も恵まれない人びとや不利益を受けている人びとの潜在能力を高めることだという（CARE 2006）。例えば、ＨＩＶに感染した人には社会的支援を行い、感染リスクの高い人びとには有益な予防法を伝えることなどがエイズ予防のプロジェクトの具体的な目的である（CARE 2006）。

組織構造と管理体制

CARE/ラックス・タイ財団の組織は、成員をいくつかの事業部門に分けて配置し、それぞれに責任者を就けて管理し、最高責任者と理事が組織の全体を統括するという民間組織の構造をもつ。二〇〇四年現在の最高責任者は、プロムブーン・パニットチャパックディ（Promboon Panitchpakdi）、理事会会長は、クラセー・チャナウォン（Krasae Chanawongse）である（CARE/RTF 2004）。この二人はタイ市民のカリスマ的リーダーであり、ラックス・タイ財団の一九九七年の独立時に正式なメンバーとなった。彼らは、プラウェート・ワシー（Prawet Wasi）やジョン・ウンパコーン（Jon Unpakorn）など著名な市民活動家と共に、地域NGOの協働ネットワークを構築し、それまで個別に行われていた市民活動をこのネットワークに統合した実績を持つ。

CARE/ラックス・タイ財団の事業部門は、プログラム開発部、モニタリング・評価部、資源開発部、プログラム戦略部という四つの部門に分けられている（CARE/RTF 2004）。プログラム開発部では、その年に行うプログラムやプロジェクトの計画と策定を行う。モニタリング・評価部では、プログラムやプロジェクトのデータベースの管理と、プログラムを一定の基準で評価するための「プログラム基準化プロジェクト」を実施している。資源開発部では、財務管理と資金調達の仕事を行っている。プログラム戦略部では、プログラムやプロジェクトの運営を支え、人的資本の開発や組織の管理体制を強化するためのプロジェクトを行っている。

二〇〇二年現在、CARE/ラックス・タイ財団には一五五人の正規雇用職員がおり、バンコク本部の事業部門に配属されるか、あるいはプロジェクト・チームを組んで、地域事務所に配属される（表九―四参照）。バンコク本部常駐のプログラム開発部およびモニタリング・評価部職員は男女合わせて一一人であり、そのうち五人は上級管理者である。この五人は、中部・北部・東北部に配属されたプログラム責任者と共に、すべてのプロジェクトの管理と運営を担当している（RTF 2004）。二〇〇二年に各地域事業所で行われていた

表9–4　CARE／ラックス・タイ財団の正規雇用職員

正規雇用職員	男	女	合計
バンコク本部			
プログラム開発部	4	7	11
モニタリング・評価部	(4)	(7)	(11)
資源開発部	6	1	7
プログラム戦略部	4	13	17
地域事業所			
中部	11	28	39
北部	39	9	48
東北部	21	12	33
合計	85	70	155

* プログラム開発部の職務と兼務

出典）Raks Thai Foundation（ラックス・タイ財団), 2004

プロジェクトは、中部では「健康とエイズ」、北部では「農業と自然資源」、東北部では「マイクロ事業とコミュニティ」というものであった。中部の事業は、北部と南部にも展開されており、N工業団地で行われたエイズ教育もその一環である。エイズ予防のプロジェクトはCARE/ラックス・タイ財団の一つの活動にすぎないが、広範囲にわたる大規模なプロジェクトである。

資金調達から見るエイズ関連事業の成功

一九九六年から一九九七年の独立準備期に、ラックス・タイ財団は、活動プログラムやプロジェクトの効果的な運営を目的として、財務管理と資金調達に関する基本的方針を取りまとめた。その方針には、CARE International からの支援を受けず、独自の財務管理と資金調達を行うことが記された。この方針に則り、ラックス・タイ財団は、ダイレクト・メール、タイ全国一六一八箇所の募金箱の設置、HIV感染児支援活動支援基金の設立、国内の他のNGOとのパートナーシップなど、さまざまな資金調達活動を行い、準備期の年収は約五二〇万バーツに達した。

CARE/ラックス・タイ財団の設立後も、財団はプログラムやプロジェクトにおける安定した資金を確保するためのさまざまな戦略を用いてきた。戦略の基本を貫いていたのは、安定期のプログラムやプロジェクトに対しては国や国際機関への依存度を低め、萌芽期のプログラムやプロジェクトには逆に国や国際機関をはじめとする支援組織からの援助を求めるという姿勢である。

二〇〇三年の設立時に、CARE/ラックス・タイ財団は、これまでのようにプロジェクト毎に資金を調達する方法を見直し、すべてのプロジェクトに継続的で豊富な資金を確保するための新しい資金調達法を開発する方針を決めた。その方法の一つが他のNGOや国際機関とのネットワークおよび協力体制の構築である。これに先駆けて、CARE/

ラックス・タイ財団の理事は、一九九九—二〇〇三年に、エイズに関するタイNGO連合（TNCA：Thai NGO Coalition on AIDS）の代表を務め、タイで行われているエイズに関するNGOの活動を取りまとめる中心的役割を果たした。TNCAは連合の会員間のネットワーク作りやアドボカシーも行い、代表は国家エイズ委員会やエイズに関する他の政府委員会にも席を置くことになっているため、政府とのつながりも強化された。また、WHO、ロックフェラー財団、フォード財団、全米家族計画連盟、日本国際協力機構（JICA）、日本エイズ予防財団、日本国外務省など、さまざまな機関との共同プロジェクトも行われている。これらの機関との関係は、CARE/ラックス・タイ財団の経済的原動力となっている。

このように、CARE/ラックス・タイ財団は、安定した継続的な財源を広範なネットワークを通じて確保しているが、これは他のNGOにはない特徴である。つまり、多くのNGOが、萌芽期、安定期にかかわらず、外部組織からの支援をプロジェクト・ベースで得るなかで、CARE/ラックス・タイ財団の戦略は財団のプロジェクトを持続的に成功させる要因となっている。

CARE/ラックス・タイ財団がリーダーとなって行われたエイズ予防のプロジェクト（表九—五参照）は、萌芽期にはWHOや日本国際協力機構やタイ政府からの支援を得て行われ、安定期には、TNCAに属するさまざまなNGOと連携体制を組んで行われた。このエイズ関連プロジェクトは国家のエイズ対策に大きく貢献し、タイにおける保健医療政策の歴史における重要な出来事となった。このエイズ関連プロジェクトの一つに工場労働者を対象とするエイズ予防教育があり、中央タイ（一九九四）で行われたものと、本章の事例としてとりあげたタイ北部（一九九五、二〇〇一）で行われたものとがある。

表9-5　CARE／ラックス・タイ財団によるHIV／AIDS事業

開始年	プロジェクト名	地域
1992	HIV/AIDSの北部農村実態調査	北部
1993	「AIDSと共に生きる」	全土
1994	「安全な性行動」	北部
1994	「工場労働者のHIV/AIDS予防」	中部
1995	「工場労働者のHIV/AIDS予防」	北部
1997	「地域のHIV/AIDS予防とケア」	全土
2001	「工場労働者のリプロダクティブ・ヘルス」	北部
2003	「移動労働者のHIV/AIDS予防」	全土
2003	「麻薬常用者に対するピア・サポートとリスク行為の防止」	中部

出典）Raks Thai Foundation（ラックス・タイ財団），2004

五　社会的包摂としての安全衛生管理

ここでは、本章のはじめに述べた三つの問い——「企業の方針と外部組織の方針は一致しているか」「企業はどのように外部組織との連携を進めていくか」「企業と外部組織との連携による健康対策は、企業のみで行うものと比べて、どのような効果があるか」——の答えを検討する形で、企業と外部組織との連携が従業員の健康を守る社会的包摂の仕組みとなることを論じていく。

企業の方針と外部組織の方針の一致

本事例では、企業は明確な健康管理の方針を持ち、CARE/ラックス・タイ財団の教育活動を受け入れているのではないことが明らかになった。健康管理の方針がないなかで、タイ人マネジャーが日本人管理職とタイ人従業員の間に入り、従業員に有益なものとしてCARE/ラックス・タイ財団によるエイズ予防教育やリプロダクティブ・ヘルス教育を受け入れていた。つまり、タイ人マネジャーが日本人管理職にエイズ教育の有益性を話し、実施に向けた準備を整えていた。

企業に健康管理の方針がないことは、企業がこれまで何を優先してきたかということの答えでもある。企業とは営利を目的として経済活動を行う組織であり、利益に直結しない支出や活動は最小限に抑えられ、従業員の健康管理は優先順位の最下位に位置づけられることが多い。なかでもリプロダクティブ・ヘルスは個人の問題であるという意識が雇用者に強く、企業では問題にされない。これは経済中心主義の社会体制において経済や生産が健康やリプロダクションに優先することと同じ問題である。本事例で取り上げた企業も例外ではなく、エイズ教育を実施するかどうかは企業の方針としてあるのではなく、タイ人マネジャーの発言力・説得力と地域NGOとの信頼関係に影響される。

ただし、近年では、企業も外部組織の共同事業にさまざまな形で参加するようになってきている。例えば、二〇〇六年頃より、N工業団地において、エイズに関するタイのビジネス連合（TBCA: Thai Business Coalition on AIDS）とタイ労働省および保健省との共同事業である「エイズ対策の標準化機構」（ASO: AIDS-response Standard Organization）を受賞する企業が出てきた。これはエイズ対策の優れた取組みを行っている企業に授与される賞で、評価の対象となるのは、差別の禁止などの基本的な方針を掲げて、エイズに関する正しい知識を得るための教育や、職場における感染予防の徹底、エイズ患者やエイズ孤児の施設の訪問などの社会貢献活動を行っていることである。N工業団地の企業の多くはエイズ対策の正式な方針をもたないが、ASOの受賞は社内の活動方針を定めるものでもある。そして、それが外部組織の活動方針と一致することは、外部組織との信頼関係の構築および連携に向けた一つの大きなステップとなっている。

外部組織との連携の進め方

今後の方向性として、企業には、従業員の新たな健康課題に対して適切に対処するための企業方針の策定、リスク管理体制の確立、外部組織との連携などが求められる。グローバル企業には世界水準の健康管理対策が要求されるようになってきているからである。

労働条件の改善や職場の安全を推進するための制度的枠組みを構築してきた国際労働機関（ILO: International Labour Organization）は、近年のこのような流れを先導し、二〇〇一年、労働安全衛生管理ガイドライン（ILO-OHS 2001）を策定した（ILO 2004）。その目的は、従業員の健康と福利厚生を保障するための職場の環境作りは企業活動の重要な要素であるという共通理解に基づき、全世界の企業が労働安全衛生対策を改善するよう促すことであった。これを受けて、各国政府は労働安全衛生管理に関する指針を示すようになってきている。日本では、二〇〇六年三月に厚生労働省が労働安全衛生管理に関する指針の改定を告示し、企業も労働安全衛生管理の運用体制の整備や方針の明文化を進めている（福利厚生　二〇〇五、神津・小林　二〇〇七）。こうしたなか、日系多国籍企業は、グループ全体で従業員の新たな健康課題に対処するための包括的な健康管理の方針を明確にしていくことが今後ますます重要になってくる。

このような流れのなかで、企業が外部組織と連携し、外部の視点を取り入れることは、企業の健康管理に地域に応じた多様性を与える。労働安全衛生管理は国際機関が定めた普遍的な原則に基づきながらも、各地域の疾病構造に影響されるので、それに適切な方法で対処することが求められる。そのためにも地域の外部機関との連携が欠かせない。その一方で、外部機関による活動の多くは短・中期的なプロジェクトの一環として行われていることや、労働者のエンパワーメントを重視するがあまり、企業を敵視する傾向があることなどが、外部機関との連携をプロジェクト基盤の短期的で表面的なものにしている。企業と外部機関の役割は、こうした限界をこえて、グローバル化の時代におけるそれぞれの社会的責任を果たすために、職場と地域から労働者を共に支え、社会的に包摂するための仕組みを整えることであろう。

企業と外部組織との連携による健康対策の効果

本事例が示す限りでは、地域の健康対策で実績のある地域NGOとの連携は、企業にとっても利点が多く、対策の効果が期待できる。多国籍企業で働く従業員の健康課題は、グローバル化する社会の恩恵を受けて比較的安定した就労の機会を得た後に生じる新しい課題であり、企業だけで解決できるものではないからである。また、本事例が示したように、社会的包摂に必要な教育と就労と医療の機会をバランスよく保つことは難しく、新たに生じる社会的排除（この場合は包括的な医療サービスからの排除）に迅速に対応することができるのは地域NGOであり、それゆえ外部組織との連携が企業に必要であることは言うまでもない。そして、このような地域に根ざした「安全衛生管理の新しい仕組み」が、職場と地域における労働者の社会的包摂の仕組みとなると考える。

六　おわりに

本章では、企業による公衆衛生という観点から、抱括的な安全衛生管理の仕組みについて考え、そのような仕組みの構築のために、企業と外部組織とがどのように連携するかを、タイ北部の日系多国籍企業と国内NGOとの連携の事例をもとに検討した。その上で、企業と外部組織との連携による安全衛生管理が、従業員にとっての社会的包摂の仕組みとなることを論じた。

途上国で操業する多国籍企業の従業員には、安定した就労の機会と社会的地位、必要最低限の医療へのアクセスが保障されているが、そのような機会を得て新たに生じた健康課題に対する対策は十分にとられていない。その健康課題の一つがリプロダクティブ・ヘルスであるが、これまでそれは企業が対処する範囲を超えたものであると考えられてきた。しかし、グローバルに操業する企業には、現場の作業に直接関連する事故や疾患だけでなく、操業する地域に応じてエイズの脅威があることや、雇用する従業員の生活環境によって望まない妊娠や人工妊娠中絶の危険があることを知り、それらが企業活動に及ぼす影響を理解する責任がある。そして、このような課題に対処するための包括的な安全衛生管理の仕組みが必要である。安全衛生管理をより包括的なものとするには、企業は外部組織と連携し、地域に根差した健康対策を整備し従業員に提供することであろう。

註

(1) 労働省労働福祉管理局局長とのインタビュー。
(2) 本調査は、一九九七年から断続的に行っているエスノグラフィ（民族誌）の一環である。調査対象企業の従業員の健康状態については、二〇〇二年と二〇〇三年に、ヘルス・サーベイと個別インタビューを用いて調査を行っている。調査対象企業の安全衛生管理や国の対策にかかわる最新の調査は、タイのバンコク、チェンマイ、ランプーンにおいて二〇〇五年一二月と二〇〇六年九月に合計三週間行なわれた。その調査では、保健省、労働省、国際労働機関（ILO: International Labour Organization）アジア太平洋地域事務所、工業団地管理局、日系多国籍企業、現地のNGOなどを訪問し、資料収集とインタビュー調査を行った。
(3) 二〇〇二年に会社B、一九九九年に会社Eの医務室でそれぞれ行った調査による。調査では参与観察、看護師に対するインタビュー、資料収集を行った。
(4) ランプーン県立病院産婦人科医に対するインタビュー（二〇〇三年と二〇〇六年に実施）。
(5) 二〇〇二年一～七月の婦人科統計資料による。

第一〇章　タイにおける継続型高等教育の現状と評価

櫻井義秀

一　はじめに

社会的包摂の仕組みとしての教育制度

第一章「タイ社会における排除の構造と社会的包摂」において、筆者は社会的排除を受けた人々を包摂する社会政策の一環として教育制度を扱うことの意義について若干触れておいたが、最初に、この点について問題を整理しておこう。

① 公教育とノンフォーマル教育、インフォーマル教育の役割。ノンフォーマル教育とは、公教育（初等・中等・高等の諸段階における教育）を何らかの理由により受けられなかった大人を対象とする。具体的には初等・中等教育の補完を主とする学校が郡を単位として設置されている。インフォーマル教育とは、個人の自己学習以外にストリート・チルドレンに対してＮＧＯのワーカーがなす路上での教育等である。社会的排除を被った人達に対

して、教育による知識や技術、生活に必要な情報を伝授するという点では、ノンフォーマル教育とインフォーマル教育が社会的包摂の焦点となる。

② しかしながら、ここ一〇年におけるタイの大きな教育制度上の変化は、高等教育機関の量的拡大と質的変化である。タイの高等教育はもはや新興工業国の域を超えて先進工業国に近い拡大を遂げている。この変化を紹介することもタイ研究の役割と考えている。また、質的変化としては、タイでは継続型高等教育にも力を注いでおり、大学が土日を社会人教育にあてているキャンパス風景は珍しくない。この点も日本の大学関係者にとって興味深い現象なのではないかと思われる。

③ そこで、本章では、タイ社会において高等教育機関が果たす役割、とりわけ継続型高等教育の役割を考察することにしたい。もちろん、タイで直接的に社会的排除を受けている人達が大学に入る機会を自力で得ているということは想定しにくい（授業料を支払う能力はないだろう）。しかし、そのような状況にある人達が子世代に期待して、社会的地位達成のために高等教育を利用させるという生活戦略は考慮の対象になる。日本でもこのようなやり方で世代間移動を考えた家族は多かった。筆者等もそのような親の期待を受けて大学進学を果たした高度経済成長時代の子供であった。新興工業国段階にあるタイでは、そのようなことが可能であろうか。この点を評価することも、社会的包摂の観点から高等教育機関の機能を考察する上で重要であろう。

次の節では、高等教育をとりまくグローバルな状況を説明した上で、タイの高等教育制度が近年どのような変貌を遂げてきたのか、そこで継続型教育はどのように高等教育にまで取り込まれるようになってきたのかを概観しよう。

高等教育の転換とグローバル化

産業社会における高等教育は二つの要因により大きな転換点をむかえている。

第一に、高等教育機関の量的拡大と質的変化に関わるものであり、社会構成員の半数近くの若者や職業人、退職者が、それぞれ社会的選抜やキャリア・アップ、生きがいを求めて大学に行くようになった。一九六五年のユネスコ成人教育推進国際委員会においてラングランが掲げた生涯教育論（教育を人の一生という時間軸と社会との関係で考える）（Lengrand 1970）と、一九七三年にOECDが発表した報告書「リカレント教育――生涯教育への戦略」（教育と労働を連関させ、社会政策として労働者の技能形成を推進する）（文部省大臣官房　一九七四）以降、継続型教育が、生涯学習論として展開され、また教育政策として推進されてきた。この背景には、産業社会化の進展があまりに早いために、初等・中等教育、あるいは高等教育機関で習得した知識・技能を繰り返し磨く必要があるという認識がある。それが学校外の社会教育や職業訓練に留まらず、高等教育機関が主たる担い手として考えられてきた。それだけ現代社会が知識基盤型社会になったということであり、ここには大学を取り巻く社会環境の変化に合わせて高等教育機関が運営方法や教育内容の変更を選択していった事情がある。

つまり、第二の要因として、経済のグローバル化に伴う高等教育機関の戦略の変化があげられる。従来、世界中から留学生や研究者を集めうる「大学」という文化資本を有する先進国の有名大学を除けば、各国の高等教育機関は国ごとに特有の存在意義を持っていた。それは官僚等の養成であったり、社会的威信の配分であったり、若年労働者の社会的スクリーニングであったりと、教育・研究の中身に関わりなく、大学は社会制度の一部たりえていた。しかし、高度な科学的知識と新しい産業技術開発が経済の推進力となる現在、高等教育機関には経済的競争力に転化する知的生産性が要求されることになった。国家予算で運営される国立大学であれば、知識・技術の集積力と人材養成の二点において、地域や国家の経済発展に応分の貢献をすることが求められる。とりわけ、経済成長が停滞した国家群においては、限られた予算を効率よく重点配分するために、国が制度的に保障した高等教育機関の運営に独立採算的要素を加味した制度改革、すなわち法人化が進められてきた。

このような経緯により、経済成長を国家的目標に掲げる国家群においては、高等教育機関が国際的基準によって評価され、経営体に近い組織に再編されていく類似性が出現している。日本とタイの高等教育政策、大学の比較はこの点から可能になるのであって、学問的水準や大学の文化的特性においてではない。本来であれば、一九八〇年代から停滞局面に入った経済構造を持つ国家の教育制度の改革を併せて概観すれば、日本とタイを取り巻く状況を理解しやすくなるだろう（大井・大塚　二〇〇二）。

本章では、第一に、タイの国立大学に限定して高等教育制度の形成と近年の動向を概観する。第二に、タイでは「生涯学習」に相当する社会教育が、地域開発や国民教育の点においてどのような役割が与えられてきたのかを考察してみたい。第三に、筆者が二〇〇三年一月に実施したタイの国立大学大学院で学ぶ修士課程学生の学習環境調査から、継続型高等教育の現状を紹介し、幾つかの論点を提示しておきたいと思う。

二　タイの高等教育

タイ高等教育の発展段階

トロウ（Martin Trow）によれば、高等教育はエリートを対象としたものから、一般大衆へ（マス）、そして、誰もがアクセスできるようになるユニバーサル段階へと発展していくものと予測された（Trow 1998）。アメリカは情報技術の利用と高い向学心、高等教育への施策により、最終段階に到達しつつあるが、ヨーロッパ諸国はようやくエリート型からマス型へ転換した段階であり、日本・韓国等はマス型からユニバーサル型へ、東南アジア諸国はマス型段階に移行しつつあると言われる（馬越　一九九九）。世界各国の高等教育がアメリカをモデルとしているわけではないし、するべきでもない。しかし、社会各層の教育要求に柔軟に応じて、様々な教養・資格取得プログラムを効率よく提供する方法を開発し、教育組織・運営方法を合理的に構築しているという意味において、アメリカの大学院大学とコミュニティ・カレッジは高等教育機関のモデルとなろう（Clark 1995 = 2002: 141–185）。

従来、タイの大学は国立中心で、バンコクのチュラーロンコーン（Chulalongkorn）大学（一九一七年創立）、タンマサート（Thammasat）大学（一九三四）、カセートサート（Kasetsart）大学（一九四三）、マヒドン（Mahidol）大学（一九四三）、シラパコン（Silpakorn）大学（一九四三）、シーナカリンウィロート（Srinakarinwirot）大学（一九七四）と各地の分校、その後中核都市に設立されたチェンマイ（Chiangmai）大学（一九六四）、コーンケーン（Khon Kaen）大学（一九六四）等の総合大学、モンクット王（King Mongkut）工科大学（一九五九）等若干の工業・農業専門大学と、各県に設立された師範学校が殆どであった。その他バンコクにあるバンコク（Bangkok）大学（一九六二）やアサンプション（Assumption）大学（一九六九）などの一〇に満たない私学があるのみだった。その他、誰でも希望者には入学を認めるラームカムヘーン（Ramkhamhaeng）大学（一九七一）、スコータイ・タンマティラート（Sukhothai Thammathirat）大学（一九七八）の二つのオープン・ユニバーシティが加えられる。昼間部の大学生数は同世代の五パーセント以下であり、大学生は完全なエリートであった。

その後九〇年代に、各県の師範学校が統合されて教育省所管のラチャパット地域総合（Rachapat Institute）大学（〇〇地域総合大学として四一校近くある）になり、各地の職業専門学校（日本で言えば職業短期大学）も大学としての課程を持つことになり、一挙に大学生の数が増えた。二〇〇五年時点において、国立大学が二〇校、私立大学五四校、地域総合大学四一校、自治大学（法人化された大学）六校、工科大学三五校、工業高専が一校の一五七大学である。高等教育段階の就学率は二五・七パーセント（一九九九）に達するという（平田　二〇〇四、六一）（なお、筆者が一八―二一歳の間で高等教育機関進学者の数を当該コーホート人口で割った場合は、二〇〇〇年で二一・四パーセントである（櫻井　二〇〇五、二六九））。高等教育を受ける学生数はマスの段階に入ってきたが、大衆化に伴う大学間の格差（社会的威信と就職率）も相当に拡大していることに注目したい。簡単に言えば、ほとんどの高等教育機関における教育投資はその後のキャリアで回収できる見込みがたたないレベルにまで、高等教育が大衆化したということでもある。マス型に応じた奨学金の創設や拡大、授業料負担の軽減を教育行政でなすべきであるが、緊縮財政の折りでもあり、このような施策が進められる可能性は低い。

日本とタイ、それぞれの大学制度の歴史から独法化の過程の相違を考察してみることも興味深いが、本章の射程から外れるので別の機会に回したい（Watson 1989 = 1993: 127-30）。

三　タイにおける生涯学習

高等教育と生涯学習・社会教育のコンテキスト

個人の生涯にわたる能力開発の平等性およびその制度的保障を重視するユネスコの高等教育勧告（東京高等教育研究所・日本科学者会議編　二〇〇二）や、ＯＥＣＤの継続型高等教育によるマンパワーの育成といった理念が、タイの高等教育や生涯学習にどのように影響したのかという問いに直接答えることは難しい。しかしながら、国際会議に出ても教育機関や教育内容に関わる議論はグローバルスタンダードで進められており、教育の質の保証が主要なアジェンダになっていることは確かである。一九九九年の国家教育法でも、質の保証制度に関して、教育水準・質の保証評価委員会による五年ごとの外部評価を全ての教育機関が受ける旨明記されている（四七―五一条：http://www.edthai.com/act/index.htm）。

平田はタイの研究者の発言もふまえながら、タイの高等教育機関が質的向上のために克服すべき課題を五点に整理している。一、国際競争力のある研究機関と人材の育成、二、高等教育の機会拡大と学習者中心の教育方法の確立、三、多文化主義と社会的公正への配慮、四、大学の国際化、五、社会倫理（タイ固有の文化含む）の復興、である（平田二〇〇四、七三―五）。

おそらく改革の理念と方法は、日本に移し替えてもかなりの程度教育関係者の賛同を得るのではないか。しかしながら、教育改革の議論は日本であってもタイであっても、「何のために」「どの部分を」「どのような段取りで」改善していくかという具体策こそが最も肝心なところであり（Tong-In Wongsothorn 1999: 93-6）、そうした改革案が実践される社会的コンテキストの検討が不可欠である。本章では、知識基盤型社会に移行しつつあるタイ社会において、継続型高等教育の具体的な実践を考察することでこの課題を考えたい。

国家教育法の四、八、二五、六六条が生涯学習に言及しており、これは国民の権利として明記され、国家はフォーマル、インフォーマル、ノンフォーマルの各領域における教育制度の充実を図ることが目標とされている。タイのノンフォーマル教育は、一九七九年に設置されたノンフォーマル教育局に所轄される。フォーマルな初等・中等教育を補完するために、主として教育機会を逸した人々を対象として、基礎教育（識字、山地民対象の識字、中等教育）、職業教育（短期訓練、長期は職業中等学校卒業相当資格等付与）を行う。インフォーマル教育の内容は判然としないが、資格保証や教育政策と直接関連させずに学校制度外で行われる個人的な生涯にわたる学びといった内容であろう。これこそが生涯学習とも考えられるが、現在の生涯学習の概念はタイに限らず、上記三つの教育制度領域において実現される学習形態と国家教育法では規定されている。したがって、大学が行う職業人のための再教育（学部・大学院レベル）も広義には生涯学習の一環と考えてよい。

ここで混乱を避けるために日本でいうところの生涯学習と社会教育の二つの概念的差異にも言及しておきたい。「生涯学習」とは、現代人が学校教育後も、自己と世界に関わる認識を確立し、職業を継続していく上で知識・技術を拡充する学習行為を示す言葉である。そこには、「生涯学習型社会」への転換という時代認識があり、あくまでも学習主体は個人である。それに対して、生涯学習に先行して使われてきた「社会教育」とは、元来、学校教育を補完し、市民生活の向上を図るという行政的施策を指す言葉であり、主体は国家・制度側にある。ここでは、概念および制度に関わる教育学上の（まさに学習主体の理念をめぐる）議論をおうことはせずに（佐藤　一九九八）、その実質だけを見ていきたい。

タイでは、長らく上座仏教が伝統的な生涯学習の理念、方法、制度を提供してきた。雨安居の一時出家は男子の成人としての通過儀礼と認識されていたし、仏教の文化に関わる社会的影響力は依然として強い（櫻井　二〇〇〇）。もちろん、タイで沙弥になり、比丘になれるのは男子に限定される。女子は直接、救済の探求者にはなれないし、寺、僧への布施、説法の聴聞等の行為によって救済へ近づけるものとして社会化される。ジェンダー論の脈絡では、仏教はタイにおける男性／女性の差異を国民に内面化する制度である。

社会教育という点では、タイ国民のための様々な施策が開発行政の一環として行われてきており、規律・衛生・勤勉等の社会規範が、公衆衛生、学校教育、開発教育等あらゆる機会を利用して、中央から地方へ、行政から地域住民へ伝達された。開発NGOも、地域住民の潜在能力を活性化させるということを旗印に、様々な開発教育（研修）、実際の地域開発プロジェクト（地場産業の育成、住民組織の結成）等に取り組んできた（櫻井　二〇〇一）。また、北部・東部の山岳地域に生活する少数民族のノン・フォーマルな識字教育がなされているが、住民のポテンシャルを高めているのか（山本　一九九九）、文化・政治的同化を促進しているのか判断が微妙なところである。タイにおける従来の生涯学習、社会教育は、現在理念として謳われている「生涯学習」とはかなり性格を異にしていたのである。

地域形成の問題とも連関する地域住民の生活・学習欲求に基づいた「生涯学習」という理念・方法はユニバーサルな概念であるが、導入される社会的コンテキストにより、社会教育は国民教育に近いものになりかねない。タイでは、自己形成に「タイ的価値」「国民としての自覚」が教育行政において常に強調される。サリットの開発主義の政治以来、民主化された一九九〇年代の諸計画（一九九二年国家教育計画、一九九九年の国家教育法）においても、タイ・アイデンティティは社会のグローバリズムに適応し、なおかつ個性的であるために必要な理念とされる（平田　二〇〇二）。

しかし、グローバルな時代におけるナショナル・アイデンティティの希求は、タイに限らず、東西冷戦体制が崩壊し、覇権国家主導の資本主義とリベラリズムから逃れようという諸地域で見られるものである。また、日本を含めて先進産業社会でも常に出現する政治的レトリックである。市民社会的な契約と権利・義務だけで個人間・世代間の互助的社会システムを構築するのは、理念として美しいが、現実には難しい。成熟した消費社会・情報社会において人々が個人主義的になり、政治家がフリーライダー化する諸個人に社会的義務と責任を強調する際に、共同体に内属する社会倫理を用いることは効果的である。しかしながら、それは共同体の外部にいると見なされるマイノリティを文化的に抑圧することにつながりかねない。「生涯学習」の課題とは、他者を尊重する自己と社会倫理の確立に関わるものであり、けしてポスト産業社会に生き残るために個人の生産性を高めるだけの継続型学習に収斂されるものではないことを確認しておきたい。

生涯学習の周辺

継続型高等教育の事例に入る前に、生涯学習の周辺の状況を説明しておく。以下の事例は、筆者が東北タイで地域調査する際に出会ったものであり、社会の各層でインフォーマルな学習を通じて、市民社会を担う主体の形成が目指されていることが伺える。ノン・フォーマル教育は制度化された生涯学習であるが、市民の教育・社会化は、具体的な地域政治・経済活動の中で実践されていく。会議、研修、メディアの利用という機会を通じて、政治的に成熟し、グローバルな経済社会に適応できる人間作りが目指されているのである。

第一の事例は、地域作りの成人教育である。東北タイのマハーサーラカーム市ではマハーサーラカーム大学が中心となって、県に市民社会（pracha sagkhom）の核となる団体を形成・育成しようという懇話会が一九九七年から二年ほど続いた。具体的には、①同県を発展させるための会議を行う、②市民を養成する研修を開催することであった。①の会議は経済、文化、政治などの各部門に分かれ、知事、郡長、区長等の地域行政の役職者、大学教員、NGO、僧侶等、社会の各層から代表者が選ばれ、それぞれの立場から地域の発展を論じ、東北タイの観光開発の可能性なども論じられた。しかし、ブレインストーミングに留まり、議論を集約し、実行組織を形成する程の動きは市内で見られなかった。

それに比べれば②の研修に実りがあったかもしれない。大学で社会教育をやっている教師が村の中に入り、タンボン行政機構の運営を指導するプログラムである。二時間ほど議事を傍聴したが、生徒会の指導を顧問の先生が行っている雰囲気があった。どちらの事例もインフォーマル教育というより、地域自治の主体を作り出すという政策に市民や村人の参画を促すというものであるが、地域社会や生活の中から取り組むべき課題を発見するというやり方は、地域作りの成人教育、学習者主体の教育活動と見られなくもない。

第二の事例として、村人への社会教育にイギリスからシティズンシップ教育を持ち込もうという研修があった。模擬研修として公開されたのは次のような次第である。村人に村の中で何を行いたいか、具体的に紙に書かせる。その紙を同じ内容のものをまとめて大判用紙に貼っていく。一つ一つの意見は木の葉、グループは枝や幹となってだんだんそれを一本の木にまとめていく。この作業の中で意見の集約を学ぶというわけである。この種の作業が幾つか実演された。リーズ大学からタイのマスコミ・政治研究で実績がある研究者が招待され、指導に当たっていた。マハーサーラカーム大学から多くの社会科学の先生が彼の元に留学している。市民社会の本家であるイギリスから市民を育てる方法を学ぶということであった。イギリスの植民地統治もこのように地域住民を善導したのであろう。

これらの効果がどう現れたかという話は聞いていない。上述の市民社会の会議同様に、予算措置がなくなったこと、担当者の教員が移動する等して、その後何もないということだけを確認している。地域社会にはその地域固有の歴史と文化がある。それが培ってきた地域集団や社会関係があり、いかに外側から見て保守的であろうと、それなりの問題解決方法と能力を有しているのである。そこを無視して、上からの市民教育をしようとしても効果は出ないであろうし、そのような社会的実践が、シティズンシップ教育と称して他国に持ち込まれても効果的ではないだろう（不破　二〇〇二）。現実の地域社会と、理念としての市民社会を繋ぐ、中間の架設的な議論と事例を示す研究でなければ意味がない。

第三の事例は、筆者が直接見聞していないが、タイの研究者が地域開発の動向として注目しているものである。二〇〇一年にタックシン首相がインターネット・タンボン・プロジェクトを開始した。その中身は、一九九七年の新憲法により、地方分権化のシンボルとして注目される地方自治の単位であるタンボン行政機構ごとに、ウェブサイトを作り、そこでタンボンの概況と、タイ版の一村一品運動（OTOP）の特産品を紹介するというものである。将来は電子取引を予定するという。携帯電話とＩＴ関連産業で財をなし、首相に上りつめたＣＥＯ型指導者らしく、電子政府、電子アセアン等、首相の構想は極めて壮大であった。

タイ地域総合大学（前身が師範大学）では、タンボン自治体の職員にＩＣＴ（Information Communication Technology）を指導して運用することになっている。東北タイのスリン県の村落で実施された調査によると、六〇パーセントの自治体の指導者がプロジェクトそのものを知らず、わずか一二パーセントの村人のみが、プロジェクトと自治体の役場に置かれたパソコンを認知しているという。肝心のパソコンに最も触っているのは子供達であり、ゲームを楽しんでいるらしい（Siwaporn 2003）。この他、タックシン元首相のきもいりで学校教育においてもＩＣＴ教育や遠隔地を結ぶスクールネットの構築などが進められており、また、国際協力機構（JICA）等が専門家を派遣して支援している。中等学校や大学を訪問して、先生方に話しを聞くと、ＩＣＴが導入されても、維持管理、バージョンアップ等の経費が十分ではないこと、教育用のコンテンツが不足していること、指導者不足など、日本とほぼ同じ問題が指摘される。そして、町のパソコンショップには、子供用のパソコンスクールが併設され、中間層以上の子供達は、自宅で様々なソフトで学び、遊ぶ。学生達もインターネット・カフェを使っている。情報格差は都市と地方、社会階層間、世代間で拡大しているというのが筆者の実感である。

以上の三つの事例は、一、学習主体の形成、二、地域社会形成の担い手作り、三、新しいコミュニケーション技術の利用（産業化をにらみ）という要素を持つ新しい生涯学習であった。それらが、学習者のポテンシャルを個人の志向性や生活に即して向上させたか、地域社会のニーズにあったプログラムの提供になっていたかどうかと問うのであれば、地域社会や経済社会全体の利害関係を抜きに答えることはできないであろう。

四　タイにおける継続型高等教育

継続型高等教育の一般的特徴

大学が地域作りを研究課題や学習課題とし、それを生涯学習という現代的脈絡で積極的に評価するようになってきたのは、日本ではごく最近のことである。人文社会科学において、「社会教育」学や「協同組合」論、「地域経済」等の研究領域を除いて、日本の大学は地域社会ではなく、学問領域という世界に立脚して教育研究活動を行ってきた。しかしながら、マニュファクチュアの空洞化（製造業の海外移転）と長期の景気低迷の時代に、高等教育機関には産業育成や人材育成が求められ、地域（地方）に仕事と人を作り出すという難題に多くの学問分野が直面せざるをえなくなった。そこで参照されるのが、強力な（企業内部で製品開発と人材育成が可能な程度の）産業構造と潤沢な（大学が研究・教育に特化できる程度に）教育予算、高等教育産業（早期にマス段階に至った）を持たないために、地域社会と連携して大学作りを進めてきた国における大学の事例である。換言すれば、欧州では低開発・貧困地域（それ故の紛争や社会問題が多発）の再建問題に高等教育機関がアクション・リサーチや成人教育を通して関与せざるをえなかったのである（鈴木　一九九七）。

こうした事情はタイに共通するものがあり、開発学や開発教育が社会科学の一画を占め、社会開発や地域開発の学問領域が学科になっている。地域作りと学的領域は密接に関わっているし、人文社会系における大学教員の研究は、地域の文化・社会の研究であることが多い。生涯学習の周辺で述べたような大学の地域作りへの参画も進んでいる。

しかしながら、フォーマル教育としての大学は地域の人に開かれているとは言い難い。一九九七年時点で、マハーサーラカーム大学の学生調査によれば、学費出資者の平均所得は約一〇万バーツであり、東北タイ農家の平均所得のおよそ四倍に相当した。威信の高い大学と比べれば、その格差はさらに広がる。つまり、低廉な学費や奨学金等がなければ、地域の平均的な家庭の子供達には高等教育の機会が保証されない。さらに、いくら大学が地域作りに関わったとしても、大学の卒業生が地域に残るだけの就業機会（つまり産業）を生み出すまでには至らない。この点を確認した上で、タイの継続型高等教育の特徴を考えていこう。

タイの大学院では、高度な専門科目を教える修士課程にせよ、研究者養成を目指す博士課程にせよ、現職を持つ社会人の大学院生が多い。これは研究者養成の制度とも関連する。

タイの大学教師は、地方大学においては特に、必ずしも大学院の修士・博士課程修了者や学位取得者ではなかった。大学の学科単位で見込みのある学生を講師として採用し、学部レベルの授業を任せ、国内大学院の修士（母校の大学院含めて）を取らせるか、奨学金を得て留学させるケースが多い。学部から研究大学院に進学し、学位取得後研究者になるというコースは近年の傾向である。現在飛躍的に拡充しつつある大学院は、継続型教育の領域が過半を占め、博士課程も地方大学の教員が博士号を取得するための再教育である。

他方、大学教師や研究者志向ではない多数の社会人大学院生が目指しているのは学位取得である。タイは技能や資格取得を職場外で行うOFF–JTの社会であるから、労働市場内の移動（一般従業員から中間管理職という職種の転換、業種の変更）のために継続型高等教育を利用する。また、修士、博士という学歴は、資格や能力を示すだけではなく、一般社会におけるステイタスという象徴的資本になる。公務員、民間企業双方の俸給生活者が給与アップや昇進に有利なように土日の休日を利用し、少なくない教育投資をするように、会社の経営者や政治家（立候補を予定しているものは特に）も社会的威信を増すべく、学位取得に励むのが近年の傾向である。ドクター○○という社会的威信は金に変えられないし、このような向学心と向上心に富む人達が集まる大学院、とりわけMBAコース等では、何をするにしても貴重なコネクションを作る絶好の機会となる。タイで商売するのであれば、学部は海外にしても大学院は国内でなければならないと二〇代後半の会社経営者が語っていた（カセートサート大学経営大学院の博士課程在籍者、情報機器関連会社経営）。

さて、大学院生は現職を持ちながら、学位取得に勤しむのであって、極めて多忙な生活を送る。実験や調査研究のために特別に時間を割くことが難しい。そのため、修士論文にせよ、博士論文にせよ、現職の内容と密接な関わりを持つものが多くなる。職業経験、そこで得た知見を大学院教育でまとめ上げるという内容である。学術的研究において卓越性を示すのが主目的である研究大学院の立場からみると、この程度の資源配分では研究の質は上がらないだろう。しかしながら、継続型教育を目指す大学院としては、このやり方が研究目的と社会的実践（応用）が無理なくリンクされ、学習への動機付けもぶれない優れたやり方である。また、元来が応用科学・応用政策的な学問領域では、現場をもった大学院生の方が研究対象へのアクセス、利用可能資源も豊富であり、経験を生かした研究が可能とも言える。社会学でいえば、地域社会の現況がこのような職業人達の修士論文から伺えるし、タイ地域研究において貴重な資料を生産してくれているとも言える。

調査対象大学院の概況

タイでも日本同様に国立と私立、バンコクの中心大学、地方基幹大学、地方大学、地域総合大学、専門職業大学との間には、教育・研究環境に大きな格差がある（櫻井　一九九八）。従って、大学院生の修学目的、修了後の進路（現職への反映）も様々である。本調査では、教育系大学院（研究大学院に対する意味での）から三つの大学（教育学、経営学、人文・社会科学の三専攻）を選んだ。現在、これらの大学では継続型高等教育大学院の充実を図っており、調査対象者の七二パーセント（計八七名中不明八名を除く）が有職の大学院生である。

各大学の概要は下記に示してある。

（一）シーナカリンウィロート大学（Srinakarinwirot　http://www.swu.ac.th/）

同大学は一九四九年にプラサーンミット地区に高等教育師範として開学され、一九五三年に教育学の学士専攻を設けた。また、同校はバンコクに四地区のキャンパスを拡大する他、東部タイ、チョンブリー県バンセーン、北部タイのピサヌローク、東北タイのマハーサーラカーム、南タイのソンクラーの各都市に分校を持っていた。一九七九年、バンコク市内の四地区がプラサーンミット地区に統合され、一九九六年には、地方の分校が、それぞれ、ブラパー大学、ナレースワン大学、マハーサーラカーム大学、タックシン大学となった。一九九八年までに同大学は一一学部、七研究所を設け、現在、約二〇〇〇名の教職員と一万二〇〇〇名の学生・院生を擁している。学士課程は五九、修士は三六、博士は一〇の専攻を持つ。今回の調査対象者は教育学専攻修士課程大学院生である。

（二）国立開発行政大学院（National Institute of Development Administration：NIDA　http://www.nida.ac.th/th/）

同大学は、一九六六年タンマサート大学の独立研究施設として設立され、タイの経済発展に貢献する人材養成を担ってきた。現在は、経営、開発経済、社会開発、公共政策、応用統計、言語コミュニケーションの六つの専門大学院を持ち、一万名余の学生・大学院生が所属している。調査対象者は、経営大学院の修士学生である。

（三）マハーサーラカーム大学（Mahasarakham http://www.msu.ac.th/）

同大学は一九六八年に師範学校として設立され、一九七四年にシーナカリンウィロート大学の分校として大学となる。一九九四年に、分校から独立したマハーサーラカーム大学になり、八学部、二研究所を有し、教職員は一〇〇〇名を超え、学生・大学院生数は一万二四〇〇名余の地方基幹大学に成長した。調査対象者は、人文・社会学と経営の修士課程、および博士課程（一部）大学院生である。

これらの大学ごとの諸特徴は、NIDAの経営専攻に収入が高く、キャリア・アップを目指す有職者が集まっており、シーナカリンウィロート大学の教育学専攻には現職教師（大学含む）の学位取得希望者が多い。マハーサーラカーム大学では、公務員・教員、会社の管理職で修士や博士の学位を希望するものは他の二大学の大学院生と社会的属性において大差ない。しかし、地域開発のコースではNGOのワーカーやタンボン行政機構の職員が一部研修を受けているので、二〇代で収入の少ない若者が入っている。要するに、大学院は専攻によってカリキュラムや院生の構成がかなり異なるのである。

NIDAの場合（表一〇―一）でいうと、まず経営学修士（MBA）の授業料は高い。行政学修士（MPA）でも社会人学生を対象にしたものは高いが、一般学生はかなり低く抑えられている。同じ授業でも、単位単価はコースにより異なり、大学は社会人の院生、とりわけ高額取得者から授業料収入を得ようとしていることがわかる。特別経費は実業界の一線で活躍している人を招いたセミナーや職場視察等の経費である。シーナカリンウィロート大学でもMBAは、土日だけのコースでおよそ二四万バーツであり、NIDAのフレキシブルMBAに近い。どこの大学でもMBA

表 10–1　NIDA のカリキュラムと授業料（単位はバーツ）

コース名	修士論文	取得単位数	単位単価	入学料	特別経費	英語・情報センター経費	納付金合計
経営者 MBA	×	48	5,500	7,150	170,000	12,000	453,150
青年実業家 MBA	×	48	5,000	7,150	100,000	8,000	355,150
フレキシブル MBA	×	55	4,000	7,150	50,000	8,000	285,150
MPA 社会人	×	39	3,000	7.150	0	2,000	126,150
MPA 一般学生	○選択	39	500	7,150	0	6,600	33,250

出典）NIDA ホームページ http://www2.nida.ac.th/mba/

はドル箱コースである。人文社会科学一般の場合、社会人と一般学生には差があるが、それほどの金額ではない。もちろん、授業料の他に様々な経費（生活費やその時間の労働遺失益等）もかかるであろうから、それなりの教育投資である。学費だけでみても、タイの大学院で学べる階層は、学歴はもちろん、社会的地位・所得においても都市中間層以上である。そこで、本稿では三つの大学院の大学院生を一緒に分析することにした。

大学院生の社会的属性

表一〇―二に大学院生の社会的属性等をまとめてある。

（一）年齢

二一歳からほぼ一、二歳きざみで五〇歳まで散らばっている。二〇代五八パーセント（二三歳九名、二五歳一〇名）、三〇代二七パーセント（三〇歳六名、三五歳六名）、四〇代一五パーセント（五〇歳一名含む）である。

（二）性別

男性三四パーセント（八七名中、一名不明）、女性六六パーセントである。マハーサーラカーム大学では二〇代の女性が多い。土日の大学院授業であり、さして行楽の場所もない土地柄でもあるので、将来のために修士の学位を取ろうと若い女性達（半分は既婚者、有職者もほぼ半数）が考えているのであろう。

（三）配偶関係

既婚者は三八パーセント（八七名中、七名不明）、独身者六二パーセントである。既婚者のうち、共働きのものは八一パーセント（三〇名中三名不明）。子供がいるもの八九パーセント（同）である。

（四）職業

有職者は七二パーセント（八七名中、八名不明）である。シーナカリンウィロート大学では、大学の研究者、小学校・中等学校の副校長・校長が多い。ＮＩＤＡは会社・工場の中間管理職、社長が多い。マハーサーラカーム大学では、経営の方には会社の管理職、秘書等が多いし、人文・社会では教員やライター、求職者等となっている。

（五）年収・世帯収入

年収平均は二五万四三七バーツである。タイでは二〇〇二年時点で全労働者中、月収六五〇〇バーツ（年間七万八〇〇〇バーツ）以上得ているものは男女とも二四パーセント未満であり、職種によりかなりの開きがある。本データでは、年収六〇万や一五〇万バーツの社長クラスの院生が五名おり、次の層は三〇—五〇万バーツの会社管理職、技術職、秘書や、校長、上級公務員のクラスである。そして、一五—二五万バーツの公務員、講師級研究職、一般会社員となる。それ以下の収入になると、給与以外の収入をえないと到底学費は払えない。

世帯収入平均では五八万四三一八バーツとなる。一九九七年以降世帯収入は横這い状態であるので、一九九九年の地域別平均で見ると、タイ全土は一四万九九〇四バーツ、バンコクおよび近郊区では二九万九〇八八バーツ、東北タイでは一〇万二五五二バーツとなる。二〇〇一年時点のタイ国世帯収入平均（世帯規模三・六人）は、一四万六二二〇バーツであり、およそ四倍である（タイ統計局の各種データを参照）。

（六）学費の捻出方法

学費（居住・通学等の経費含む）の平均支出は一〇万三五〇バーツである。これは、経営関連の学位取得に、三〇

世帯年収	学費	奨学金	婚姻	共働き	子供
40,000	40,000	その他から	独身		
	80,000	職場から	独身		
	80,000	職場から	独身		
30,000	50,000	なし	独身		
30,000	20,000	なし	独身		
150,000	15,000	職場から	既婚	一人のみ	いる
100,000		職場から	既婚	一人のみ	なし
500,000	300,000	なし	既婚	共働き	いる
300,000	120,000	なし	独身		
240,000	60,000	なし	既婚	共働き	いる
	60,000	その他から	独身		
	80,000	その他から	独身		
450,000	120,000	なし	既婚	共働き	なし
500,000	85,000	なし	既婚	共働き	いる
	100,000	なし	既婚	共働き	いる
650,000	120,000	なし	既婚	共働き	いる
700,000	150,000	なし	既婚	共働き	いる
600,000	120,000	なし	既婚		いる
560,000	250,000	なし	既婚	共働き	いる
600,000	350,000	なし	既婚	共働き	いる
750,000	120,000	なし	既婚		いる
600,000	250,000	なし	独身		
500,000	120,000	なし	既婚	共働き	いる
700,000	120,000	なし	既婚	共働き	いる

世帯年収	学費	奨学金	婚姻	共働き	子供
240,000	150,000	なし	独身		
280,000	120,000	なし	既婚	共働き	なし
720,000	160,000	なし	既婚	共働き	いる
200,000	40,000	なし	既婚	共働き	いる
150,000	25,000	なし	既婚	共働き	
	130,000	なし	既婚	共働き	いる
750,000	120,000	なし	独身		
	65,000	なし			

表10-2　大学院生の社会的属性

1. シーナカリンウィロート大学（教育学専攻）　（単位はバーツ）

番号	年齢	性別	職業	職種	勤続年数	個人所得（月収）
1)	25	男	無職	SE	1	40,000
2)	29	女	有職	縫製工場社員	8	96,000
3)	29	女	有職	保険代理店社員	3	60,000
4)	35	男	無職			20,000
5)	27	女	無職			10,000
6)	37	女	無職			40,000
7)	28	女	無職			
8)	32	男	有職	副校長	10	250,000
9)	26	女	有職	広報担当社員	5	300,000
10)	40	男	有職	小学校教員	10	120,000
11)	28	男	有職	配送センター事務	3	93,360
12)	28	男	有職	債務取り立て人	5ヶ月	12,000
13)	34	男	有職	工場技術者	11	250,000
14)	49	男	有職	不詳	24	250,000
15)	35	男	有職	建設会社経理	12	360,000
16)	31	男	有職	工場研究者	12	250,000
17)	40	女	有職	小学校教員	15	350,000
18)	32	男	有職	会社役員	12	300,000
19)	28	女	有職	SE	12	250,000
20)	30	女	有職	小学校教員	15	300,000
21)	45	男	有職	会社役員	12	400,000
22)	25	男	有職	学校教員	6	200,000
23)	30	男	有職	中学校教員	15	300,000
24)	40	男	有職	学校校長	15	350,000

2.NIDA（MBA）

番号	年齢	性別	職業	職種	勤続年数	個人所得（月収）
25)	27	女	有職	会社総務	12	240,000
26)	39	女	有職	公務員	15	156,000
27)	35	男	有職	会社アナリスト	10	350,000
28)	50	男	有職	不詳	20	200,000
29)	46	女	有職	市場小売り	23	30,000
30)	42	男	有職	不詳	9	192,000
31)	25	女	有職	会社事務	4	150,000
32)	47	女	有職	不詳		

世帯年収	学費	奨学金	婚姻	共働き	子供
350,000	120,000	なし	既婚	共働き	いる
409,000	114,000	なし	既婚	共働き	いる
	100,000	なし	独身		
700,000	150,000	なし	既婚	共働き	いる
	200,000	なし	独身		
	115,000	なし	独身		
240,000	120,000	なし	独身		

世帯年収	学費	奨学金	婚姻	共働き	子供
1,000,000	200,000	職場から	既婚	一人のみ	いる
	64,000	なし	独身		
1,200,000	35,000	なし	既婚		
1,200,000	40,000	なし	既婚	一人のみ	いる
	22,000	なし	独身		
	50,000	なし	既婚	共働き	
1,400,000	50,000	なし	既婚	共働き	いる
	50,000	なし	独身		
	60,000	なし	独身		
1,500,000	180,000	職場から	既婚	共働き	いる
	520,000	なし	独身		
	30,000	なし	独身		
150,000	200,000-250,000	職場から	独身		
84,000	150,000-200,000	なし	独身		
	100,000	なし	独身		
	100,000	なし	独身		
	120,000	なし	独身		
1,000,000	96,000	職場から	独身		
		なし	既婚	一人のみ	いる
1,300,000	14,000	なし	独身		
200,000	100,000	なし	独身		
120,000	100,000	なし	独身		
	65,000	なし	独身		
		なし	独身		
	450,000	なし	独身		

番号	年齢	性別	職業	職種	勤続年数	個人所得（月収）
33)	35	女	有職	会社経理	11	140,000
34)	40	女	有職	工場班長	20	180,000
35)	43	男	有職	不詳	20	240,000
36)	33	男	有職	電力公社社員	10	400,000
37)	30	男	有職	不詳	10	
38)	29	女	有職	会社役員	2	1,500,000
39)	30	女	有職	会社総務	10	240,000

3. マハーサラカーム大学（経営管理）

番号	年齢	性別	職業	職種	勤続年数	個人所得（月収）
40)	37	男	有職	商店社長	5	900,000
41)	25	女	有職	会社セールス	1	108,000
42)	42	女	有職	会社社長	17	600,000
43)	35	女	無職			
44)	34	女	有職	会社事務	6	
45)		女	有職	不詳	34	
46)	45	男	有職	会社社長	15	720,000
47)	35	女	有職	会社秘書	7	400,000
48)	30	女	有職	投資委員会勤務	4年10ヶ月	
49)	33	男	有職	金融会社オーナー	7	1,200,000
50)	36	女	有職	会社役員秘書	15	300,000
51)	30	女	無職	会社会計	6	
52)	22	女	有職	会社秘書	7	84,000
53)	22	女	有職	会社セールス	2	84,000
54)	28	女	有職	小売店経営	5	
55)	28	女	有職	会社保安担当	3	
56)	24	女	有職	会社事務	4	
57)	28		有職	技術教師	5	220,000
58)	24	女				
59)	27	男	有職	小売店経営	2	150,000
60)	23	男	有職	セールス		100,000
61)	25	女	有職	小売店経営	2	120,000
62)	26	女	有職	小売店経営	2	90,000
63)	24	女	有職	不詳	1	
64)	27	女	有職	セールス	2年4ヶ月	

世帯年収	学費	奨学金	婚姻	共働き	子供
		なし	独身		
	32,000	なし	独身		
	30,000	なし			
	15,000	なし			
	30,000	その他から	独身		
	30,000	なし			
650,000.00	30,000	なし	独身		
	40,000	なし	独身		
	40,000	なし	独身		
	32,000	なし	独身		
	36,000	なし	独身		
17,000.00	30,000	なし	独身		
250,000.00	30,000	なし			
500,000.00	30,000	なし	独身		
	30,000	なし			
	28,000-30,000	なし	独身		
100,000.00	100,000	その他から	独身		
	30,000	なし			
	30,000	なし	独身		
3,000,000.00		なし	独身		
		なし	独身		
	30,000	なし	独身		
	40,000	なし	独身		

―四〇万バーツ前後、また、博士課程の学位取得に四〇―五〇万バーツ程を支出する人がいるためであるが、それでもシーナカリンウィロート大学、NIDAでは二〇―二五万バーツの支出が多い。相対的に少ないのがマハーサーラカーム大学で、三―五万バーツのものが半数以上を占める。田舎では公務員は官舎に入れば生活費は食費以外あまりかからないという利点があるが、大学職員でも修士の学位を土日のコースで取得しようとしているものが少なくない。給与と昇進に反映されるからである。なお、学費の工面の仕方は、大半が自弁であり、奨学金は大学から一名、公務員が二名、政府関連の人材育成プログラムで二名、もう一名は学資

3. マハーサラカーム大学（地域開発・タイ文化・社会研究）

番号	年齢	性別	職業	職種	勤続年数	個人所得（月収）
65）	22	女	有職	不詳	6	
66）	25	女	無職			
67）	22	女	無職			
68）	21	女	無職			
69）	22	女	無職			
70）	23	女	無職			
71）	24	女	有職			60,000
72）	22	女	無職			
73）	23	女	無職	不詳		
74）	25	女	有職	靴下工場役員	3	240,000
75）	25	女	無職			
76）	26	女	有職	作家	1	15,000
77）	25	女	無職			90,000
78）		女	有職	学校教師	3年6ヶ月	100,000
79）	23	女				
80）	23	女	無職			
81）	26	男	有職	小学校教師	3	85,000
82）	24	女	無職			
83）	23	男	無職			
84）	23	女	無職			120,000
85）	23	女	無職			120,000
86）	25	男	有職	フリー翻訳者	2	
87）	23	女	無職			

ローンであった。残りは家族他の支援となる。

堀内はラチャパット地域総合大学における修士課程を調査しているが、院生の社会的属性や学習環境の面で、マハーサラカーム大学院生のデータとかなり似ている。大学院生はほとんどが現職教員であり、修士の学位取得を目的に地域から集まっている様子を述べている（堀内二〇〇〇）。学費は同じラチャパットであっても、都市圏ほど高く、地方とは一単位あたりの授業料で二倍の開きがあるという。低廉な授業料で院生を集めるか、高額な授業料を原資としてバンコク等の都市の大学から講師を招いたり、教育設備を充実させたりして院生を集めるか、大学としての戦略もあるという。ラチャパットが元来県ごとに設置された師範学校であるため、全国で数十のラチャパットが同じようなコースで競争することになるからである。地方大学では現地でＭＢＡやＭＰＡの講師を任用できないために、これはＮＩＤＡのサテライトキャンパスでも同様であるが、バンコクの教員の旅費に関わる経費を授業料に上乗せする形で呼ぶことになる。地方大学としてのラチャパットは不利である。

しかも、ラチャパットの卒業生のかなりのものが教員になれない状態が一九八〇年代中盤から出現している。タイでも一九八〇年代の高度経済成長期および、中等教育の拡大期に出生率が急減し、小学校や中学校の増設は一段落した。師範学校卒業者で教員として採用されるものが減っていった（なお、女性の教師が結婚・出産のため、退職することはほとんど考えられない）。そのため、大学は教科教育以外に、人文学や理系の学部・学科を新設したり、ビジネス／コンピュータコースであるとか、観光コースであるとか、実学に関わる学科を拡充したりしてきたのである。日本の教育大学における教育課程の再編に似ている。

学習状況

（一）授業等への出席

平日の日中に大学へ行く（一科目でも履修する）ものは四六パーセント（八五名中）、同夜間行くもの一二パーセント。土曜日中は四九パーセント、夜間は七パーセント。日曜日中は四九パーセント、夜間は四パーセントである。修士課程修了要件の単位数は四〇単位前後であるから、二年でやるにしても土日で足りる。

（二）学習時間

これはあくまでも自己申告のものであるが、授業・ゼミ等の実出席時間は週あたり平均一二時間、予復習・研究時間が一〇時間、大学での事務手続き・談話時間が五時間、通学に四時間となっている。有職者はこれより少な目である。それにしても、仕事をしながらこれだけの時間を捻出するのは大変にも思えるが、大学院へ行くことは自己投資であるだけでなく、一つの社交でもある。同輩との交歓は、独身者はもとより、所帯を持っているものにとっても気晴らしになる。大学院で勉強しているとなれば体裁もいい。

(三) 大学院への動機づけ

三つほど挙げてもらった。第一の目的が仕事の能力を高めたいという回答(五七パーセント)、第二が資格取得のためという回答(四五パーセント)、第三は、職業経験を総括するという回答(二三パーセント)や、深い教養を身につけるという回答(二四パーセント)であった。仕事に生かすというのが主目的である。そして、現在の大学院を選択した理由は、地理的に通学しやすかったという理由が六二パーセント、身近にこの大学院出身者がいて情報を得やすかったという理由が一四パーセントである。出身大学だからというものは六パーセントにすぎない。つまり、ほとんどが職場の近くで通える大学院を選んでいることがわかる。なお、マハーサラカーム大学では、近隣の県から片道二、三時間車をとばして通うものも少なくない。

(四) 大学院教育に対する満足度・評価

満足が二二パーセント、ほぼ満足が五九パーセント、どちらとも言えないが一〇パーセント、不満ありが九パーセントと、おおむね満足している様子である。そして、この教育内容および修士の肩書きがどの程度今後役立つのかという見込みに対して、一、実務に役立つ(「はい」が九二パーセント)、二、キャリア・アップに役立つ(七三パーセント)、三、知的好奇心を満足させる・教養になる(九四パーセント)四、人格の陶冶につながる・修養になる(六六パーセント)であった。学生による主観的評価からは、ほぼ大学院教育が成功していると受け取ることができる。

マス型段階における継続型高等教育

前節で述べたような大学院生による大学院教育への高い評価は、日本の大学関係者に羨望をもって迎えられるだろうか。日本で二〇〇〇年に実施された継続型高等教育機関に対する調査（一四一の大学院、修士・博士計二三六四人回答）では、大学院生の進学目的が、「学位取得」「能力の向上」「深い教養の獲得」が主である。知識習得という面に関して、九割方の学生が大学院で学んだことは将来役に立つと答えているが、職業上の実質的なメリットをあげる回答は少なかった。むしろ、実務的なメリットを期待してきた職業人は、カリキュラムの内容にかなり不満を持っている（笹井　二〇〇一）。これには、日本の大学が社会人特別選抜等の入試制度に関わる便宜を図っている割には、高度専門職業人養成（二八七の研究科）や社会人再教育（二六〇）を謳いながらも、実質的な教育課程の改革を行っているところは四分の一（九五）に満たないということがある（岩山　一九九九）。では、タイでは職業に直接関連する継続型高等教育が充実しているために、大学院生の評価が高いのであろうか。マハーサーラカーム大学の人文・社会分野のタイ研究コースでは、県議会立候補予定者、副校長、会社社長、警察官、教育委員会課長等様々な職種の人が、自分の職業との関連でタイ社会ないしは文化の修士論文を作成していた。ＭＢＡやＭＰＡと比べれば、直接職業のスキルアップに役立っているとは言えない。それでも、東北タイ各地から大学院生が来るのである。

筆者の質問紙調査や面接調査に対して、規範的な、あるいは模範的な回答が寄せられた可能性も考えられなくはないが、タイにおいて継続型高等教育が大学院生から支持されていることは間違いなさそうである。その理由を日本との対比で考えてみたい。

一九九〇年代中盤までの日本がＯＴＪを重視してきたのと対照的に、タイではOFF－JT、学歴・資格重視であった。継続型高等教育にのりやすい労働市場と教育文化がある。日本では、近年ようやく法務や会計、公共政策の専門大学院が軌道に乗り始めたばかりであるが、あくまで実務教育に関わる大学院教育しか一般社会に評価されていない。人文社会科学はいうに及ばず、自然科学でも基礎研究の分野では、過剰な学歴が就職の障害になる。職業人が学位取得後、職場で昇進昇格を配慮されることは稀である。MBAですら、経営管理の専門性が企業社会に認められているとは言い難い。学位が実質的価値を持つのは医学博士と大学教員（まだ文系では博士の学位が採用・昇任の絶対的な条件になっていない）くらいのものである。この学歴に対する文化的態度（学歴無用論などの学歴蔑視のリベラルなたてまえと、学校歴にこだわるムラ社会の本音）が温存されているにもかかわらず、大学院教育のマス化を図ろうとする日本の大学行政は矛盾している。現在、理系ではポス・ドク、文系ではオーバー・ドクター問題が深刻であり、優秀な学部生が将来の不透明さのあまり研究者を志ざすことを断念するという大学院の質の問題にまで及んでいる。

日本とは対照的に、タイには継続型高等教育が成功する文化的基盤があるといってよい。タイでは既に述べたように、学位には実質的価値と象徴的価値があるため、どの分野でも学位取得者は相応の社会的処遇を期待できる。だから、大学院生の評価が高く、彼等は日本と比べて相対的に高い教育投資を惜しまないのである。

現在、タイの国立大学でなされている大学院教育は継続型高等教育が大半を占めると言ってもよいだろう。しかしながら、人的資本の開発は、現段階では自己負担が原則である。相応の授業料を負担できる一部の市民にのみ開かれた生涯学習の機会である。平均的所得水準の人々を対象とした生涯学習は、夜間に村の集会所などを借りて小学・中学程度の授業を行うものがあり、村人が参加する。教師はノン・フォーマル教育を専門に担当するが、郡役所に事務所がある開発部門の非常勤職員という位置づけが多い。これもまた余暇活用というよりも、教育の機会を得なかった人々への識字教育、タイ国民教育の一環と考えた方がよい。このような人々が大学で開講される授業に出席すること

表 10-3　タイにおける学生の就学率

		就学前	初等教育	中等前期教育	中等後期教育	高等教育
1987	年齢	3-5 歳	6-11 歳	12-14 歳	15-17 歳	18-21 歳
	生徒・学生数	1,160,682	7,099,791	1,217,438	893,052	364,666
	比率	30.30%	94.20%	32.90%	24.20%	4.50%
1996	人口	3,224,800	6,566,800	3,413,200	3,484,000	4,648,485
	生徒・学生数	2,029,752	5,910,332	2,421,350	1,474,795	659,495
	比率	62.94%	90.00%	70.94%	42.33%	14.19%
2000	人口	3,153,400	6,439,800	3,277,200	3,385,700	4,605,500
	生徒・学生数	2,161,284	6,012,047	2,329,650	1,723,738	984,944
	比率	68.54%	93.36%	71.09%	50.91%	21.39%

註）1987 年では学齢を 7 歳としている。また、高等教育では 18-24 歳の幅でオープンユニバーシティを除く大学進学者になっている。
出典）1987 年は馬越徹、1993：412　1996，2000 年はタイ統計局教育関連統計より作成。

は、そのレベルをどれほど実学的なものにしたにせよ、基本的な学力の面でまだまだ差がある。

一九九〇年代から、表一〇―三に示したようにタイの進学率は急速に高くなった。経済成長にともなう産業構造の変化（ホワイトカラー、産業労働者の増加）、都市化、少子化（合計特殊出生率は一九八〇年に三・六五、一九九〇年に二・二八、二〇〇〇年に一・八二、出典は経済社会開発委員会統計資料）によって、少ない子供に教育投資をすることは、世代間で上昇移動を図ったり、家族の社会経済的地位を継承させたりするために必要な家族戦略になっている。今後とも進学率は上昇すると思われるが、その際、継続型高等教育は生涯学習としての門戸を拡大する方向で進むのか。それとも、特定社会階層のみが人的資源をエンリッチするために利用する現状のままで進んでいくのか。高等教育機関には経営戦略が求められているとしても、社会的公正の実現という目標を教育の中に含めないでいいわけがない（Kobayashi 2001）。

五　大学は社会的包摂の役割を果たせるのか

本稿では、タイの高等教育制度の進展を概観した後、知識基盤の産業化社会における「生涯学習」を展望するべく、継続型高等教育の実態調査を報告した。結論として、現時点において「生涯学習」の一翼を担っている教育制度は、新中間層以上の階層に限定される継続型高等教育と、中等教育の機会を得なかった人達へ開かれたインフォーマル教育であることが確認された。タイでは学歴社会・OFF－JTという文化的基盤があるために継続型高等教育は社会に支持されているように見える。しかし、社会的公正という点では、能力に応じて誰でも教育の機会を生涯にわたって保障されるべきというユネスコの「生涯学習」社会にはかなりの距離がある。二〇〇四年度のノンフォーマル教育の予算（三七億九六七〇万バーツ）はタイ文部省予算の一・四パーセント（Office of Educational Council and Ministry of Education,2005:57）にも満たず、まさしく補完の域を出ない。地域間格差、階層間格差が増大するタイ社会において、高等教育の社会的役割が問われている。タイにおいても日本においても、高等教育は経済的不平等を能力格差に転換し、社会的不平等の再生産に貢献するものであってはならないと思う（矢野　一九九九）。

本章が当初掲げた、タイの高等教育機関における継続型教育が世代間移動を念願する人達の期待に応えているかどうかという問題には、そうはなっていないという現実を確認せざるを得ない。既に高等教育を修了した新中間層が職業上のメリットを求めて、または地方の名士・上層の人達がさらなる社会的威信（学位）を求めて受講しているのが実態である。

このようにタイの大学における継続型教育が地域の大多数の人達に開かれていかない理由は次のようなものである。

①　大学、ましてや大学院の授業料は労働者や農民の子弟に堪えられるものではなく、通常の勤め人であっても払える金額ではない。加えて、教育投資に見合った収益が卒業や修了後に得られる可能性は少ない。学士や修士は

社会的地位達成の手段というよりも、社会的地位の確認のために必要なものである。

② 大学の法人化政策により、基幹国立大学は地方にサテライトキャンパスを設置、地方大学は学生数を大幅に増やすなどして財政の自立化を図ろうとしている。結果的に、大学の間口は拡大しているのであるが、授業料を低廉に抑える財政的な支援がないままである。

世界銀行の統計によれば、二〇〇三年における高等教育（短期大学を含む）の就学率はタイ四〇・一パーセント、フィリピン（二九・四）、マレーシア（二八・八）、シンガポール（二五・〇／二〇〇四）、インドネシア（一六・二）、ミャンマー（一一・三）、ベトナム（一〇・二）、ラオス（五・一）カンボジア（三・一）、ブルネイ（一・九）である。ただし、二〇〇三年のシンガポールの一人当たりＧＤＰ（二一、八二五ドル）はタイ（二二三六ドル）の約一〇倍、ラオス（三三九・五ドル）の約六四倍である。高等教育の量的緩和（私学の数や国立大の学生数増加）に関わる高等教育政策は国ごとに異なるが、ほぼ各国の経済発展に見合った数値であろう。

しかし、シンガポールを除いて、どの国においても中等・高等教育の拡大に見合った労働市場が成立していない。労働集約的製造業の工場やサービス業では依然として低廉な労働力が求められる。高等教育修了者にふさわしい技術畑や管理業務の需要が飛躍的に拡大しているわけではない。新興工業国において、学歴インフレは急速に、深刻な度合いで生じている。新中間層の子世代で高学歴のメリットを享受できるのはほんの一握りである。学歴は、それがなければそもそも社会的地位達成の競争にエントリーできないが、エントリーしても勝ちが保証されるわけではない。この状況に親世代が気づくまでにはもう少し時間がかかるだろう。教育投資に回すべき資金を別に使えたかもしれないが、少しでもよいスタートをきらせてやりたいというのは親の愛情である。新中間層は教育制度によって資産形成の機会を奪われている可能性も否定できない。

教育による社会的包摂は、高等教育論者がいうほど理想的には進まないもので、就学率が低すぎても社会的排除は解消されないし、高すぎても別の社会的排除を生み出す。このような問題を度外視したままで、高等教育のグローバリゼーション（量的拡大と先進工業国、特に英語圏の大学による大学間連携）の進展を手放しで喜ぶことはできないのである。

付記

本稿は、櫻井義秀、二〇〇五、「タイにおける継続型高等教育の展開」『年報タイ研究五号』日本タイ学会、一九―三六頁を本書の視点に合うように部分的に改稿したものである。

おわりに

櫻井義秀・道信良子

タイにおける社会的排除

本研究では、グローバル化する社会経済がタイの人々にどのような影響を与えたのかを社会的排除の概念を用いて明らかにしようとした。読者の中には、本書で用いている社会的排除の概念の拡張と適用された事例の広がりに違和感を持たれる人もあるかもしれない。この点に説明を加えたい。まず、本書で取り上げた事例から、社会的排除を受けた当事者と包摂に係るアクターが誰であったのかを確認しておこう。

① 国際移動労働者や国際結婚定住者は、自力で社会的地位上昇や家族の生き残り戦略を図る個人である。外国人労働者に労働許可を与える制度や出入国管理の制度は外国人に身分保障を与えるものであるが、彼等の労働環境や生活を直接的に守るものではない。

② エコ・文化ツーリズムを推進する政策が辺境の地域社会を包摂する政策と見なせないこともないが、村おこしを図るリーダーや女性のエンパワーメントが結果的に達成された村落社会の人々がここでは当事者である。

③ 典型的な児童問題であるストリート・チルドレンに対しては、地域行政やNGOが教育・就労支援を行い、ゴミ処理・リサイクルのインフォーマルなアクターであるゴミ収集人に対しては、行政や研究者がフォーマル・セクターにゴミ収集人を適切に位置づける努力を始めたところである。

④ 労働者や勤労者が当事者であり、彼等に安全で衛生的な労働環境を提供する企業や、リカレント教育やインフォーマルな教育を提供して労働市場への有利な再参入を図る高等教育機関が包摂的な組織や制度といえる。

ここで社会的排除の概念を社会的配分と社会関係の二点から再び整理しておこう。バラとラペールの議論から、社会構成員である以上当然認められるべき社会的配分には、安全で安定的な就労が挙げられる。労働市場に適切に参入できることで安定した収入を確保でき、それによって個人の生活や家族扶養、ひいては地域や社会参加が可能になる。このように生活を維持し、社会と関わることを可能にする社会的資源には、一、義務教育、二、社会的是認、移動先での法的地位、社会的地位、三、必要な医療サービス、四、コミュニティ参加、五、民主主義的政治過程がある(Bhalla & Lapeyre 2004)。しかしながら、このような理論的前提を直接適用できない労働社会の発達がタイにはある。

欧米社会や日本で近年用いられてきた社会的排除研究において中核的な問題は、労働市場からの排除であった。グローバル化した経済において熟練工を必要とした製造業の空洞化が生じ、金融・サービスの専門職とマクドナルド化したマニュアルワーカーに労働者が二極分解していくことが先進国の問題であった。しかし、新興工業国では状況が異なる。そもそも熟練工や技術者によってハイエンドな製品を製造する企業は育っていない。むしろ、国際的な水平分業において競争力のあるローエンドな部品製造や労働集約的な軽工業製品を中心とした工業化を推進してきたために、安定した就労を保障された労働者の層が元々厚くない。若年労働者が職を得られないことや正規であっても不安定な就労を強いられることが普通であった。こうした労働条件等が改善される前に、本格的な国際競争の時代に突入したのである。

欧米や日本の労働環境を前提に社会的排除を考えてしまうと、タイではホワイトカラーの正規職であっても一部該当する人々が出てくるのではないか。それよりも労働条件が悪い労働者ということになれば、タイのインフォーマル・セクターで働く人々が主要な事例として取り上げられるべきかもしれない。しかし、タイの労働モラールや生活水準を考えると、インフォーマル・セクターで働く人々全てが社会的排除を受けているとは言えない。

最低労働賃金以下で小規模工場や商店に雇用されている人々や都市雑業層は、フォーマル・セクターで安定的な賃金や身分保障等を受けている人々に匹敵するくらいの労働社会層をなしている。彼等は家族総出で働き、少ない賃金を家計に繰り入れ、地域社会で生活し、子供の教育にも配慮ができているという意味で社会参加できている。インフォーマル・セクターの中上層は今後階層的上昇が見込まれるし、彼等自身がその希望を失ってはいないという意味で、欧米の下層社会（アンダークラス）とも日本でいうところのワーキングプアとも異なるのである。したがって、都市では雑業層（スラム在住であっても、先進国のホームレスの人々のように単身者生活はせずに、所帯を持ち、子育てを行う）の最下層、地方の村落でいえば土地を持たない農業労働者の層が、社会的排除を受けた階層といえる。

本書では都市の最下層や農村の最下層の人々を扱っていないという点では社会的再配分の観点から社会的排除を考察したものではない。ストリート・チルドレンやゴミ収集人はこの階層に該当する部分はあるが、他の事例は階層的に上である。あくまでも、社会的再配分を十分に受けていないために、社会関係資源を欠いているという意味で社会的排除を受けた階層と考えている。①の外国人労働者であれば社会的是認や法的地位、③の子供達やゴミ収集人であれば、義務教育や社会的是認、コミュニティ参加が十分ではない。

②と④の事例は、地域社会や世帯の単位としては問題なく生活できている人々であるから社会的排除の度合いは相対的に低い。しかし、②では必要な医療サービスを受けるためには山道を数時間かけて郡の保健所に行って投薬を受けたり、さらにバスに数時間乗って県庁所在地の公立病院に行ったりしなければならない状況がある。④の大学院教育を受けている人々はむしろ恵まれた人々である。しかし、先進国の農民やホワイトカラーと比べれば、社会保障の政策によって社会参加が実現されているとは言い難い点が多々ある。

既に第一章において詳細に述べたとおり、二〇〇六年の総選挙と二〇〇八年の総選挙において最大多数となった政党が首相候補を擁立し、議会において認められたにもかかわらず、前者は保守的な上層部の人々と軍部によるクーデターで政権は奪取され、後者は市民派や民主派を標榜する人々（市民民主連合や組合、反タックシン派）による首相府占拠や地方空港封鎖等で政権が揺さぶられている。一部の政治・経済的な権力を握ろうとする人々が、総選挙で示された民意を全く無視して（選挙結果は票買いや不正の結果とみなされるが、それだけで選挙そのものに意味がないというのは民主制の根本的な否定になる）、自分たちの利害を直接行動で示そうとする。これでは一般市民や地方の人々は選挙制度によって政治的選択や参加の権利を行使できない。タイの複雑な政治過程を考え合わせると、民主主義的政治過程への参加を保障する政治理念や政治意識の醸成には今しばらくの時間が必要と考えられ、ＥＵや北米、日本とは異なる社会的排除の問題を考慮しなければならない。

タイ社会における包摂の施策

タイにおける社会的包摂の施策は元来がイデオロギー的包摂の要素が強いものであった。ピブーン政権に始まる反共主義、反民族運動（分離主義運動）の政策は、サリット政権以来開発主義の経済的側面を重視したが、中央集権的な国民国家を強化する点で変わりばえしなかった。一九八〇年代までのタイは他の東南アジア諸国同様、社会福祉国家として国民の信任を得たのではなく、国防のためと称した武力支配やイデオロギー支配によって国を治めていたのである。しかし、タイが経済発展に成功し、タックシン元首相のようにタイ国をグローバルな競争社会においても生き残る強国にしようと現代化を図る時代になると、人々の政府に対する要求は多元化するだけでなく、要求の水準も上昇する。利害関係を異にする国民各層、各地域の声に応えて政治を行うのは極めて難しいことであり、タックシン政治から現代の政治的混乱に至っているのではないかと推測される（末廣　二〇〇八）。

この社会変動期は家族・地域社会の構造も大いに変化した時期であり、家族や村落社会による個人の扶養能力は大きく低下した。伝統的な社会制度に福祉機能を依存してきたタイでは、離婚や親の死による家族崩壊が子供の扶養や教育問題に直結するし、都市部で食にあぶれたからといって故郷に帰ればとりあえず食えるという状況が消失しつつある。

このようにして社会福祉は遅まきながら国家の政策の柱となった。一九九七年憲法では児童や高齢者の人権や社会権が保障され、厚生官僚による農村医療や低額医療システム（国民皆健康保険制度に近い）や公務員に限定されていた年金制度に老齢年金基金を併せる等の社会保障政策の充実を図ってきた（大泉　二〇〇八）。義務教育も一九九七年憲法や一九九九年の国家教育法において一二年間の無償の基礎教育（高等学校修了時）と定められ、教育経費の国庫負担を含めて教育改革は難航しているが、新しい時代に対応した人間形成を目指している（船津　二〇〇八）。社会的包摂の施策は大幅に伸張したといえる。また、タックシンの時代にデュアル・トラックのシステムとしてグローバル化に対応する政治経済の強化と地方の経済活性化や社会保障の拡充も目指され、後者では一村一品運動（OTOP）や一〇〇万バーツの村落基金貸付等の施策も行われた。

しかしながら、これらのマクロ的な施策によって社会的に排除されてきた人々が地域社会に包摂されてきたという効果は、少なくとも本書で述べた①、②、③の事例では確認されていない。村落基金の活用や運営は地域の富農や有力者に限定されており、貧困層にはほとんど届いていないという調査報告も出され、タックシン時代の貧困問題の縮小というのは経済伸張した中上層の効果であって、最貧層は全く救われていないと結論する研究もある（萩原二〇〇七）。政策があるということとその政策により資金が必要なところまで回るかどうかは別問題であるし、税制による再配分システムが十分機能していないタイでは、そもそも社会政策に充てる財源そのものが不足しているのである。

本書が明らかにしえたのは、マクロ政策による包摂ではなく、地域社会や組織水準の施策が社会的排除を受けた人達をどの程度包摂することに成功したかであった。事例ごとにまとめれば次のようになろう。

① 国際移動労働者や国際結婚定住者の事例は自力更生に成功した事例であり、失敗した事例の存在を確認してはいない。人身売買同様のやり方でタイに連れ込まれ搾取されている外国人労働者や、日本において結婚生活を円滑に営めなかったり、夫の死後日本で安定した生活を子供と送れなかったりするタイ女性も少なくないと思われる。

② エコ・文化ツーリズムと一村一品運動には似た関係があり、政策に呼応してそこかしこで同様の試みを始めるとサービスや商品が差別化されずに共倒れになる。しかも、地方には地域の自然や文化、あるいは特産物を味わう消費者はいないためにすぐに供給過剰になってしまう。その意味でエコ・文化ツーリズムの持続可能性を一時点の調査で確認し得たものではないので、成功する村落の条件はより慎重に考察されなければならない。

③　ストリート・チルドレンについては、NGOの息の長い働きかけで漸次的な問題解消がなされているが、新規に参入する子供達も増えている。子供達を救いたいという熱意を持った教師や専門性の高いワーカーも多いし、そのような業務を志望する若者もいるのであるが、団体運営・活動資金が不足している。タイは新興工業国であるために国際NGOから資金を得にくくなったし、タイ国内で資金調達をするのもストリート・チルドレンの実態を知っている人達からは理解を得にくいという問題がある。ゴミ処理・リサイクルの地域システムの構築は調査者が政策的な提言をしている段階であり、まさに今後の政策が必要である。

④　労働者に対して安全・衛生面で配慮していこうという意志が見られるのは規模の大きい事業所に限られる。インフォーマル・セクターにおける被雇用者は職種を変えて条件のいい勤め先を確保していくしかない。制度的な規制は労働コストの上昇に連動するので、労働生産性を重視するような事業所でしか選択されないであろう。リカレント教育は完全に自費であるために、給与や職位をあげるために有利であることがわかっているにもかかわらず、公務員や安定した企業の職員以下の階層では選択肢に入らない。タイの大学も独立行政法人化を準備している段階であり、リカレント教育をビジネスとして位置づけなければいけないこともあって低廉な学費にできない事情がある。

以上、社会的排除と包摂の施策が社会のどの側面においてどの程度実施され、どの程度の効果を上げているのか、限られた事例から考察してみた。最後に、本研究では十分にふれることができなかった貧困の問題について述べておきたい。

最貧層という残された課題

タックシン時代の福祉政策や地域活性化政策が必ずしも都市民や地方の中下層の人々の生活を安定させ、社会参加の余裕を与える域には達していないということを述べた。余裕がないからこそ、一票一〇〇バーツ程度の票買いにも応じるわけであり、自らの政治的権利を社会的対価に変える手段を持っていないのである。タイには地方政治家に選挙時にのみ動員される人々が少なくない。北タイや東北タイがタックシン元首相の安定的な地盤であったのは、北タイが出身県ということや東北タイ農民にポピュリズムの政策が受け入れられたということもあるが、タイ愛国党が彼自身の豊富な資産によって運営され、彼が配当する選挙資金によって地方政治家が票とりまとめ役に政治活動を依頼できたからでもある。

タイには並ではない貧困層がまだ少なくない。メティが一九九九年に調査した総計一三〇〇世帯余りの調査によると、タイには最貧困層（the ultra poor）と呼んで差し支えない階層が存在する。その知見を要約すると、一、月収は農村地域の平均所得の十分の一、二、学歴は小学校卒が大半で、三、家人に病人や障害者が三分の一の世帯におり、四、農地・不動産無所有のものが北タイ（一九・一パーセント）を除き、各地域とも五〇パーセントを上回る（東北部は六一パーセント、中部は七〇・九パーセント、南部は五八パーセント）（Medhi 2003）。山地民や地方の農漁村では食うことはできる。しかし、子世代に教育を施すことは難しいので貧困の世代を超えた再生産となり、不意の出費（病気他）のために負債も抱えている。

この水準の貧困になると、寺院の仏教儀礼や法事、その他の付き合いにも支障を来し、村落内において相互扶助のネットワークに入ることも難しくなり、一日あたりの労働仕事を町の事業者や富農に依頼するしかない。有力者との

表　世帯あたりの平均月収の地域別推移

	コミュニティのタイプ	タイ全土	バンコクおよび近郊区	中部	北部	東北部	南部
1998	都市部			15,289	18,685	19,848	17,128
	衛生区			15,050	12,297	11,488	12,544
	農村部			11,676	8,538	7,422	10,375
1999	地域統合	12,492	24,929	12,643	9,779	8,546	11,461
	最貧困層			1,013	628	419	896

出所）国際協力銀行『貧困プロファイル　タイ王国』2001, p4 および National Statistical Office, Household Socio Economic Surver 1999, 2000 and 2001. http://www.nso.go.th
1999 年は Medhi, 1999, p.137 より作成したもの。

庇護−御用のパトロン−クライアント関係が主たる社会関係となる。

ネットワークの範囲が狭いことのデメリットは出稼ぎで移動する際の情報不足や職探し、見つかるまでの居候先に困るなど枚挙に暇がない。稼げないからその日暮らしの発想となり、将来を見すえて貯蓄したり、子世代に夢を託すなどの家族戦略を考えたりできない。その結果、なけなしの金をはたいて飲む・打つ・買うの悪癖にふけって家計を悪化させ、家族崩壊に至ることもある。

彼等は元々が土地なし層というわけではなく、負債のために土地を手放したものがほとんどである。その割合は、北部は四八・一パーセント、東北部が七一・二パーセント、中部が六四・八パーセント、南部が六〇・〇パーセントである。零落した階層ということができる。しかし、ここに落ちる可能性は、農業経営の失敗や不意の出費等がある世帯にはいつでも生じることである。また、身体一つしか頼るものがないものは、働けなくなればすぐこの階層に落ちる。タイの農民層分解には、フロンティアの喪失、換金作物生産の試み、農業資材の外部依存、農業協同組合の未発達に加えて政府の農村支援政策の少なさ等、農村社会の商品経済化以外にも様々な要因が重なっており、借金を抱え込むことなく自給自足的な農業はどうにもなしえなかった。何らかの理由で土地を離れ、都市に流れてゴミ収集人を始めるものもいれば、扶養できなくなった子供が自立してストリート・チルドレンになることもあろう。

社会参加の機会が最も閉ざされたこのような階層について、本書では調査上の知見を述べることができなかった。おそらくは何らの包摂的な施策も彼等には与えられていないことが推測される。それで彼等は不満を抱かないのかということであるが、本書で取り上げた社会的排除を受けている様々な人々同様に、彼等の生活世界にタイの政治は入り込んでいない。彼等が直接応対している旦那やお客、近所づきあいや友達づきあいをするわずかの人々、あるいはグループを組む仲間だけが彼等にとって意味のある人々である。示威行動のためにデモをしたり、選挙運動に関わろうとしたりする人々は将来を展望できる人達である。同じ国民でありながらこの格差は大きいし、それが許容されていること自体がタイ社会の最大の課題であると思うのであるがどうであろうか。

むすびとして

社会的排除がなぜ問題であり、排除された人々を包摂する施策がいかなる理由で必要であるのか。人は偶然そこにそのように生まれ落ちたという理由によって、生きること、学ぶこと、人と交わることや社会に関わることを妨げられるべきではない。タイの最下層社会に生まれたならば、あるいは私が日本の最下層社会に生まれたならば、社会の九割の人々が多少の苦労はあっても難なく超える人生の発達課題（教育や結婚による世帯形成、子育て、晩年に安らかに死を迎える）に相当の努力を要するであろうし、不意の事態（災害や病気等）に打ちのめされてしまうかもしれない。それは他人事であれば、運の問題と言えるであろうし、タイであれば前世の功徳（ブン）が足りないとして諦めるべきことかもしれない。しかし、これがわが身となれば、やはり人生の不条理や社会の理不尽さに身もだえせざるをえないのではないか。このような感情や生活上の困難を多少とも軽減してくれるのが、支援する人々や社会の存在である。

社会という概念には、そこに生まれたという共同性と社会構成員に権利を与え義務を要求する結社性が含まれる。家族や地域社会、自分の所属するグループや職業組織、そして全体社会としての国民国家、それぞれの社会単位において所属感を与えるのは、育まれる実感があるからであろうし、いざとなれば誰かが自分の面倒を見てくれる、その代わりに自分も相手の面倒を見るという互恵的な道徳があるからではないか。社会であるためには互恵性と互恵性への信頼が醸成されている必要がある。

本書ではタイ社会という言い方をしてきたが、政治体制に直接言及しないタイ国民国家と同義で用いてきた。しかし、タイ政府の統治志向や階層・地域間格差の根本的な解消を考えない政治や行政、社会科学のあり方を考えたときに、タイ社会という言い方が適切なのかどうかという思いも出てくる。国家の枠内に利害を異にする様々な社会集団が収まってはいるが、そこにはまだ社会的連帯性が十分に形成されていないのではないか。

もちろん、タイには他の国にはない王権と仏教という社会統合の柱と慈悲・布施による関係創出の類い希なる伝統的社会資本が存在するし、サリット政権以来随分とてこ入れされてきた。伝統の再創造がふだんになされていることは、プミポン国王在位六〇年記念行事やクーデター、デモ行進のいずれにも国王の肖像が掲げられることからも明らかであり、タイ上座仏教は世俗化の時代にあっても事実上の市民宗教・公民宗教としての地位を確保している。この二つのタイ国の支柱がある限り、政府がどうであろうと民主的な市民社会が発展途上であろうとタイは社会としてのまとまりと体裁を維持し続けるであろう。

しかし、果たしてそのままでよいのかどうか。タイで進行中の少子高齢化によって、医療皆保険制度や老齢年金の整備は待ったなしの状態である。高等教育への進学率が四〇パーセントに達するマス教育の時代に突入した以上、学卒者の正規職への就職状況が欧米並みに問題になってこよう。タイ社会には先進国と同様に教育、医療、福祉の問題に直面していかざるを得ない。その一方で発展途上国の時期から都市や地方に最貧層を抱えたままであり、効果的な政策が打ち出されていない状況がある。

いずれにしても、タイ国がタイ社会としての社会的連帯性を持とうとする限りにおいて、偶然による社会的排除を放置してよいはずがなく、そのような階層を漸次的にでも社会に包摂する施策を進めていかざるを得ない。本研究がそのような期待をタイ社会にもちながら地域研究を進めてきたことを記しておきたい。

あとがき

著者の私たちは、タイ社会において、その社会・経済的発展の恩恵を十分に得られなかった人々の生活に対する関心を共有している。国内の急速な経済成長もその後の通貨危機や現在の世界同時不況においても、その経済を支えている製造現場の最前線や衰退していく地域のただなかで生きている人々、路上やあるいは国外に生活の糧を見出さなければならなかった人々の暮らしに私たちは密着してきた。

私たちは、編者の一人（櫻井義秀）の研究室に所属してあるいは共同研究者として研究を行っていた。二〇〇二年の夏に、編者のもう一人（道信良子）も加わり、タイ語の資料を読むことや、研究成果を互いに公表することなどをした。二〇〇五年には日本学術振興会科学研究費補助金（基盤研究（C）「タイ地域社会における内発的発展と公共的社会組織」研究課題番号一七六一一〇〇四　研究代表者　道信良子）の助成を受けて、本書に収められた論文のもととなる研究を全員で行った。

また編者の櫻井義秀と北海道大学に在籍していた各執筆者達は、タイ市民社会の形成を研究調査する研究会に継続的に参加し、日本とタイの研究者との交流を通してタイ社会研究を深めてきた。この研究会は、櫻井義秀代表の科学研究費補助金基盤（B）平成一二―一四年度「東北タイの地域発展と市民社会形成」、鈴木規之琉球大学教授代表の科学研究費補助金基盤（B）平成一七―一九年度「東北タイの開発と市民社会形成の基盤となるプラチャーコム（住民による小グループ）」と、同じく鈴木代表の科学研究費補助金基盤（B）平成二〇―二二年度「二〇〇六年クーデター以降の東北タイのプラチャーコムと市民社会形成」により一〇年余り継続されてきている。

本書のねらいは、タイ社会において社会的に公平な社会のしくみは何かということの究明である。社会・経済的発展の恩恵を得られない人々、その多くは社会の周辺で生きている人々であるが、そのような人々の生活をつぶさに観察することにより、地域に根ざした社会・経済的発展のあり方を追求することが一つの大きな課題であった。そして、地域に根ざした発展には、地域組織が重要な役割を果たすのであり、その地域組織にはいかなる課題と可能性があるのかを吟味することがもう一つの課題であった。これらの課題をこれまでの内発的発展論の枠組みに留めるのではなく、「社会的排除」と「社会的包摂」という二つの概念を用いて探究した結果が本書にまとめられている。

ちなみに、これまでの内発的発展論の研究では、地域住民や地域の公共組織がどのように連携して地域を活性化させているのかを見てきた。国家や国際社会からの政策介入が強まっている現代社会において、あくまでも地域を基盤とする自生的な発展のあり方とは何かを問うてきた。これでは、地域社会は孤立して存在しているのではなく、国家や国際社会にも開かれており、それらの要望や圧力に対しても対応しようとしている点が十分に検討できない。そのため、地域と国家と国際社会とのつながりを軸にすえた視点からの探究が必要となる。

本書に共通する研究方法論の視点は経験主義的なものであり、私たち全員が実証的な現地調査を軸とする研究を行った。これまで十分に研究されていないストリート・チルドレンやごみ収集人、ラオスからの移民女性の生活の実態については、研究者が調査地に長期間住み込むことにより、質の高い資料が得られている。エコツーリズムと文化ツーリズムに関しても、現地における詳細な調査にもとづいている。また、タイにおける継続型高等教育の現状と評価に関する研究とタイの日系企業における健康管理対策の研究は、一〇年以上もの間、日本と調査地とを往復して断続的なフィールドワークを行った結果である。

本書は、現代のタイ社会に関心をもつ一般の読者や研究者を対象に、タイ社会の周辺に生きる人々の生活のありようを述べたものであり、本書のタイトルに用いた社会的排除についての専門的な報告書ではない。「社会的排除」と「社会的包摂」という概念はあくまで人々の生活のありようを述べるための一つの切り口である。しかしながら、本書がこれまでヨーロッパ諸国を中心に述べられてきた社会的排除の理論をアジア諸国の事例から見直すための契機となれば幸いである。

タイにおける調査では、コーンケーン大学ソムサック・スリソンティスック氏、マハーサーラカーム大学のワンナサックピジット・ブンスーム氏、チャイヤブーン社のソンペット・チャイソンクラム氏、マヒドン大学ピンパワン・ブーンモンコン氏、チェンマイ大学ブパ・ワッタナーパン氏の援助を受けた。本書の刊行にあたり、梓出版社の本谷貴志氏からは全体の構成についての貴重な助言をいただいた。また、北海道大学大学院修士課程在学の北澤泰子さんと佐々木香澄さんに、原稿の細部にわたる確認の作業でお世話になった。ここに記してお礼を申し上げたい。

二〇〇九年一一月一一日

著者一同

現代タイの社会的排除

2010 年 3 月 19 日　第 1 刷発行　《検印省略》

編　者© 櫻　井　義　秀
道　信　良　子
発行者　本　谷　高　哲
制　作　シ　ナ　ノ
東京都豊島区池袋 4-32-8

発行所　梓　出　版　社
千葉県松戸市新松戸 7-65
電話・FAX047（344）8118

乱丁・落丁本はお取り替えいたします。
ISBN 978-4-87262-230-0　C3036

編 者 紹 介

櫻井義秀（さくらい　よしひで）

北海道大学大学院文学研究科博士課程中退　博士（文学）
現　　在　北海道大学大学院文学研究科教授

単　　著

『東北タイの開発と文化再編』北海道大学図書刊行会 2005
『「カルト」を問い直す』中央公論新社 2006
『東北タイの開発僧 − 宗教と社会貢献』梓出版社 2008
『霊と金 — スピリチュアル・ビジネスの構造』新潮社 2009
『統一教会 — 日本宣教の戦略と韓日祝福』（中西尋子と共著）北海道大学出版会 2010
『死者の結婚 — 祖先崇拝とシャーマニズム』北海道大学出版会 2010

編　　著

『よくわかる宗教社会学』（三木英と共編）ミネルヴァ書房 2007
『カルトとスピリチュアリティ』ミネルヴァ書房 2009
『社会貢献する宗教』（稲場圭信と共編）世界思想社 2009

道信良子（みちのぶ　りょうこ）

お茶の水女子大学大学院人間文化研究科博士課程後期単位修得満期修了　博士（社会科学）
現　　在　札幌医科大学医療人育成センター 教養教育研究部門准教授

単　　著

Michinobu R: Lives in Transition: The Influence of Northern Thailand's Economic and Cultural Change on Young Factory Women's Sexual Behavior and HIV Risk. Center for Health Policy Studies, Mahidol University, Nakorn Pathom. 2005

論　　文

Michinobu R: "HIV is irrelevant to our company" : Everyday practices and the logic of relationships in HIV/AIDS management by Japanese multinational corporations in northern Thailand. Social Science & Medicine, 68: 941-948, 2009.

Michinobu R: Reproductive Health Management in Japanese Multinational Companies in Northern Thailand. The Japanese Journal of Health Behavioral Science, 23: 41-58, 2008

Michinobu R: Multiple Perceptions and Practices of HIV Prevention among Northern Thai Female Factory Workers: Implications for Alternative HIV Prevention. The Japanese Society for AIDS Research, 7 (3): 193-203, 2005

執筆者紹介

清川　梢（きよかわ　こずえ）
北海道大学大学院文学研究科修士課程修了
現　　在　タイ国ノーンカーイ県パトゥムテープ・ウィッタヤカーン校日本語講師
専　　門　タイ地域研究

Teerapol Kulprangthong（ティラポン・クルプラントン）
現　　在　北海道大学大学院文学研究科博士課程在籍
専　　門　外国人労働者，国際結婚

鈴木　雅（すずき　まさし）
北海道大学大学院文学研究科修士課程修了
現　　在　フリーライター
専　　門　エコツーリズム，地域社会における持続可能な観光

Rukchanok Chumnanmak（ラッチャノック・チャムナンマック）
北海道大学大学院文学研究科特別研究留学生
現　　在　コーンケーン大学人文社会学研究科博士課程在学
専　　門　開発社会学，地域紛争論

Juthathip Sucharitkul（ジュタティップ・スチャリクル）
北海道大学大学院文学研究科博士課程修了（文学博士）
現　　在　ラジャパック大学（Rajapark College）講師
専　　門　地域・教育社会学，リーダシップ論

Somkid Tubtim（ソムキッド・タップティム）
北海道大学大学院文学研究科特別研究留学生
コーンケーン大学人文社会学研究科博士課程修了　Ph. D
現　　在　タイ国防省情報管轄部主査
専　　門　地域・環境問題

索　引

ア　行

カ　行

ナ　行

ハ　行

マ　行

ヤ・ラ　行

参 考 文 献

は じ め に

赤木功・北原淳・竹内隆夫編，2000,『続　タイ農村の構造と変動― 15 年の軌跡』勁草書房.

浅見靖仁，1999,「東南アジアにおける三つの民主化の波」古田元夫編『東南アジア・南アジア』大月書店.

阿部彩，2007,「日本における社会的排除の自体とその要因」『季刊　社会保障研究』43 号，27-41.

大泉啓一郎，2007,『老いていくアジア ―― 繁栄の構図が変わるとき』中央公論新社.

落合恵美子・山根真理・宮坂靖子，2007,『アジアの家族とジェンダー』勁草書房.

古屋野正伍・北川隆吉・加納弘勝，2000,『アジア社会の構造変動と新中間層の形成』こうち書房.

国際協力銀行，2001,『貧困プロファイル　タイ王国』.

櫻井義秀，2005,『東北タイの開発と文化再編』北海道大学図書刊行会.

櫻井義秀，2006,「南タイにおける暴力の問題 ―― 国際タイセミナーにおける研究動向から」『北海道大学文学研究科紀要』118: 183-236.

櫻井義秀，2008,『東北タイの開発僧 ―― 宗教と社会貢献』梓出版社.

佐藤仁，2002,『稀少資源のポリティックス ―― タイ農村に見る開発と環境のはざま』東京大学出版会.

末廣昭，2000,『キャッチアップ型工業化論 ―― アジア経済の軌跡と展望』名古屋大学出版会.

Wun'gaeo, Surichai, ed., *Challenges to Human Security in a Borderless World*, Chulalongkorn University Press, 2003.

田坂俊雄，1996,『バーツ経済と金融自由化』御茶の水書房.

田巻松雄，2005,「東・東南アジアにおける非合法移民」『社会学評論』56-2: 363-380

Funatsu Tsuruyo, 2005, Book Review: Sakurai Yoshihide and Somsak Srisontisuk, *Regional Development in Northeast Thailand and Formation of Thai Civil Society*, Khon Kaen University Press p.349 2003, IJJS 13:

都留民子，2002,「フランスの排除 exclusion 概念―わが国の社会問題に使用することは可能か」『海外社会保障研究』141 号，3-17.

西村幸満・卯月由佳，2007,「就業者における社会的排除 ―― 就業の二極化への示唆」『季刊　社会保障研究』43，41-53.

泰辰也，2005,『タイ都市スラムの参加型まちづくり研究』明石書店.

服部民夫・鳥居高・船津鶴代編，2002,『アジア中間層の生成と特質』アジア経済研

究所.
村田翼夫，2007，『タイにおける教育発展 —— 国民統合・文化・教育協力』東信堂.
Sato, Yasuyuki, 2005, *The Thai-Khmer Village: Community, Family, Ritual, and Civil Society in Northeast Thailand,* Graduate School of Modern Society and Culture, Niigata University
Michinobu Ryoko. 2005, *Lives in Transition: The Influence of Thailand's Economic and Cultural Transition on Young Factory Women's Sexual Behavior and HIV Risk.* Center for Health Policy Studies, Mahidol University, Bangkok.

第１章

アジット・S・バラ，フレデリック・ラペール，2005，福原宏幸，中村健吾訳『グローバル化と社会的排除 —— 貧困と社会問題への新しいアプローチ』昭和堂．Ajit S. Bhalla and Frédéric Lapeyre, 2004, *Poverty and Exclusion in a Global World,* 2nd edition, Palgrave Macmillan
河森正人，2006，「タイ保健医療政策の展開と『農村医師（モー・チョンナボット）官僚」『タイ研究』6: 1-20.
櫻井義秀，2005，『東北タイの社会変動と文化再編』北海道大学図書刊行会.
櫻井義秀，2006，「南タイにおける暴力の問題 —— 国際タイセミナーにおける研究動向から」北海道大学文学研究科紀要　118: 183-236
鈴木規之，2006，『アジア社会研究会研究通信』NO.38: 1-3
末廣昭，2009，『タイ　中進国の模索』岩波書店.
玉田芳史，2003，『民主化の虚像と実像』京都大学学術出版会.
玉田芳史，2005，「タイ政治の安定 —— 2005 年 2 月の総選挙を手がかりとして」玉田芳史研究代表者，科学研究費補助金成果報告書『東・東南アジア諸国における政治の民主化と安定』79-126.
玉田芳史，2007，「タイにおける 2 つの民主主義とポピュリズム —— 新旧の激突」玉田芳史研究代表者，科学研究費補助金成果報告書『民主化後の「新しい」指導者の登場とグローバル化 —— アジアとロシア』64-106.
Pasuk Phongpaichit, 2000,' Civilising the State: State, civil society and politics in Thailand,　Watershed 5-2 TERRA.
Pasuk Phongpaichit and Chris Baker, 2005, *Thaksin: The Business Of Politics In Thailand,* Silkwarm Books. Thailand.
樋口昭彦，2004，「現代社会における社会的排除のメカニズム」『社会学評論』217: 2-18
平田利文編著，2007，『市民性教育の研究 —— 日本とタイの比較』東信堂.
船津鶴代，2000，「環境政策 —— 環境の政治と住民参加」末廣昭・東茂樹編『タイの

経済政策——制度・組織・アクター』（アジア経済研究所研究双書 502）所収，アジア経済研究所.

第2章

Boonmathya, R. (2003). A narrative of contested views of development in Thai society: voices of villagers in rural northeastern Thailand. Southeast Asian Studies, 41 (3), 269-298.

Ekachai, S. (1991). Behind the Smile. Bangkok: Thai Development Support Committee.

Keyes, C. F. (1984). Mother of mistress but never a monk: Buddhist notions of female gender in rural Thailand. American Ethnologist, 11, 223-241.

Lee, C. Y., Phanchareanworakul, K., Cho, W. J., Suwonnaroop, N., Storey, M. J., Sanaeha, C., et al. (2003). A comparative study of the health care delivery system of Korea and Thailand. Nursing Outlook, 51 (3), 115-119.

Lyttleton, C. (1996). Health and development: knowledge systems and local practice in rural Thailand. Health Transition Review, 6, 25-48.

Ministry of Public Health (MOPH). (2001). *Thailand Health Profile 1999-2000.*

Ministry of Public Health (MOPH). (2005). *Thailand Health Profile 2001-2004.*

Muecke, M. A. (1992). Mother sold food, daughter sells her body: the cultural continuity of prostitution. Social Science & Medicine, 35 (7), 891-901.

Phongpaichit, P., & Baker, C. (1997). Thailand Economy and Politics. Bangkok: Oxford University Press/Asia Books.

Thitsa, K. (1980). Providence and prostitution: Image and reality for women in Buddhist Thailand. In Change. London: International Reports: Women and Society.

United Nations (UN). (2000). United Nations Millennium Declaration. Retrieved October 3, 2006, from http://www.un.org/millennium/declaration/ares552e.htm

Ungpakorn, J. G. (2002). From tragedy to comedy: Political reform in Thailand. Journal of Contemporary Asia, 32 (2), 191-205.

Yoddumnern-Attig, B. (1992). Changing roles and statuses of women in Thailand. Bangkok: Mahidol University.

第3章

Khien Teeravit, Adsorn Semyaem, Thantavanh Manolom, 2001, Thai-Lao Relations in Laotian Perspective, Chulalongkorn University Press

Kritaya Archavanitkul, Ponsuk kuutsaang, 1997, Sen taang renggaan ing jark prathet puan baan sue trakit karn kaa borikarn taang phet nai prathet thai, Mahidol University Press

Kritaya Archavanitkul, 2000, Ruang phet anarmai jaroen phant le kwarm runreeng, Mahidol University Press

———, 2002, *Satana kwarm ruu ruang reenggarn karm chart nai pratheet thai*, Mahidol University Press

Kusol Sunstaadaa, Umpaaporn Patrawaanit, 1997, *Krabuan karn jarng reeng garn karm chart tee lak loap kao muang le kwarm kit hen kong pak rat le ekachon tee kiao kong*, Sataaban wichai prachaakon le sangkom, Mahidol University Press

Maniemai Thongyou, 2004, "*Social Capital of Laotian Woman Workers in Khon Kaen*", Center for Reserch on Plurality in the Mekong Region（学会発表資料）

Maniemai Thongyou, Dusadee Ayuwat, 2005, "*Social Network of Lao Transnational Migrant Workers in Thailand*", Jornal of Mekong Societies 2, Center for Reserch on Plurality in the Mekong Region, Khon Kaen University

Pramuan Sukklom, 2004, *Lao Migrant Workers in the Northeast of Thailand: A Case Study of Migrant Workers in Mukddahan*, Master of Arts Thesis in Sosial Development, Graduate School, Khon Kaen University

Tanogsak Tabilaa, 2004, *Chiwit rengaan kampuchaa nai thai*, Sumali chaisupraakul, 2004 "*Kon tuk muang*"

World Vision Foundation of Thailand, 2004, *Research Report on Migration and Deception of Migrant Workers in Thailand*, World Vision Foundation of Thailand

青木秀男，2000,『現代日本の都市下層 —— 寄せ場と野宿者と外国人労働者』明石書店 .

浅見靖仁，2003,「国際労働力移動問題とタイ —— 研究動向と今後の課題」『大原社会問題研究所雑誌』530: 22-43

乾美紀，2004,『ラオス人少数民族の教育問題』明石書店 .

伊豫谷登士翁，2001,『グローバリゼーションと移民』，有信堂高文社 .

櫻井義秀，2005,『東北タイの開発と文化再編』北海道大学図書刊行会 .

Sassen Saskia, 1988, The mobility of labor and capital : a study in international investment and labor flow（= 森田桐郎他訳［1992］『労働と資本の国際移動 —— 世界都市と移民労働者』岩波書店 .）

重富真一，1996,『タイ農村の開発と住民組織』アジア経済研究所 .

田巻松雄，2005,「東・東南アジアにおける非合法移民」『社会学評論』56(2): 363-379.

日本労働研究機構，1997,「タイ国における国内外への労働移動 —— バンコクおよび

ウドンタニ地域における出稼ぎの実態」日本労働研究機構.

宮内泰介, 2000,「ソロモン諸島マライタ島における出稼ぎと移住の社会史——1930-1990年代」国立民族学博物館研究報告別冊21号刷.

C. メイヤスー, 1977,『家族制共同体の理論——経済人類学の課題』川田順三・原口武彦訳, 筑摩書房.

森田桐郎, 1994,『国際労働移動と外国人労働者』同文舘出版.

渡部厚志, 2004,「『移動の村』での生活史——『人間の安全』としての移動研究試論」総合政策学ワーキングペーパーシリーズNO.36, 慶應義塾大学大学院政策・メディア研究.

第4章

Pataya Ruenkaew, 1998, "Thai Women married to Germans: Motives and Backgrounds of Marriage Migration", Woman Study, Thammasart University.

Matthana Pananiraamai, 1998, "Women's Roles and Change in Population and Economics", Woman Study, Thammasart University.

Ratana Boonmathya, 2005, Women, Transnational Migration, and Cross-Cultural Marriages: Experiences of `Phanrayaa-farang`form Rural Northeastern Thailand, Journal of Mekong Societies Vol.1 No2 May-August 2005, Center for Research on Plurality in the Mekong Region.

Sirirath Adsakul, 2006, "The Cross-cultural Marriage of Rural Women in Udonthani", Khonkaen University

Ninwadee Promphakping, 2006, "Cross-cultural Marriage of Women in The Northeast of Thailand", Khonkaen University.

Wanthanee Wasikashin-Sunee Hemaprasit, 2002, What Thai society expects from Thai women, Se-Ed Company

Surang Chanyeam, 2001, "Development of various sex service business", Prostitution Right Foundation

Nation Economic and Social Development Board (NESDB) Report, 2003,
ชีวิตใหม่ของหญิงไทยในต่างแดน_ (外国におけるタイ女性の新たな人生.)

Kom・Chat・Ruk Newspaper 2003/6/23

Post・Today New spaper 2003/6/25

J. F. モリス, 1993,『みやぎ外国人問題研究会』の紹介, 宮城学院女子大学キリスト教研究所共同研究「移動と定住」『移民研究レポート』Vol. 2.

第5章

石井香世子, 2004「少数民族観光とイメージ表象——北タイ「山地民」をめぐる観

光を事例に」『NUCB Journal of Economics and Information Science』49(1): 215-40.

石森秀三，1996,「観光革命と 20 世紀」石森秀三編『20 世紀における諸民族文化の伝統と変容 3 —— 観光の 20 世紀』ドメス出版，11-26.

小方昌勝，2000,『国際観光とエコツーリズム』文理閣.

岡本伸之，2001,「観光と観光学」岡本伸之編『観光学入門 —— ポスト・マス・ツーリズムの観光学』有斐閣: 1-28.

恩田守雄，2001,『開発社会学 —— 理論と実践』ミネルヴァ書房.

菊地直樹，1999,「エコツーリズムの分析視角に向けて —— エコツーリズムにおける「地域住民」と「自然」の検討を通して」『環境社会学研究』5: 136-51.

日下陽子，2000,『タニヤの社会学 —— 接待から買春まで　バンコク駐在員たちの聖域』めこん.

国際観光振興会編，2002,『JNTO 国際観光白書　2002 年版』国際観光サービスセンター.

櫻井義秀，2004,「食文化から考えるタイ社会 —— Gastronomic Culture and Society in Contemporary Thailand」*Foods & Food Ingredients Journal of Japan* 209(11): 1007-16.

島川崇，2002,『観光につける薬 —— サスティナブル・ツーリズム理論』同友館.

末廣昭，1993,『タイ —— 開発と民主主義』岩波書店.

須永和博，2004,「エコツーリズムのローカル化 —— タイ北部山地カレン社会を事例として」『立教観光学研究』6: 3-14.

関根久雄，2003,「未知の世界,『漂う』人びと —— ソロモン諸島におけるエコツーリズムと『開発参加』」橋本和也・佐藤幸雄編『観光開発と文化』世界思想社: 171-206.

『地球の歩き方』編集室，2004,『地球の歩き方　D17　タイ　2004 ～ 2005 年版』ダイヤモンド・ビッグ社.

西村幸子，1998,「エコツーリズム持続可能な観光に向けての模索」『観光に関する学術研究論文　第 3 回』アジア太平洋観光交流センター: 37-54.

橋本和也，2001,「観光研究の再考と展望 —— フィジーの観光開発の現場から」『民族学研究』66(1): 51-67.

橋本和也，2003,「観光開発と文化研究」橋本和也・佐藤幸雄編『観光開発と文化』世界思想社，54-82.

古家晴美，1993,「『山地民』と『山の民』—— 北タイ「チャウ・カウ」研究への新たなる視座を求めて」『民族学研究』58(1): 29-52.

古川彰・松田素二，2003,「観光という選択 —— 観光・環境・地域おこし」古川彰・松田素二編『観光と環境の社会学』新曜社: 1-30.

真板昭夫，2001，「エコツーリズムの定義と概念形成にかかわる史的考察」石森秀三・真板昭夫編『国立民族学博物館調査報告 —— エコツーリズムの総合的研究』23: 15-40.
松井やより，1993，『アジアの観光開発と日本』新幹社.
村井吉敬，1998，『サシとアジアと海世界』コモンズ.
村井吉敬，1999，「オルタナティブ・ディベロプメント —— サシ，エコツアー」久保康之編『森と海と先住民 —— イリアン・ジャヤ（西パプア）』コモンズ : 42-51.
安福恵美子，2001，「エコツーリズムという概念に対する一考察 —— マス・ツーリズムとの共生関係へ向けた視点から」石森秀三・真板昭夫編『国立民族学博物館調査報告 —— エコツーリズムの総合的研究』23: 101-9.
安村克己，2001，『観光 —— 新時代をつくる社会現象』学文社.
山下晋司，1997，「観光開発と地域的アイデンティティの創出 —— インドネシア・バリの事例から」川田順造ほか編『反開発の思想』岩波書店 : 107-24.
山下晋司，1999，『バリ —— 観光人類学のレッスン』東京大学出版会.
吉田春生，2003，『エコツーリズムとマス・ツーリズム —— 現代観光の実像と課題』大明堂.
Butler, Richard, 1992, “Alternative Tourism: The Thin End of the Wedge,” Valene L. Smith and William R. Eadington eds., *Tourism Alternatives: Potentials and Problems in the Development of Tourism*, Philadelphia: University of Pennsylvania Press, 31-46.（= 1996，安村克己訳「新たな観光のあり方 —— 実は重大な意味をもつ問題」『新たな観光のあり方 —— 観光の発展の将来性と問題点』青山社 : 36-54.）
Cohen, Erik, 2001, *Thai Tourism: Hill Tribes, Islands and Open-ended Prostitution*, 2nd ed., Bangkok: White Lotus.
Oppermann, Martin and Kye-Sung Chon, 1997, Tourism in Developing Countries, London: International Thomson Business Press.（= 1999，内藤嘉昭訳『途上国観光論』学文社.）

第6章

Greenwood D, 1982, Cultural authenticity, Cultural Survival Quarterly, 27-28.
Howell, David W, 1993, Passport: an introduction to the travel and Tourism industry, 2nd ed, South Western Publishing Co.
Jaranya Wongprom, 2541, Rang Ngan Satree E-San Gan Rab Chaung Gan Palit Khong Utsahagam Dok Mai Pradit, Kronggan Faug Ob Rom Nag Wijai Dan Satree Saug Sa Run Thee 3 Pho So 2539-2540, Soon Satree Saug Sa Khanasangkhomsat Mahawittayalai Chiangmai.

Narest Songcrasuk, 2538, Rai Ngai Gan wijai Raung Gan Plieng Plang Sawatdigan lae Satanaphap Khong Satree Lang Gan Pra Kob A-cheep Saerm Dan Gan To Pha : Ko Ra Nee Saug Saa Satree Chonnabot Tambon Mae-On Nau Ampher Mae-On Jangwat Chiangmai, Soon Satree Saug Sa Khanasangkhomsat Mahawittayalai Chiangmai.

Panatda Bunyasaranai, 2546, "Chonpao A-Kha: Pap Lak Tee Thuk Sang Hai Sog Gra Prog Lalang Tae Dungdoodjai" Nai Pinkaew Laungaramsee, Bo Go. Identity Ethnic and Marginalization.Grungthep : Soon Manutsayawittaya Sirinthon (Onggornmahachon), pp81-115

Parichart Ganathum, 2546, Gan Plaien Plang Bot Bat Ying Chai Phai Lang khao Su Rabob Gan Laing Ko Nom; Wittayaniphon Sillapasatmahabuntid Sakha Sa ngkhomwittayaganpattana Khanamanutsat Lae Sangkhomsat Mahawittayalai Khon-Kaen.

Pigram J, 1993, Planing for tourism in rural areas: bridging the policy implementation gap, Pearch and Butler (EDs.), Tourism Reach: Critiques and Challenges, London: Routledge.

Praphas Intanapasas, 2546, Gan Bo Ri Han Jad Gan Gantongtaiw Bab Chumchon Mee Saun Raum Go Ra Nee Moo Ban Khonggong Ampher Guchinarai Jang Wat Kalasin; Wittayaniphon Sillapasatmahabuntid Sakhaganborihanganpattana Mahawittayalai Khon-Kaen.

Prasit Leepreecha , 2546, "Attalak Tang Crau Yat Khong Glum Chattipan Mong Tam Klang Kwam Tan Samai" Nai Pinkaew Laungaramsee, Bo Go. Identity Ethnic and Marginalization, Grungthep: Soon Manutsayawittaya Sirinthon (Onggornmahachon), pp203-252

Sarinthip Mansap, 2543, Gra Baun Gan Phalit Chaung Phanich Lae Gan Prab Plian Botbat Ying Chai Nai Chum Chon Pagageryo, Wittayaniphon Sillapasatmahabuntid Shahha Wichaganpattanasangkhom Khanasangkhomsat Mahawittayalai Chiangmai.

Seesak Wanliphodom, 2543, Phiphittaphan Thongthin : Ban Nong Khaw. Nai Eggasarn Pragop Gan Sammana Raung Phiphittaphan Thongthin Ban Nong Khaw. Doe Munlanithi Praphai Wiriyaphan Wan Thee 26 Magarakhom 2543.

Sunee Liewpenwong, 2545, Rai Ngan Gan Saug Sa Wijai Krong Gan Pattana Rabob Matrathan Khunnaphab Gan Jad Gan Thong Thiew. Ban Khonggong Ampher Guchinarai Jang Wat Kalasin. Mahawittayalai Khon-Kaen, Sam Nag Ngan Khana Gammagan Phatthana Setthagit Lae Sang Khom Hang Chat, Phaen Phatthana Setthagit Lae SangKhom Hang Chat Chabab Thee 9 Pho So

2545-2549, Grungthep : Rongphim Khurusapha Ladpraw.

Waraporn Chamsanit, 2542, "Nag Git Ja Gam Phu Ying Chao Ban:Witee Kwam Kid Lae Pra Den Gan To Soo " Nai Tao Lang Yang Kaw Raom Bot Kwam Tang Wichagan Dan Satree Saug Saa. Krong Gan Satree lae Yaowachon Saug Saa Mahawittayalai Thammasart.

Wises Sujinprum, 2544, Gan Clauen Wai Nai Paun Tee Satarana Kong Phu ying Nai Gan Jadgan Pa Chumchon Jangwat Lamphon. Soon Satree Saug Sa Khanasangkhomsat Mahawittayalai Chiangmai.

第7章

社会発展と人間福祉省，2002，『2002－2006年の子どもの発展計画書』.

Eade John (ed.), 1997, *Living The Global City: Globalization as a local process,* London and New York.

Kadusin, A, 1974, *Child Welfare Services* (second edition), Macmillan Publishing Co.Inc., の編集委員会／編『新版・社会福祉学習双書 2003《第4巻》児童福祉論』全国社会福祉協議会，2003: pp.23-24

Joseph H.Reid, edited by Ann W.Shyne, 1979, 'Child Welfare Perspectives', Child Welfare League of America, New York, The united states of America.

House J.S., Umberson D., Landis K.R., 1988, 'Structures and Processes of Social Support', Annual Review of Sociology, Vol.14 pp.293-318.

Lalor K. J., 1999, 'Street Children: A Comparative Perspective,' Child Abuse & Neglect, Vol.23: 8 pp.759-770.

Roux le, Johann 1996. 'The Worldwide Phenomenon of Street Children: Conceptual Analysis', Adolescence, Vol.33 pp.965-971.

Turner.R.J, and Marino Franco, 1994, 'Social Support and Social Structure?: A Descriptive Epidemiology', Journal of Health and Social Behavior, Vol.35 pp.193-212.

UNICEF 1984. *Latin American seminar on community alternatives for street children,* Brasiia, Brazil, November 12-15.

Angkasai Kittikun, 1997, *Sopeene Dak Chai: Karanii-Suksaa Chapho Dekreiron Khaai Boorikaan-Thaan-Phee,* Withayaniphon parinay tho (MA thesis), Mahawithayalai Thammasat.

Anuchon Hounsong le kana 2001, *Raaigaan Wicai Chabap Sombuun Khroon-kaan Phatthanaa Khruakhaai Khwaan Ruammua Khong On-kron nai Kaan Chuailua Dekreiron le dek-doi-ookaat Khong Canwat Chiang Mai,* Samnakgaan Kroonthun Sanap Sanun Kaan Wicai.

Chitrabud Somphong, 1997, *Wattanatum dek reiron nai toon tanon*, Samnakupim Chulalongkorn Mahawitayarai.

Chutikul Saisuree, 1992, *Dek reiron: Dek reiron nai sankhom thai*, Eekka-saan Wichaa-kaan Chabap tee 2, Muunlanithi Saansan-Dek.

Kantareeradapan Nitaya, 1992, *Dek Reiron*, Chularonkoron Mahawitayarai.

Kateleerudabhan Nitaya, 1991, *saphaawakaan patcuban le kaandamneen-kaan kiakap dek reiron*, raai-naan kaansammanaa radapchaat ruan dek reiron, samnaknaan khanakamma-kaan son-seem le prasaannaan yauwa-chon hen chaat.

Kateleerudabhan Nitaya, 1992, 'Sapawa Pachubun le kaan Domnen ka kab Dekreiron', pp.47-56. National Youth Bureau, *Raaigaan kaan Sammanaa Radap chaat ruan dek reiron*, Amarin Printing Group.

Khanphisit Thamarak, 1992, 'Nayoobai kaan kei phanha Dekreiron nai Pawa Settakid Pajubun', pp.57-64. National Youth Bureau, *Raaigaan kaan Sammanaa Radap chaat ruan Dekreiron*, Amarin Printing Group.

Pashitratashin Suchat, 1995, *Sopeni dek: panha, sahed, neau thang kea kai*, Samnakngan wichai heng chat.

Phanichapan Srithapthin, 1982, *Ted sa dee tang sawadikarn sakom*, Samnakpim Mahawitayarai Thamasad.

Somphong Chitradub, 1995, *The culture of street children in Thai society*, Chulalongkorn University.

———, 2007, Krungthep: Mong sii thao dek lae yaochon, Chulalongkorn University.

Somsri Kantamala 1992. 'Nae kham kid mai nai kaan kei phanha Dekreiron?', pp.65-67. National Youth Bureau, *Raaigaan kaan Sammanaa Radap chaat ruan Dekreiron*, Amarin Printing.

Soponkanaporn Jongjit, 1987, *Sawadikarn Sakom*, Mahawitayarai Ramkamheng.

Soponkanaporn Jongjit, 2001, *Peountan sawadikarn sakom*, Mahawitayarai Ramkamheng.

Srithitrai Veerasit and Tim Brown, 1996, *Pon kratob kong dek tid cheu aids nai prated thai, Sapa kachad thai.* Printing Group.

Wallop Tangkhananurak, 1998, Dek Reiron phanhaa lae thagook, krungthep, sathaban prapokklao.

Wongchai Yupa, 2001, *Sawadikarn sakom nai prated thai*, Samnakpim Arayan Media.

第8章

APEC Virtual Center for Environment Technology Exchange (2005) *Waste* [online]

Available from: http:www.pcdv1.pcd.go.th/.../wasteStat42/wasteThai. htm [accessed 5 September 2005]

Bunthawat Boonjear (2001) Scavengers: a mechanism of solid waste recycling and reusing systems. Khon Kaen University, Thailand.

Charlene Porter (2000) "Resource Cities" Partner for Progress. *GLOBAL ISSUES An Electric Journal of the U.S. Department of State*, Vol. 5 (4) pp. 21-23 [online] Available from: http://usinfo.state.goo/journals/itgic/0300/ijge /0300.pdf [accessed 10 September 2005]

Christian, Zurbrugg (2002) Urban Solid Waste Management in Low-Income Countries of Environment (SCOPE), Nov. 2002 pp. 1-13 [online] Available from: http://www. sandec. ch/SolidWaste/Documents/04- ゴ ミ 処 理 事 業 anagement/U ゴミ処理事業 -Asia.pdf [accessed 18 March 2004]

Daniel, T. Sicular. (1992) *Scavenger, Recyclers, and Solution for Solid Waste Management in Indonesia.* CA: Center for Southeast Asia Studies University of California, Berkeley.

Yoshida, F. (2002) The Economic of Waste and Pollution Management in Sapporo city

Forsyth. T. (2005) Building deliberative public-private partnerships for waste management in Asia. *Geoforum*, Vol. 36, pp. 429-439. [online] Available from: www. sciencedirect.com [accessed 7 October 2005]

Furedy, Christine (1993) Working with the waste pickers: Asian approaches to urban solid waste management. *Alternatives*, Vol.19 (January), 18

George Tecobanoglous, Hilary Theisen & Samual Vigil (1993) *Integrated So Solid Waste Management Engineering Principles and Management Issue*, Mc Graw-Hill, Inc. New York

Giles Mohan & Kristian Stokke (2000) Participatory development and empowerment: The dangers of localism. *Third World Quarterly*. Vol. 21, pp. 247-269.

Gladwin, Thomas N., Kennelly, James J. & Krause, Tara-Shelomith (1995) Shifting Paradigms for sustainable developmt: Implications for management theory and research. *The Academy of Management Review*, Vol. 20, pp. 874-908.

Hector, Castillo Berthier (2003) Garbage, Work and Society. *Resources, Conservation and Recycling*, Vol. 39 (October), pp. 193-210.

Heren Sullivan & Chris Skelcher (2002) *Working Across Bounderies Collaboration and Public services*. PALGRAVE MACMILLAN, Hampshire & 175 Fifth Avenue, New York.

Jitti Mongkolnchaiarunya (1999) *Implementing Waste Management Project in an effective*

Way in Cambodia, Lao PDR, Vietnam and Khon Kaen city of Thailand. [online] Available from: http://www.ucalgary.ca/UofC/feculties /EV/designresearch/project/cuc/tp/outreach/Implementing%20waste%20Mannt%20Projects%20in%20an %20Effective%20Way%20in%20Cambodia.pdf. [accessed 18 March 2004]

Karen, T Hamburg, C Emdad Haque & John, C Everitt (1997) Municipal waste Recycling in Brandon, Manitoba: Determinants of participatory behavior. *Canadian eographer.* Vol. 41, pp.149-166

Lucie Laurian (2004) Public Participation in Environmental Decision Making: Findings from Communities Facing Toxic Waste Cleanup. Journal of the American Planning Association Vol. 70 pp.53-64

Mara Regina Mendes & Hidefumi Imura (2005) *Eastern prospect: Municipal solid ste management.* [online] Available from: www.earthscan.co.uk. [accessed 1 August 2005]

Medina, M. (1997a). Scavenging on the border: A Study of the Informal Recycling Sector in Laredo, Texas, and Nuevo Laredo, Mexico. Yale University, U.S.A.

Medina, M. (1997b) *Globalization, Development, and Municipal Solid Waste Management in Third World Cities.* [online] Availablefrom:http://www.gdnet.org/pdf/2002AwardsMedalsWinners/OutstandingResearchDevelopment/martinmedinamartinezpaper.pdf [accessed 10 April 2005]

Michale D. LaGrega (2001) *Hazardous Waste Management.* McGraw-Hill, New York.

Ministry of Natural Resources and Environment (MoNRE) and World Bank (2004) *Thailand Country Development Partnership Environment.* [online] Available from: www.siteresources.worldbank.org/INTTHAILAND/333200-1089769609581/cdp-e_report.pdf [accessed 5 September 2005]

Ohnuma Susumu, Yukio Hirose, Kaori Karasawa, KayoYorifuji, & Junkichi Sugiura (2005) Why do residents accept a demanding rule?: Fairness and social benefit as determinants of approval of a recycling system. *Japanese Psychology Association, Japanese Psychology Research.*, Vol. 47, pp.1-11.

Peter Schübeler, Karl Wehrle, & Jürg Christen (1996) Conceptual Framework for Municipal Solid Waste Management In Low-Income Countries. In: UNDP/UNCHS (Habitat) /World Bank/SDC Collaborative Program on Municipal Solid Waste Management in Low-Income Countries. *URBAN MANAGEMENT INFRASTRUCTURE,* Aug.1996 [online] Availablefrom:www.hq.unhabitat.org/programmes/ump/documents/wp9. pdf [accessed 4 September 2005]

Prarittra Chalermpao (2001) Cheevit Chaikob: Toaton Kab Kwamhmai:

Korraneesuksa Gay, Ying Rak Ying, Konchara, Kon Kept Kaya, Vairoon, Dek Kang Thanon (Thai language). Princess Maha Chakri Sirindhon Anthoropology Center, Bangkok

Robert V. Percival & Dorothy C. Alevizatos (1997) *Law and the Environment a Multidisciplinary Reader*. Temple University Press, Philadelphia.

Sarah Gauch (2003) *Egypt dumps 'garbage people'.* [online] Available from: www.csmonitor.com/2003/0106 /p07s02-woaf.htm [accessed 7 July 2004]

S.K. Amponsah & S. Salhi (2004) The investigation of a class of capacitated arc routing problems: the collection od garbage in development countries. *Waste Management*, Vol. 24, pp. 711-721.

Suravut Cherdchai (2005) *Urban Sustainable Development in Nakhon Ratchasima and Implementation of Pilot Project of the Kitakyushu Initiative* [online] Available from: www.iges.or.jp/kitakyushKorat%20 (Collection) /Korat.htm [accessed 7 October 2005]

Supakawadee Tanaseelunggoon (2002) Karn mee suan roum khon kon kept kaya nai ket ongekan borihan suan tum bol: suksa chapor koranee banped Khon Kaen (Thai language). Khon Kaen University.

Surjit Singh Dhooper (1997) Poverty Among Asian American: Theories and Approaches. *Journal of Sociology and Social Welfare*, Vol. xxiv (1), pp. 25-39.

Veasna Kum, Alice Sharp & Napat Harnpornchai (2005) Improving the solid waste management in Phnom Penh city: a strategic approach *Waste Management*, Vol. 25, pp. 101-109. [online] Available from: www. sciencedirect.com [accessed 7 October 2005]

Wanpen Wirojanagud (2004) Final Report of Solid Waste Benchmarking Study of 13 Thai Municipalities. Khon Kaen University, Khon Kaen.

Worapan Chantaramai (1997) *Khon Kaen provincial information.* [online] Available from: www.auick.org/...seminar /1997/07/008/ 001.html. [accessed 30 July 2005]

Yongsak Nantatikul (1997) *Khon Kaen Provincial Information.* [online] Available from:www.auick.org/.../workshop /1998/07/001 /001.html [accessed 29 July 2005]

石井米雄監修, 1993, 『タイの事典』同朋舎.

第9章

Buse, K., & Walt, G. (2000). Global public-private partnerships: Part I--A new development in health? Bulletin of the World Health Organization, 78 (4):

549-561.

CARE. (2006). CARE International. from http://www.care-international.org

CARE/RTF. (2004). Annual report July 1 2002-June 30 2003.

福利厚生 . (2005). 企業の健康管理対策の現状 . 1873: 5-37.

International Labour Office (ILO). (2004). Promotional framework for occupational safety and health. Paper presented at the International Labour Conference, 93rd Session, Report IV (1), Annex I.

神津 進・小林 祐一, 2007, 『企業における健康管理担当部門のあり方 - 企業内組織と外部健康診断機関の連携』労働衛生管理, 18 (1) : 61-66.

Lamphun Provincial Office of Public Health (LPH). (1999) Phonkaantruatsukkhaphaap samaachik khroongduuleesukkhaphaapchumchon (Result of health survey for members in community health surveillance plan).

Murray, Christopher J. L., Lopez, Alan D. (1998) Health Dimensions of Sex and Reproduction : The Global Burden of Sexually Transmitted Diseases, HIV, Maternal Conditions, Perinatal Disorders, and Congenital Anomalies. Boston, MA : Harvard School of Public Health

Northern Region Industrial Estate (NRIE). (2003). Overview of the Northern Region Industrial Estate.

Raks Thai Foundation (RTF). (2004). The experiences of Raks Thai Foundation in HIV/AIDS prevention, care and support, 1993-2004.

UNAIDS. (1998). Epidemiological fact sheet on HIV/AIDS and sexually transmitted diseases: Thailand. Geneva: UNAIDS/WHO.

UNAIDS/WHO. (2004). Epidemiological fact sheets on HIV/AIDS and sexually transmitted infections: Thailand.

UNAIDS/WHO. (2006). Epidemiological fact sheets on HIV/ADIS and sexually transmitted infections: Thailand.

Walt, G., Brugha, R., & Haines, A. (2002). Working with the private sector: the need for institutional guidelines. BMJ, 325 (7361), 432-435.

吉田美喜夫, 2007, 『タイ労働法研究序説』立命館大学法学部叢書第 10 号, 晃洋書房 .

第 10 章

岩山太次郎, 1999, 「平成 9-10 年度科学研究費報告書：大学院改革の実施状況に関する調査」.

馬越徹, 1993, 「タイの学校数, 生徒・学生数と就学率 (1987 年現在)」石井米雄監修『タイの事典』同朋社.

—— 1999, 「アジアにおける高等教育の拡大と私的セクター」『高等教育研究』第二集 :

105-121.

大井玄・大塚柳太郎, 2002,『ニュージーランドの行政改革と高等教育および科学研究への影響』『世界　大学 ——「改革」という名の崩壊』岩波書店 : 241-248.

櫻井義秀, 1988,「東北タイの大学教育と地域社会研究 —— 1997年マハーサラカーム大学の事例」北海道社会学会『現代社会学研究』第11巻 : 87-99.

—— 2000,「地域開発に果たす僧侶の役割とその社会的機能 —— 東北タイの開発僧を事例に」『宗教と社会』6号 : 27-46.

—— 2001,「東北タイ地域開発における開発NGOの課題 —— 市民社会論との関わりで」『タイ研究』1号 : 1-18.

—— 2005,『東北タイの開発と文化再編』北海道大学図書刊行会.

笹井宏益, 2001,「平成11-12年度科学研究費報告書　職業人再教育志向型大学院の構造分析とその展望に関する研究」.

佐藤晴雄, 1998,『生涯学習と社会教育のゆくえ』成美堂 .

鈴木敏正, 1998,『地域作り教育の誕生 —— 北アイルランドの実践分析』北海道大学図書刊行会.

東京高等教育研究所・日本科学者会議編, 2002,『大学改革論の国際的展開 —— ユネスコ高等教育勧告宣言集』青木書店.

平田利文, 2002,『タイにおける公民教育の地方分権化に関する実証研究　平成10-12年度科学研究費補助金報告書』.

—— 2004「タイ —— グローバルスタンダードをめざす高等教育戦略」馬越徹編『アジア・オセアニアの高等教育』玉川大学出版部.

不破和彦編訳, 2002,『成人教育と市民社会 —— 行動的シティズンシップの可能性』青木書店. 別タイトル *Relationship between Adult Education and Citizenship*

堀内孜, 2000,「タイ国地域総合大学における現職教育大学院の整備状況と問題点 —— 教育行政専攻大学院に対する実態調査を通じて」広島大学教育開発国際協力研究センター『国際教育協力論集』3-2.

文部省大臣官房, 1974,『リカレント教育 —— 生涯学習のための戦略』教育調査・第88集, OECD編.

矢野眞和, 1999,「高等教育のユニバーサル化への展望」『高等教育研究』2: 7-24頁.

山本慶裕, 1999,「生涯学習スタッフの養成プログラムの実態に関する国際比較研究」『国立教育研究所広報』第115号.

Clark Burton.R., 1995, *Places of Inquiry: Research and Advanced Education in Modern University*, University of California Press. = 有本章訳, 2002,『大学院教育の国際比較』玉川大学出版部.

Kobayashi Hajime, 2001, 'Lifelong Learning and Reform of Knowledge, 'Journal of Lifelong Studies, Hokkaido University, vol.8: 307-360.

Lengrand, Paul, 1970, *Introduction á l'éducation permamanente*, Unesco　波多野完治訳, 1983, 『生涯学習入門　第一部』社会教育連合会.

Martin Trow, 1998, 'From Mass higher education to universal access, 'plenary session paper on the meeting of the Japanese Society for Higher Education Research, May 31.

Office of Educational Council, Ministry of Education, 2005 Education in Thailand 2004 (http://www.edthai.com/publication/edu2004/edu2004.pdf)

Siwaporn, 2003, 'The Internet Tambon Project as an Alternative Communication medium for Civil Society Organizations in Rural Area: Case Study of Kung-An Sub District Administration Organization, Prasart District, Surin Province Thailand. Sakurai Yoshihide and Somsak Srisontisuk, *Regional Development in Northeastern Thailand and the Formation of Civil Society*, Khon Kaen University Press.

Tong-In Wongsothorn, 1999, Quality Assurance for Higher Education in Thailand, SEAMIEO RIHED, Ministry of University Affairs of Thailand, and UNESCO PROAP ed, Quality Assurance for Higher Education in Asia and the Pacific.

Watson, Keith, 1989, 'Development of Universities in Thailand, ' Philip G. Altback and Viswanathan Selvaratnam, *From Development to Autonomy: The Development of Asian University*, Kluwer Academic Publishers, 馬越徹・大塚豊監訳『アジアの大学』玉川大学出版部.

おわりに

Medhi Krongkaew, 2003, Alienated Life: Socioeconomic Characteristics of the Ultra Poor in Thailand, Journal of Asian and African Studies 37 (2): 128-146

大泉啓一郎, 2008, 「社会福祉制度改革 —— 国家介入なき福祉戦略」玉田芳史・船津鶴代編著, 2008, 『タイ政治・行政の変革　1991 — 2006 年』IDE-JETRO アジア経済研究所.

末廣昭, 2008, 「経済社会政策と予算制度改革 —— タックシン首相の『タイ王国の現代化計画』」玉田芳史・船津鶴代編著, 2008, 『タイ政治・行政の変革　1991 — 2006 年』IDE-JETRO アジア経済研究所.

萩原康生, 2007, 「タイにおける貧困対策の展開に関する一考察」日本タイ学会第 9 回大会自由論題, 2007 年 7 月 7 日, 北海道大学.

船津鶴代, 2008, 「教育制度改革 ——『教育』の改革から『教育省改革』へ」玉田芳史・船津鶴代編著, 2008, 『タイ政治・行政の変革　1991 — 2006 年』IDE-JETRO アジア経済研究所.